社会的困難を生きる若者と学習支援

リテラシーを育む基礎教育の保障に向けて

岩槻知也［編著］

棚田洋平／上杉孝實／関本保孝
添田祥史／松下一世／知念 渉
金 侖貞／藤根雅之［著］

明石書店

はじめに──本書の目的と構成

　日本において「フリーター」や「ニート」、「ひきこもり」等の問題が若者を
めぐる社会問題の一つとして声高に叫ばれるようになったのは、今から約20
年も前の、1990年代半ばのことである。当時、これらの言葉は、ともすれば
「働く意欲のない近頃の若者」の代名詞のように語られ、そのような若者のイ
メージを一般に定着させることに一役買った。しかし、その後の様々な研究の
進展によって、これら若者の問題を生み出した要因は、決して「若者自身の意
欲の低下」のみではない、というよりもむしろ、90年代初頭の大規模な景気
後退がもたらした「就職難」という、いわば社会の側の問題だとする見方が
徐々に広がりを見せていく。景気の悪化に伴う正社員採用の抑制といった企業
の人事戦略が、当時の若者の非正規雇用や不安定就労、失業を増大させたとい
うことだが、このような若者を取り巻く状況は、20年を経た現在も、改善す
るどころか、悪化の一途をたどっているように思えてならない。

　すでにヨーロッパ諸国では、1970年代の後半あたりから、上記のような困
難を抱える若者の問題が顕在化しており、その実態把握や対策の確立に向けた
様々な調査研究が展開されてきた。中でも特に深刻な課題として提起されたの
が、若者の「二極化」の問題、すなわち、若者の中に「長期化する依存期を謳
歌する豊かな者」と「若年労働市場の悪化によって失業や貧困に陥る者」とい
う2つの層が存在するということであった。そして、後者の若者のおかれてい
る状況が「社会的排除（social exclusion）」という概念で捉えられ、それら若
者の「包摂（inclusion）」を企図した多様な政策が取り組まれるに至る[1]。

　このようなヨーロッパの動向に遅れること20年、日本においても、ようや
く2000年代に入って、上記のような社会的困難を抱える若者を対象とする調
査研究が着実に積み重ねられるようになった。これら一連の研究成果を概観し
てみると、ヨーロッパの状況と同様に、不安定な家庭の出身者が十分な教育を
受けられないまま早期に学校を離れ、安定した職業に就くこともなく、再び不
安定な成人期に移行していくという共通のプロセスが見いだされる[2]。さら
にこれらの研究の中には、十分な教育を受けることなく学校を離れた若者の多

くが「低学力」の問題を抱えており、そのことが彼・彼女らの不安定な成人期を形成する主要な要因になっていると指摘するものもある[3]。

　ところで編者（岩槻）は、これまで成人を対象とする識字教育の実践や研究に携わってきた。「識字率99.9％」といわれる日本社会においても、戦争や差別、貧困等のために、学齢期に十分な教育を受けることができないまま成人し、日本語の読み書きに不自由している人々が存在する。識字教育とは、そのような成人に対して、彼・彼女ら自身のニーズに即した、いわば「オーダーメイド」の学習の場を提供する学校外の取り組みである。従来、このような識字教育の現場（被差別部落の識字学級や夜間中学等）には比較的高齢の人々の参加が多かったのだが、近年はこれらの現場にも、上記のような若者の姿が、少しずつではあるが見られるようになってきた。複雑な家庭環境や学校経験を背景とする「不登校」や「非行」等により学校教育から疎外された若者が、学び直しの場を求めて、識字学級や夜間中学を訪れているのである[4]。かつて戦争や差別、貧困のために学校教育を十分に受けることができなかった高齢者と同様の問題が、現在の困難を抱える若者にも存在している。したがって、このような学齢期を超えた若者が、もう一度学び直すことのできる場を、早急に創り出すことが求められているのである。

　そこでわれわれ——本書の執筆陣——は、このような社会的困難を生きる若者の支援、とりわけ学習（学び直し）の支援のあり方を探るべく、彼・彼女らのおかれている状況や彼・彼女らを支援する組織・団体の調査に取り組んだ。すでに若者支援のあり方に関する研究は、就労支援の問題を始めとして様々な形で展開されてきているが、本書が対象とするような学習支援の問題に焦点を当てた研究は、管見の限り、あまり見当たらない。加えて「子どもの貧困」がクローズアップされるなか、学齢期、特に「困難を抱える家庭の中学生」を対象とする学習支援の研究は徐々に進められてきているが、本書がフォーカスする「学齢期を超えた若者」の学習支援をテーマとする研究については、いまだきわめて少ないように思われる。近年のヨーロッパ連合（EU）における若者政策の特質を検討した宮本みち子は、その政策理念が、職業訓練を施して速やかな就労を促す「雇用重視」のアプローチから、地域におけるノンフォーマルな社会教育や生涯学習活動への参加を通して若者の人間発達を促す「教育重

視」のアプローチへとシフトしてきていることを指摘している(5)。就労支援が重要であることは言うまでもないが、「職に就かせること」だけが目的になってしまうと、若者自身の思いや意欲、主体性等が軽視され、かえって彼・彼女らを追い詰めることにもなりかねないということであろう。本書がテーマとする「学習支援」は、そのような意味でもきわめて大きな意義を持っていると考えられる。

さて、以上のような社会的困難を生きる若者の学習支援を考えるにあたって、われわれが重視したのは、「リテラシー(literacy)」という概念である。先にも述べたように、先行研究においては、学齢期に十分な教育を受けることができなかった若者の「低学力」が問題視されているが、本書では彼・彼女らの「低学力問題」を「リテラシー」という別の観点から捉え返してみたい。後に詳述するが、「リテラシー」とは、「学力」より幅広い概念である。学力が主として学校教育で重視される読み書き能力や知識・技能のことを指すのに対し、リテラシーは、人が社会の中で、つまり他の人との関係の中で生きていく際に必要とされる読み書き能力や知識・技能のことを指している。もちろん学力はリテラシーの一部ではあるが、あくまでもその一部でしかないのである。このようなリテラシーの捉え方に依拠することで、困難を生きる若者の学習支援のあり方を、「学力向上を目指す取り組み」のみに特化しない、より幅広い視野から展望することが可能となるはずである。

本書は、大きく分けて、以下の3部より構成される。

まず第Ⅰ部では、本書が追究する問題の所在を明らかにする。具体的には、本書が対象とする「社会的困難を生きる若者」のおかれている状況を、先行研究や各種調査の結果から明らかにするとともに、このような若者の学習支援を考えるにあたってわれわれが依拠した「リテラシー」の概念に関する議論を整理し、その意義について考察する。冒頭にも述べたように、困難を生きる若者の実態に関する調査研究は、近年徐々に蓄積されてきているが、ここではそれらの先行研究を参照することによって、若者の実態やその支援施策の動向について、マクロ及びミクロ双方の観点から確認をしておきたい。加えて、「リテラシー」の概念に関する国際的な議論のレビューを踏まえ、第Ⅱ部以降の考察

はじめに——本書の目的と構成　5

の前提となる「学習支援をめぐる基本的な視点」についても整理して提示する。

　次に第Ⅱ部では、実際に全国各地で「社会的困難を生きる若者」の支援を行う組織や団体の事例を詳細に検討することを通して、改めて「学習支援」とは何かという根本的な問題について、具体的に考えてみたい。ここでわれわれが事例として取り上げたのは、いずれも各地域で、ユニークかつ先進的な取り組みを展開してきた組織や団体ばかりである。その詳細は本文に譲るが、それぞれの活動地域については、北海道、東京、大阪、福岡、佐賀と多様であり、また組織・団体の特徴についても、公立中学校夜間学級や自主夜間中学から被差別部落の識字学級、若者の更生保護や自立支援の活動を行うNPOまで、きわめて多彩である。以上のように、それぞれの組織や団体のあり方は多種多様であるが、われわれは現地調査を通して、当事者の若者や支援者の皆さんと出会い、このような多様な支援の実践に通底する「芯」のようなものの存在に気づくことができた。ご多忙の中、快くわれわれの調査にご協力くださった皆さまに、この場を借りて、心より感謝を申し上げたい。

　最後に第Ⅲ部では、第Ⅰ部・第Ⅱ部の論述を踏まえ、社会的困難を生きる若者の学習支援をめぐる今後の課題と展望について、以下の3つのポイントから考察を加える。まず第一のポイントは「支援の届いていない層」へのアプローチである。第Ⅱ部では、実際に若者の支援を行っている組織や団体の事例を詳細に検討していくが、困難を抱えながら、このような組織や団体の活動に参加できていない若者も少なくないはずである。ここでは、ある高校の中退者を対象とする追跡調査の結果から、その実態の一端に迫ってみたい。次に第二のポイントは、先のポイント（「支援の届いていない層」へのアプローチ）をも踏まえた、若者学習支援の「制度化」の問題である。第Ⅱ部で取り上げたような重要な活動を、できるだけ多くの地域で継続的に実施していくためには、国レベルの制度化が必要不可欠である。ここでは、すでに青少年施策の分野で制度化が進んでいる韓国の状況、及び「成人基礎教育（adult basic education）」の制度が整備されている欧米の状況を踏まえ、日本における制度化に向けた課題について検討を加える。なお、この制度化については、留意しておくべきことが一つある。すなわち制度化することによって、第Ⅱ部で取り上げたような先

進的な取り組みの特長が損なわれる可能性があるということだ。この「制度化のジレンマ」については、あるフリースクールの事例を通して具体的に考えてみたい。最後に第三のポイントは、学校教育の課題である。本書の焦点は、主として学校外の取り組みにあるが、今回の現地調査、とりわけ当事者の若者に対するインタビューの中で、期せずして現在の学校教育の問題点が浮き彫りになった。彼・彼女らを学校から遠ざけてしまった要因は何か。彼・彼女らの語りから、現在の学校教育が抱えている問題点を検討するとともに、今後の課題についても提起してみたい。

　折しも2016年5月には、超党派の国会議員により組織された「夜間中学等義務教育拡充議員連盟」及び「超党派フリースクール等議員連盟」が、「義務教育の段階における普通教育に相当する教育の機会の確保等に関する法律案」を国会に上程している。この法律の目的は、義務教育を十分に受けていない人々（学齢期を超えた人を含む）に対して、義務教育に相当する教育を提供するための多様な機会を保障することにある。残念ながら、第190回通常国会（2016年1月4日〜6月1日）において、本法案の成立は実現しなかったが、衆議院文部科学委員会は本件の継続審議を決定している。今後このような法律が成立する運びとなれば、社会的困難を生きる若者の学習支援を行う様々な機関や団体・組織の取り組みの量的な拡大が実現する可能性は高まるだろう。そしておそらくその際に求められるのは、それら取り組みの方向性や内容・方法等に関する理論的かつ実践的な検討である。本書が、このような検討のための素材の提供に寄与できるのなら誠に幸いである。また本書は「学習支援」に焦点を当てているが、学習以外の様々な領域で行われている若者支援のあり方を検討する際にも有益な視点を提供することができるかもしれない。困難を生きる若者の問題の解決に向けて、教育・学習の領域と労働や福祉を始めとする他の様々な領域が、より一層の連携や協力を進めていくためにも、このような視点の共有は必要不可欠であろう。
　末尾となってしまったが、本書を刊行するにあたって、明石書店の安田伸さんには、一方ならずお世話になった。出版事情の厳しい中、われわれの調査研究の意義をご理解いただき、刊行を実現させてくださったことに対し、ここで

改めて深く感謝を申し上げたい。また部落解放・人権研究所からは、本調査研究の実施に際して、多大なるご協力をいただいた。記して深甚の謝意を表したい。なお、本書で取り上げた調査研究は、第8回部落解放・人権研究所識字活動支援「安田識字基金」助成事業ならびに、2013 〜 2015年度科学研究費補助金（基盤研究（C）、課題番号：25381157、研究代表者：岩槻知也、研究テーマ：「社会的困難を有する若年者のリテラシー実態とその支援に関する実証的研究」）に基づいて実施された。

岩槻　知也

注

(1) 宮本みち子（2005）「先進国における成人期への移行の実態—イギリスの例から」、日本教育社会学会編『教育社会学研究』第76集、東洋館出版社、25-38頁。
宮本みち子（2006）「若者の社会的排除と社会参画政策—EUの若者政策から」、日本社会教育学会編『社会的排除と社会教育』東洋館出版社、144-158頁。
(2) 例えば、以下の文献を参照のこと。
小杉礼子編（2005）『フリーターとニート』勁草書房。
労働政策研究・研修機構編（2005）『若者就業支援の現状と課題—イギリスにおける支援の展開と日本の若者の実態分析から』労働政策研究・研修機構。
部落解放・人権研究所編（2005）『排除される若者たち—フリーターと不平等の再生産』解放出版社。
青砥恭（2009）『ドキュメント高校中退—いま、貧困がうまれる場所』ちくま新書。
西田芳正（2012）『排除する社会・排除に抗する学校』大阪大学出版会。
宮本みち子（2012）『若者が無縁化する—仕事・福祉・コミュニティでつなぐ』ちくま新書。
(3) この点については、注(2)に示した青砥や西田の論考に詳しい。
(4) 例えば被差別部落の識字学級における若年者の参加については、全国識字学級実態調査実施委員会（2011）『2010年度・全国識字学級実態調査」報告書』や棚田洋平（2013）「地域におけるリテラシー支援の場としての識字学級—困難を抱える若年者にとっての識字」（部落解放・人権研究所編『部落解放研究』第199号、65-76頁）が、また自主夜間中学における若年者の状況については、井上大樹（2011）「夜間中学における若者支援」（『北翔大学北方圏学術情報センター年報』Vol.3、29-39頁）や添田祥史（2013）「若者への学び直し支援の実際—釧路自主夜間中学『くるかい』の現場から」（部落解放・人権研究所編『部落解放研究』第199号、53-64頁）が言及している。
(5) 宮本みち子（2006）「若者の社会的排除と社会参画政策—EUの若者政策から」、日本社会教育学会編『社会的排除と社会教育』東洋館出版社、146-147頁。

社会的困難を生きる若者と学習支援
――リテラシーを育む基礎教育の保障に向けて――

目　次

はじめに――本書の目的と構成 ……………………………………………… 3

第Ⅰ部　問題の所在

第1章　「社会的困難を生きる若者」とは誰か？ ……………………… 17
――その実態と支援施策――

第1節　「社会的困難を生きる若者」の実態：先行研究の知見から　17
　1.1　先行研究の概観　17
　1.2　近年の質的調査研究にみる「社会的困難を生きる若者」　21
　1.3　マクロな量的調査にみる「社会的困難を生きる若者」　27
第2節　国内における「社会的困難を生きる若者」支援施策の
　　　　近年の動向　34

第2章　「リテラシー」の概念とその意義 …………………………… 41
――社会的困難を生きる若者の学習支援を考える視点――

第1節　「リテラシー」とは何か：国際的な議論と研究の動向　42
　1.1　ユネスコにおけるリテラシー概念　43
　1.2　OECDにおけるリテラシー概念　50
　1.3　小括：本書が「リテラシー」の概念を重視する意義　56
第2節　「学習支援」をめぐる基本的な視点　58
　2.1　メディアの多様性　59
　2.2　特定分野への指向　60

2.3　階層、家庭的背景　61

2.4　若者文化とローカルな文化　62

2.5　主流文化との関係　64

第Ⅱ部　実践の諸相
──全国の支援現場から──

第3章　公立夜間中学校（東京都） ……………………………………………… 69
──多様化する生徒と今後の展望──

第1節　公立夜間中学校とは？　69

第2節　多様化する夜間中学生　70

第3節　夜間中学校での取り組み　72

　3.1　生活基本漢字381字　72

　3.2　東京S中学校夜間学級での取り組み　73

第4節　夜間中学生の進路　75

第5節　夜間中学校卒業生の体験発表　76

　5.1　Aさん　76

　5.2　Bさん　78

第6節　基礎教育としての義務教育はすべての人の権利　79

第7節　国勢調査の改善による未修了者数把握の必要性　80

第8節　義務教育の保障をめぐる法制化の取り組みと今後の展望　80

第4章　釧路自主夜間中学「くるかい」（北海道） ………………………… 83

はじめに　83

第1節　活動の背景と概要　84

　1.1　活動の背景と目的　84

　1.2　活動の内容と特徴　85

第2節　学びから排除されて社会を生きる　86

第3節　自分を取り戻す学び　88

　3.1　参加当初の様子と1年目の変化　88

3.2　きっかけは「仮面ライダー」　89

3.3　1年目後半から2年目前半：「できる自分」を取り戻す　91

3.4　2年目後半から3年目前半：信頼と関心の範囲を広げる　92

3.5　3年目後半以降とこれから　95

第4節　まとめにかえて　99

第5章　田川ふれ愛義塾（福岡県） 103

第1節　田川ふれ愛義塾とは　103

第2節　田川ふれ愛義塾の誕生　105

第3節　若者の語りから　107

3.1　サヤカ（22歳）の場合　107

3.2　タクヤ（20歳）の場合　110

3.3　ヒロシ（16歳）の場合　112

3.4　シンゴ（20歳）の場合　113

3.5　ツヨシ（16歳）の場合　114

3.6　アヤカ（18歳）の場合　115

第4節　田川ふれ愛義塾の支援の特徴　117

第5節　学習支援の位置づけとその意味　120

第6章　豊川識字・日本語教室（大阪府） 123

第1節　識字学級とは？　123

第2節　セイフティネットとしての識字学級　125

第3節　地域における支援ネットワークの存在　129

第4節　困難を抱える若者支援としての「識字」　133

第7章　高槻富田ふれ愛義塾（大阪府） 137

第1節　高槻富田ふれ愛義塾の設立の経緯　137

第2節　若者の困難の背景　138

2.1　「低学力」経験の蓄積　139

2.2　クラスの「荒れ」　140

2.3　排除経験の蓄積による高校教育からの離脱　141

　　2.4　学校教育における支援　142

　第3節　「しんどい」若者を支えるために必要なこと　144

　　3.1　若者に寄り添う　144

　　3.2　共同で活動する　148

　　3.3　地域とつながる　149

　　3.4　地域で若者を支える　153

第8章　スチューデント・サポート・フェイス（佐賀県） ················ **157**

　第1節　スチューデント・サポート・フェイスとは　157

　第2節　アウトリーチ（訪問支援）による子ども・若者支援　159

　第3節　重層的な支援ネットワークによる支援　162

　第4節　子ども・若者の語りから　165

　　4.1　ヨシトの場合　165

　　4.2　ヒロツグの場合　167

　第5節　S.S.Fの支援における「学習支援」の位置づけとその意味　170

第Ⅲ部　課題と展望

第9章　若年者向けリテラシー支援の困難と課題 ···················· **175**
　　　　──〈ヤンチャな子ら〉への追跡調査から──

　はじめに　175

　第1節　本章に登場する若者たち　176

　第2節　〈ヤンチャな子ら〉3名の生活史　176

　　2.1　コウジ──居酒屋、現場、そして夜シゴトへ　177

　　2.2　ダイ──就職、離職、再就職　179

　　2.3　カズヤ──地元で育ち、地元で働く　180

　第3節　職業生活の安定／不安定を分かつもの　182

　第4節　おわりに　186

第10章　韓国における「学校の外の青少年」への学習支援の現状と課題 ‥ 189

第1節　韓国の識字教育と青少年　189

第2節　学校制度から逸脱していく青少年たちの登場　190

　　2.1　「脱学校」や「非進学」を選ぶ／選ばざるを得ない
　　　　　青少年たちの台頭　190

　　2.2　「学校の外の青少年」の現況　192

第3節　ソウル市における「学校の外の青少年」施策の諸相　194

　　3.1　これまでの「学校の外の青少年」に対するソウル市の支援　194

　　3.2　「学校の外の青少年」への総合的取り組みの開始　195

　　3.3　「学校の外の青少年支援センター」の取り組み　197

第4節　国の「学校の外の青少年」政策　199

　　4.1　「学校の外の青少年」をめぐる国の政策　199

　　4.2　「学校の外の青少年」政策の内容　200

第5節　韓国の取り組みが示唆するもの　202

資料①　ソウル特別市学校の外の青少年支援条例　206

資料②　学校の外の青少年支援に関する法律　208

第11章　成人基礎教育の制度化の現状と課題 ………………………………… 213

第1節　成人基礎教育の意識化　213

第2節　成人基礎教育の制度化　215

第3節　学習者　218

第4節　日本の成人基礎教育　219

第5節　学校化をめぐる問題　225

第12章　制度の外で活動する学びの場を制度化する上でのジレンマ ……… 231
　　　　　　──フリースクールのローカルなリテラシー実践から──

第1節　フリースクールの制度化の動き　231

第2節　「不登校」への支援に関する2つのリテラシー実践　232

第3節　フリースクールAについて　235

第4節　フリースクールのミーティング　236

4.1　ミーティングにおける「交渉」　238

　　4.2　ミーティングにおける「記録」　244

　　4.3　「ミーティング」から見えてくる「過ごす」ということ　245

　第5節　制度化されることへのジレンマ　246

第13章　学校から疎外された子どもの現状から考える公教育の課題 ········ 249

　はじめに　249

　第1節　「高学力の日本」の不登校問題　249

　第2節　高校非進学率と高校中退率　253

　第3節　不登校は心の問題か、社会的排除の問題か　255

　第4節　1,000を超える支援機関　259

　第5節　「多様な教育機会法案」で、子どもたちへの支援は
　　　　　どう変わるのか　261

　第6節　公教育の今後　263

まとめにかえて ·· 269

◇ 第Ⅰ部 ◇
問題の所在

　第Ⅰ部では、本書がこれから追究していく問題の輪郭を明確にするため、以下の2つの作業を行う。

　まず第一の作業では、「社会的困難を生きる若者」とは誰なのかを明らかにする。冒頭にも述べたように、困難を生きる若者の実態に関する調査研究は、日本においても、近年徐々に蓄積されてきているが、ここではそれらの先行研究を参照することによって、若者のおかれている実態について、マクロ及びミクロ双方の観点から確認をしておきたい（第1章・第1節）。加えて、これら困難を生きる若者を対象とした、近年の多様な支援施策の動向についても概観する（第1章・第2節）。

　次に第二の作業では、上記のような若者の学習支援を考えるにあたってわれわれが依拠した「リテラシー」の概念に関する議論を整理し、その意義について考察する（第2章・第1節）。「リテラシー」の基本的な語義は「読み書き能力」や「教養」などであるが、近年、その意味内容には大きな広がりがみられるようになった。ここでは、この「リテラシー」概念の変遷を、国際的に影響力を持つ組織であるユネスコ及びOECDの規定に焦点を当て、詳細に振り返ってみたい。加えて、この「リテラシー」概念に関する国際的な議論のレビューを踏まえ、第Ⅱ部以降の考察の前提となる「学習支援をめぐる基本的な視点」についても整理して提示していきたい（第2章・第2節）。

第1章

「社会的困難を生きる若者」とは誰か？
―― その実態と支援施策 ――

岩槻 知也／棚田 洋平

　この章ではまず、本書が対象とする「社会的困難を生きる若者」のおかれている実態について、これまでに行われてきた各種調査研究の成果をもとに検討するとともに、このような若者を対象とした支援施策の動向やその特徴について整理・検討する。

第1節　「社会的困難を生きる若者」の実態：先行研究の知見から

1.1　先行研究の概観

　冒頭でも述べたように、日本において「社会的困難を生きる若者」の問題が一つの社会問題として大きくクローズアップされるようになったのは、1990年代半ばのことであるが、その約10年前、まず最初に問題視されたのは「フリーター」の存在であった。この言葉は、1980年代半ば、あるアルバイト情報誌に現れた「フリーアルバイター」という語の省略形であると言われているが、当時は、夢や自由を求めて自らの意志で、いわば主体的にアルバイト生活を選んだ若者たちを象徴する、どちらかと言えば肯定的なイメージを帯びた言葉として使用されていた[1]。ところが1990年代に入って、その様相は大きな変貌を遂げることになる。

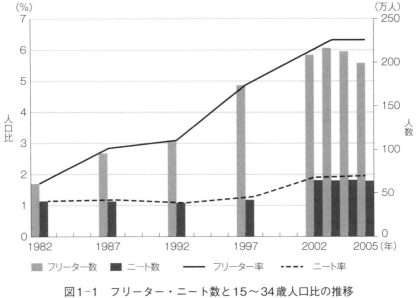

図1-1　フリーター・ニート数と15〜34歳人口比の推移
（1982〜2005年）

　図1-1は、1982年から2005年にかけての「フリーター」「ニート」人口及びその15〜34歳人口比の推移を示したものである[2]。ここではまず、「フリーター」に関する数値の推移に注目していただきたい（ここでの「フリーター」の定義は、小杉礼子の「15〜34歳で学生でも主婦でもない人のうち、パートタイマーやアルバイトという名称で雇用されているか、無業でそうした形態で就業したい者」が採用されている）。これを見ると、1992年から2002年の10年間に、フリーターの人口及びその15〜34歳人口比は、いずれも約2倍となっており、その急増ぶりがはっきりと見て取れる。このような状況のもと、2000年には、日本労働研究機構（現「労働政策研究・研修機構」）が『フリーターの意識と実態−97人へのヒアリング調査より』なる調査報告書を刊行する。本報告書は、ヒアリング調査の結果から、対象となったフリーターの特徴について、「モラトリアム型」「夢追い型」「やむを得ず型」に類型化するなど、それまでにない、より詳細な質的分析を行った点で注目され、その後の調査研究の重要な契機となった[3]。

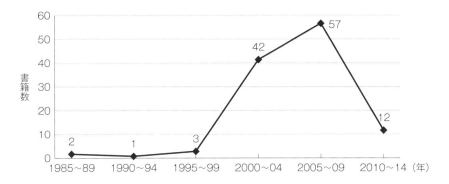

図1-2 「フリーター」をタイトルに含む書籍（小説を除く）の数
（1985～2014年）

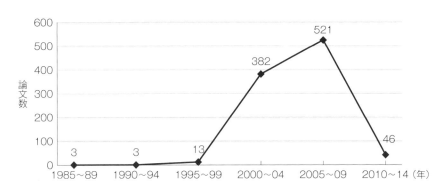

図1-3 「フリーター」をタイトルに含む論文（雑誌記事を含む）の数
（1985～2014年）

　図1-2及び図1-3は、国立情報学研究所の「学術情報ナビゲーター（CiNii）」で、「フリーター」をキーワードとして検索をかけ、この語を含むタイトルを掲げる書籍及び論文の数を年代別にグラフ化したものである。1985年から1999年にかけては書籍数、論文数とも、きわめて少数で推移しているが、その後2000年から2009年までの10年間に、その数は急激に増加している。これは先にも述べたように、この時期に実際にフリーター人口が急増したことや、日本労働研究機構の小杉礼子らによる一連の調査研究及び東京大学社会科学研究所の玄田有史らの「ニート」研究等が発表されたことなども大きく影響して

いると考えられる。しかしながら奇妙なことに、直近の2010年から2014年の5年間において、「フリーター」をタイトルに含む書籍や論文の数はともに激減する。この急激な減少の原因を特定することは困難であるが、例えば推測されるのは、それまで「フリーター」という概念で捉えられてきた若者の就労等の問題が、別の枠組み、すなわち「非正規雇用」や「ワーキングプア」「社会的排除」といった新たな概念によって捉え直されてきているということである。

そこで、書籍や論文の数が急増した2000年代以降の研究の傾向について、もう少し具体的に検討を加えてみたい。まずは2000年代前半期の研究について、例えば1996年から2004年にかけて公刊された「フリーター」をテーマとする学術論文115編の内容を分析した横井・長谷は、その特徴を以下のように整理している。

①2000年以降にフリーターに関する研究が多くなったが、その大半は対象者の学歴差を考慮していない（学歴差を考慮した研究では、高校生・高卒者においては、問題を構造的なもの、大学生・大卒者においては意識的なものとみる傾向がある）。
②全体的に、フリーター問題を意識的な要因に見出す傾向がある（心理学や社会学領域では意識的、教育学や労働経済学領域では構造的な要因に着目したものが多い）。
③意識要因に問題を見出す研究が全体的に多いものの、実証的な調査データに基づいたものは少ない [4]。

本分析によれば、2000年代前半期のフリーターに関する研究は、総じて意識的な要因に着目したものが多く、社会構造的な要因に焦点を当てたものは比較的少ないとされている。中でも、学歴差を考慮したものが少ないというのが、この時期の研究の大きな特徴として取り上げられていることがわかる。

これに対し、2000年代後半期に入ると、上記のような特徴を持つ前半期の研究の問題点を指摘し、それら問題点の克服を目指す研究が現れ始める。すなわち、前半期の研究に希薄であった社会構造的な視点に基づいて、当事者であ

る若者のおかれている実態を具体的に描出するような調査研究が展開され始めたのである。ある意味でこの時期は、「若者の困難」を対象とする研究が、その要因に関して、個人の意識を重視するパラダイムから社会構造を重視するパラダイムへといわば「パラダイムシフト」を遂げた重要な転換期であったのかもしれない（このことは、先の図1-2及び図1-3における「フリーター」研究の激減期ともある程度符合する）。実は本書において、対象とする若者が抱える困難を「社会的困難」と名づけているのも、そのような近年の研究パラダイムと関連している。もちろん、すでに前半期にも、このような若者の問題を社会構造的な側面から分析した研究は少数ながら存在したが [5]、後半期には、そうした構造的な要因に着目した調査研究が、「排除される若者」や「不安定化する若者」「無縁化する若者」といった概念に基づいて様々に展開され、大きな広がりを見せていくのである。これら一連の研究においては、各種のマクロな量的データに加えて、当事者に対するインタビュー調査等で得られた質的なデータに基づき、非正規雇用や無業の状態におかれる若者が、実際にどのような状況のもとで、どのようなプロセスを経てそうした困難な状況に立ち至るのかについて、詳細な分析が加えられている [6]。そこで次に、このような近年の質的調査研究の成果を参照しながら、「社会的困難を生きる若者」の実態について検討してみたい。

1.2 近年の質的調査研究にみる「社会的困難を生きる若者」

「社会的困難を生きる若者」の実態を探る質的調査研究は、先にも述べたように、2000年代後期に入って多彩な展開をみるが、ここではその中でも特に本書の研究にとって示唆的な4つの調査研究、すなわちa)部落解放・人権研究所のグループが行った「大阪フリーター調査」、b)青砥恭の「高校中退者調査」、c)内閣府社会的包摂推進室の「社会的排除リスク調査」、及びd)東京都立大学（現・首都大学東京）のグループが行った「高卒者の進路動向に関する調査」の内容について概観する。

a）部落解放・人権研究所グループの「大阪フリーター調査」

　本調査は2003年に実施されているが、その結果が広く公表されたのは『排除される若者たち―フリーターと不平等の再生産』というタイトルの2005年に出版された書籍においてである[7]。この調査の対象となったのは、大阪府内に暮らす15〜24歳の40名（男性20名・女性20名）で、最終学歴については、19名が高校卒業（定時制を含む）、7名が中学卒業、5名が高校中退となっている。また高等教育修了者は3名で、そのうちの2名が短期大学卒、1名が大学卒である。調査実施当時の就業状況については、主なものだけ取り上げると、アルバイトが26名、無業が9名であり、正規職員となっている者は一人もいない。つまり本調査の対象となった若者の多くは、比較的学歴の低い層であり、就業状況についても、無業者を含め、かなり不安定な状態にあるということがわかる。

　『排除される若者たち』では、このような「本当に不利な立場に置かれた若者たち」[8]が育った家庭の環境や学校経験、「遊び」の実態などが、インタビューにおける対象者の語りに基づいて具体的に記述されている。ここでは紙幅の都合上、その語りの詳細について触れることはできないが、彼・彼女らの語りの一端からは、次のようなことが見えてくる。すなわち、①彼・彼女らが育った家庭の半数近くがひとり親家庭で、経済的な困難を抱えており、中には重層的な困難を抱えている場合もあること（子どもへの暴力・DV・ネグレクト等の家族関係の問題など）、また②学校における授業内容が比較的早い段階（小学校中学年頃）から理解できなくなり、低学力の状態に陥っていること（その結果として学校に行かなくなったという者も多い）、さらに③家庭の経済状況や低学力の問題から上級学校への進学を断念していること（そもそも進学する意思がない場合もある）などである[9]。

b）青砥恭の「高校中退者調査」

　本調査は、元埼玉県立高校の教諭である青砥が、埼玉県を中心とする関東地方に所在する「底辺校」と呼ばれる公立高校の中退者を対象として2008年に行ったインタビュー調査である。その結果は2009年に出版された『ドキュメント高校中退―いま、貧困がうまれる場所』に詳細に記述されている[10]。ま

ず青砥は2008年に、上記面接調査と並行して、埼玉県内の高校3年生1,200名（地域や学力等に偏りがないように50校を選択し、1校につき1クラスを抽出）を対象とする質問紙調査を実施し、「進学校」（入学試験の得点が最も高いグループ）と「底辺校」（入学試験の得点が最も低いグループ）の生徒の特徴を比較している⁽¹¹⁾。例えば進学校の生徒の父親の最終学歴は圧倒的に大学卒業者が多いのに対し、底辺校に近づくほど高校中退・中学卒業者の比率が高くなること、また進学校の生徒の父親の職業は会社員、公務員、教員が大半を占めるが、底辺校では技能職が最も多く、父親がいない生徒も15％おり、父親の仕事を知らないという生徒が15％いるということが指摘されている。

　それでは、このような底辺校を中退していったのは、いったいどのような生徒たちなのか。当時、埼玉県周辺の底辺校の教員で中退者と連絡を取り合っていた者はほとんどいなかったが、その中でもつながりを持ち続けていた少数の教員の紹介により、青砥は底辺校の中退者を対象とするインタビュー調査に着手する。『ドキュメント高校中退』の中では、18～25歳の14名（男性8名・女性6名）の中退者に対する上記調査の結果が報告されており、彼・彼女らの育った家庭や親の状況、学校生活、中退した事情や中退後の生活などが、その語りに基づいて具体的に記述されている⁽¹²⁾。ここでもその詳細を述べる紙幅はないが、青砥はこれらインタビュー調査の結果や行政の各種資料に基づき、高校中退の原因を以下の8点に整理している。すなわち「①低学力、②学習意欲の欠如、③基本的な生活習慣の訓練（しつけ）がされていない、④人間関係の未成熟、⑤アディクション（もの、動物、性行動への依存）、⑥親からのDV・ネグレクト、⑦貧困層の囲い込み政策、⑧やめさせたがる教師たちの存在」⁽¹³⁾である。⑦の「貧困層の囲い込み政策」とは、低学力で貧困な家庭の子どもたちを底辺校に「囲い込む」政策のことを指すが、具体的には、近年の学区拡張や学校選択制という政策が高校間の格差を拡大し、そのような「囲い込み」をより一層強化しているということである。そしてそのことが、多くの生徒の誇りを剥奪し、学ぶ意欲を失わせているというのである。いずれにしても、上記8点の著者による詳説を読めば、これらの問題が、彼・彼女らの育った家庭が抱える、貧困に起因する様々な困難と密接に関わっていることがよくわかる。

第1章　「社会的困難を生きる若者」とは誰か？　　23

c）内閣府社会的包摂推進室の「社会的排除リスク調査」

　本調査は、2012年当時、内閣府に設置されていた社会的包摂推進室におい
て組織された「社会的排除リスク調査チーム」が、18 〜 39歳の「明らかに社
会的排除の状況にあると思われる人々」53名を対象として行った事例調査で
あり、その結果が『社会的排除に至るプロセス─若年ケーススタディから見る
排除の過程』という報告書によって公表されている [14]。本報告書では「社会
的排除」の概念を、欧州委員会の定義を引用しながら次のように記述してい
る。「物質的・金銭的欠如のみならず、居住、教育、保健、社会サービス、就
労などの多次元の領域において個人が排除され、社会的交流や社会参加さえも
阻まれ、徐々に社会の周縁に追いやられていくこと」 [15]。そして貧困が「状
態」を指す概念であるのに対し、社会的排除は「排除されていくメカニズムま
たはプロセス」に着目する概念であるとも述べている。

　本調査では、調査対象として7つのターゲットグループ、すなわち「①高校
中退者、②ホームレス（ネットカフェ等で生活する者も含む広義のホームレ
ス）、③非正規労働者、④生活保護受給者、⑤シングル・マザー、⑥自殺者、
⑦薬物・アルコール依存症」 [16] を設定し、各グループにおける5 〜 10の対象
者のライフヒストリーから、その「潜在リスク」の特徴を分析している。この
「潜在リスク」とは、「はっきりとした因果関係は立証できないものの、現在の
生活困難の要因、または、それを増幅したと調査班が考える事項」 [17] とされ
ているが、調査班は53名のライフヒストリーを精査することによって、対象
者一人ひとりの潜在リスクを丹念に洗い出し、その中で社会的排除の決定打と
なった「キー・リスク」の類型化を行っている。その類型とは、①生まれつき
の本人の持つ「生きづらさ」（7事例）、②家庭環境の問題（23事例）、③学校
や職場の環境の問題（23事例）の3つである。以下、それぞれの詳細について
概観する [18]。

　まず第一類型の「生まれつきの本人の持つ『生きづらさ』」であるが、ここ
での「生きづらさ」とは、本人の知的障がいや発達障がい、精神障がいなどを
指しており、これらの生きづらさが、幼少期・子ども期から本人を社会的排除
に追い込んでいるパターンである。特にこれらの障がいが発見されずにきてし
まった場合、学校や職場において、周囲の無理解による本人の適応問題が生じ

ているという。次に第二類型の「家庭環境の問題」とは、出身家庭の環境に内包されている問題が、教育や人間関係の構築等を含む子どもの健全な成長に対して悪影響を及ぼし、社会的排除に追い込んでいるパターンである。具体的には、家庭の貧困や児童虐待、親の精神疾患・知的障がい、親の自殺や「早すぎる離家」などが挙げられているが、これらの問題の多くが一つの家庭で重複しており、家庭自体が機能不全の状態に陥っていることも多いという。「早すぎる離家」とは、このような家庭から逃れるために成長段階の途中で家を離れるということである。また第三類型の「学校や職場の環境の問題」とは、家庭環境や本人の心身状態には特に問題がない、または、たとえ問題があったとしても本人がそれを乗り越えてきたにもかかわらず、おかれた学校や職場の環境が劣悪なことにより社会的排除に追い込まれているパターンである。この類型の典型は、学校や職場におけるいじめ等の人間関係上のトラブルや長時間労働等の劣悪な労働環境によって、本人が学校や職場を追われ、社会的排除につながっていくというものである。

　以上のように本調査は、生活困難に至るメカニズムやプロセスを「社会的排除」という概念で捉え、特定することが難しいそのリスク要因を、対象者のライフヒストリーに即して具体的に整理して提示したという点で意義深く、われわれの調査研究にとってもきわめて示唆的なものとなっている。

d) 東京都立大学グループの「高卒者の進路動向に関する調査」

　本調査は、東京の2つの公立高校3年生を対象として2002年に開始され、その卒業後の進路を7年間にわたって追跡するというユニークな調査である。本調査の結果は、その都度様々な媒体によって公表されているが、全調査終了後の集大成として、『高卒5年どう生き、これからどう生きるのか――若者たちが今〈大人になる〉とは』というタイトルの書籍が2013年に刊行されている[19]。対象となった2つの高校は、多摩地区の入学難易度中位のA高校と下町の学区で最も難易度が低いといわれるB高校であり、あえて「進学校」が対象から外されている。その理由については、「この間の若年労働市場等の変容の影響を最も受けていると思われる学力階層中位以下の若者たちに焦点をあてたかったため」[20]と述べられている。2002年の第1回調査においては、A高校の3年

第1章　「社会的困難を生きる若者」とは誰か？　25

生39名（男性16名・女性23名）及びB高校の3年生50名（男性21名・女性29名）がインタビュー調査の対象となり、調査はその後も2003～2004年、2005～2006年、2007年（3月）、2007～2008年（12月～4月）の5回にわたって継続的に実施された（最終調査まで継続することができたのは31名）。このような長期にわたる継続的な調査で明らかになった知見は膨大であるが、ここではその中でも特にわれわれの研究にとって示唆的ないくつかの知見について概観してみたい[21]。

　まず第1回調査の時点（2002年12月）で、A高校とB高校の生徒の進路状況に大きな違いのあることが明らかになっている。すなわち、A高校では対象者のほとんどが大学・短大や専門学校への進学を希望しているのに対し、B高校では進学・就職の希望がそれぞれ3～4割、そしてすでに進学や就職をあきらめてフリーターを希望している者が11名いたという。本調査の実施は12月であったが、卒業間近の2月末時点でのB高校における進路決定状況は、進学・就職がそれぞれ約2割、フリーター等を含む進路未決定者が6割に近い状態であった。インタビューにおいては、とりわけB高校の生徒たちの家庭状況の厳しさとそれが進路に与える影響についても明らかにされている。具体的には、B高校の対象者50名のうち、両親の揃っている家庭に暮らしているのは27名で、それ以外はひとり親家庭や、中には両親ともがおらず祖父母と暮らしている者もいた。進路との関係でいえば、両親の揃った家庭の対象者ではその過半数が就職か進学かをすでに決めていたのに対し、ひとり親家庭の対象者では就職・進学を合わせても3分の1、フリーター予定者と進路未決定者がそれぞれ3分の1ずつという状況であった。

　その後、高校卒業3年目に実施された第3回調査（2005年10月～2006年4月）では、対象者の中で、「比較的スムーズに学校から仕事への移行を果たしつつある者」と「様々な困難に直面し容易に安定した状態にたどり着けないでいる者」との間に大きな分岐が生まれつつあるということが報告されている。特にB高校を卒業してフリーターとなった女性の多くが、家族関係での葛藤や困難を抱えていたという（ちなみに全対象者の中でフリーターとなった者の圧倒的多数がB高校卒業の女性であった）。彼女たちの中には、ひとり親家庭や生活保護受給家庭の者が多く、親が難病などで家庭療養中の者も少なくない。

そのような状況のもとで、不安定なフリーター収入であるにもかかわらず多額の家計負担を期待されたり、家事や親の介護などを求められる者もいたということである。「安定した仕事にたどりつけないでいることだけでもしんどい彼女たちにとって、収入が不安定なことを自分のせいであるかのように責められたり、本人も納得しきれないまま親や祖父母の介護を押しつけられて自由を束縛されている状況は、学校を離れても親と同居することを『パラサイト・シングル』と描く構図とは、まったく正反対のものだった」[22]と著者らは述べているが、このような認識は、上述の「大きな分岐」がより深刻化している今、きわめて重要になってきているように思われる。

1.3　マクロな量的調査にみる「社会的困難を生きる若者」

　前項では、近年に行われた4つの質的な調査研究の結果に即して、「社会的困難を生きる若者」の実態の一端を概観した。各調査の行われた地域や時期、また対象者や調査内容等がそれぞれに異なるため、それらの結果の単純な比較や過度の一般化は慎まねばならないが、その点を考慮したとしても、これら調査結果の間には、きわめて類似したいくつかの特徴が見いだされる。例えば、調査対象となった困難を生きる若者の多くが、経済的困難をはじめとする重層的・複合的な困難を抱える家庭の出身者であるということ、また学齢期の比較的早い段階（小学校中学年頃）において学校での学習内容が理解できなくなり、学習意欲を失って低学力の状態に陥っていること（「不登校」や「非行」、「中退」につながっている場合が多い）、さらに上記2点、すなわち家庭の経済的な問題や自身の低学力等の理由により低学歴の状態におかれていることなどである。そしてこれらの特徴は、今回われわれが行った調査の対象となった若者の特徴ともまた、かなり類似しているのである。

　そこで改めて本項では、このような社会的困難を生きる若者の実態を、マクロな量的調査のデータから俯瞰しておきたい。困難を生きる若者の実態に関する量的調査は、これまで様々な形で行われてきているが、ここでは特にわれわれの研究関心に即して、a)「フリーター」・「若年無業者」（いわゆる「ニート」）の動向、及びb)性別・学歴別にみた就業状況に関するデータをピックア

ップし、その内容について検討を加える。

a)「フリーター」及び「若年無業者」の動向 [23]

　図1-4は、2002年から2014年までのフリーターの人口（15～34歳）及び当該年齢階級人口に占める割合の変遷を示したものである。まず人口（実数値）については、2000年代前半に200万人を超えていたものが、それ以降徐々に減少し、ここ数年は180万人前後で推移している。これを年齢別にみると、かつては15～24歳の人口が25～34歳の人口に比して多かったが、現在はそれが逆転している。また当該年齢階級人口に占める割合については、まず15～34歳の年齢層でみると、2000年代の後半にややその数値が低下するが、その後は徐々に上昇を続け、2014年には6.8％に達している。これを年齢別にみると、ここ数年は15～24歳と25～34歳の数値が逆転し、その差が開きつつあることがわかる。

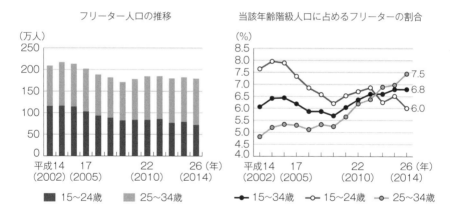

（出典）総務省「労働力調査」
（注）ここでいう「フリーター」とは、男性は卒業者、女性は卒業者で未婚の者とし、①雇用者のうち勤め先における呼称が「パート」か「アルバイト」である者、②完全失業者のうち探している仕事の形態が「パート・アルバイト」の者、③非労働力人口で家事も通学もしていない「その他」の者のうち、就業内定しておらず、希望する仕事の形態が「パート・アルバイト」の者としている。

図1-4　フリーターの人口及び当該年齢階級人口に占める割合の変遷
（内閣府『平成27年版 子供・若者白書』より）

次に図1-5は、1995年から2014年までの若年無業者の人口（15～39歳）及び15～34歳人口に占める割合の変遷を示したものである。まず人口（実数値）については、2001年まで60万人前後で推移していたものが、2002年に約80万人に急増し、それ以降はほぼ横ばいの数値となって、ここ数年は若干減少している。15～34歳人口に占める割合については、2002年以降、徐々に上昇を続け、2012年には2.3％にまで至るが、2014年には若干低下して2.1％となっている。

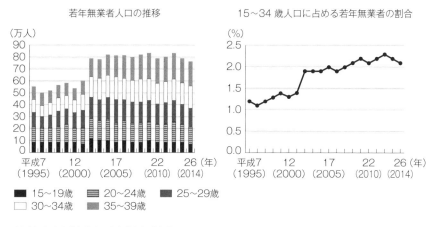

(出典) 総務省「労働力調査」若年無業者数
(注)　1. ここでいう若年無業者とは、15～34歳の非労働力人口のうち家事も通学もしていない者。グラフでは参考として35～39歳の数値も記載。
　　　2. 平成23年の数値は、岩手県、宮城県及び福島県を除いたものである。

図1-5　若年無業者の人口及び当該年齢階級人口に占める割合の変遷
（内閣府『平成27年版 子供・若者白書』より）

　図1-6は、就業希望の若年無業者が求職活動をしていない理由を示したものであるが、「病気・けがのため」「学校以外で進学や資格取得などの勉強をしている」の次に比較的高い比率を示しているのが、「（仕事を）探したが見つからなかった」「知識・能力に自信がない」「希望する仕事がありそうにない」となっている。特に「（仕事を）探したが見つからなかった」や「希望する仕事がありそうにない」という選択肢からは、働く意欲があっても仕事がないという状況が想像されるが、このような「仕事がない」という社会的な環境が、逆に

個人の働く意欲をも減退させていくという事態を招くのではないか。また「その他」の比率の高さが注目されるが、これはある意味で、限られた選択肢の中では収まらないような複雑で多様な困難を生きる若者の姿を示しているようにも思われる。

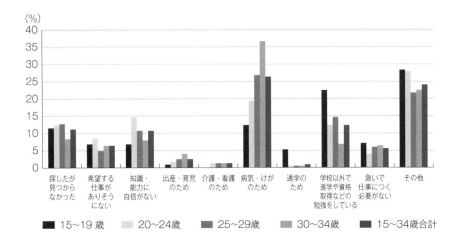

図1-6　就業希望の若年無業者が求職活動をしていない理由
（内閣府『平成27年版 子供・若者白書』より）

さらに図1-7は、就業希望のない若年無業者が就業を希望しない理由を示したものであるが、「病気・けがのため」「学校以外で進学や資格取得などの勉強をしている」以外では、「仕事をする自信がない」がわずかながら高い数値を示しているのみで、他の項目については限りなくゼロに近い数値である。一方で「その他」と「特に理由はない」がかなり高い比率を示している。つまり、この結果が示しているのは、ここで挙げられている選択肢の内容が、調査対象者のおかれている状況からかけ離れたものになっているということなのではないだろうか。そう考えると、このような理由を択一式の選択肢から選ばせるという、本調査のあり方自体が見直されるべきなのかもしれない。

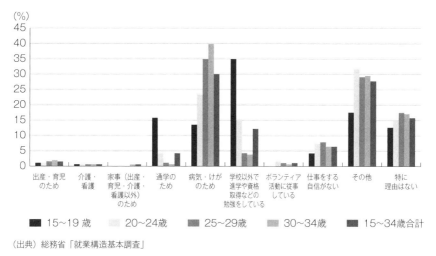

(出典) 総務省「就業構造基本調査」

図1-7　就業希望のない若年無業者が就業を希望しない理由
（内閣府『平成27年版 子供・若者白書』より）

b）性別・学歴別にみた就業状況 [24]

　次に、5年ごとに行われている総務省の「就業構造基本調査」の結果を用いて、性別・学歴別の就業状況について概観しておきたい。というのも、この作業を行うことで、不安定な就労状況におかれている若者の属性的な特徴を、マクロな次元で把握することができるからである。ここでは、直近の2012年に実施された調査の結果を用いて分析を進めていきたい。

　図1-8は、1992（平成4）年から2012（平成24）年にかけての性別・年齢階級別にみた非正規職員・従業員の割合の推移を示している。この20年間で、非正規職員・従業員の割合は、各年齢階級とも右肩上がりに上昇し続けているが、特に35歳未満の若年層に限ってみると、その比率はほぼ2倍以上になっていることがわかる。また性別でみると、いずれの年齢層においても女性の比率が圧倒的に高い。

第1章　「社会的困難を生きる若者」とは誰か？　31

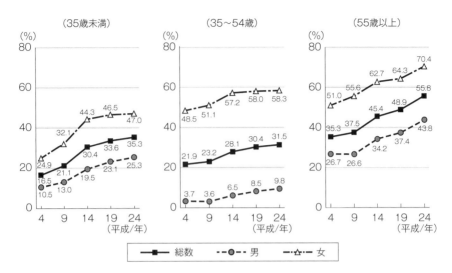

図1-8　性別・年齢階級別非正規の職員・従業員の割合の推移
（総務省統計局『平成24年就業構造基本調査　結果の概要』より）

　次に図1-9は、学歴別にみた就業状況を示している（調査結果に基づき筆者が作成）。これをみれば、明らかに学歴が低くなるほど、非正規雇用者や無業者の比率が高くなっていることがわかる。特に「中学校卒」については、6割以上が非正規雇用者または無業者となっており、先にみた質的調査の結果を、マクロな次元で裏付けるものとなっている。

　次に図1-10及び図1-11は、それぞれ男性と女性の学歴別にみた就業状況を示している（いずれも調査結果に基づき筆者が作成）。いずれにおいても、全体の傾向と同様に、学歴が低くなるほど、非正規雇用者や無業者の比率が高くなっているが、特に女性にその傾向が強く表れていることがわかる。とりわけ「中学校卒」「高校卒」の女性については、非正規雇用者及び無業者の比率がそれぞれ88.1％、67.5％となっており、その状況の厳しさが推測される。

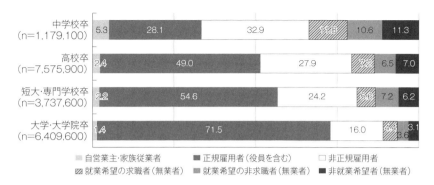

図1-9　学歴別にみた就業状況（15〜34歳、2012年）

（平成24年就業構造基本調査に基づき、筆者が作成）

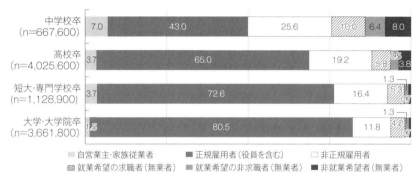

図1-10　男性の学歴別にみた就業状況（15〜34歳、2012年）

（平成24年就業構造基本調査に基づき、筆者が作成）

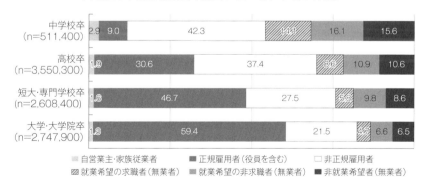

図1-11　女性の学歴別にみた就業状況（15〜34歳、2012年）

（平成24年就業構造基本調査に基づき、筆者が作成）

以上、マクロな量的調査の結果をもとに「社会的困難を生きる若者」の実態を概観してきたが、これらの結果から見えてくるのは、まず若年層の就業状況がこの20年間に急速に不安定化してきたということ、そして若年層の中でも、特に学歴の低い層が、より厳しい就業状況に直面していることである。また先にも述べたとおり、こうした量的調査の結果は、前項の質的調査の結果をマクロな次元で裏付けるものとなっている。そこで次節では、このような「社会的困難を生きる若者」を対象として展開されてきた支援施策の動向を整理し、その特徴について検討を加えていきたい。

（以上、岩槻知也）

第2節　国内における「社会的困難を生きる若者」支援施策の近年の動向

　本節では、前節で示された「社会的困難を生きる若者」の実態を踏まえて、どのような支援施策が展開されてきたのか、について国内の政策レベルでの展開を中心に概観する。そのうえで、「社会的困難を生きる若者」の支援を実施するにあたって、どのようなことが求められるのかを整理したい。

　前節で示されたような子ども・若者の格差や貧困の実態は、社会問題としても耳目をあつめ、政策としても取り組みが進められている。全国学力・学習状況調査（文部科学省、2007年度～）において生活習慣や学習環境、生活背景等に関する質問項目が設定され、それらと学力との関連性について分析されたり、「相対的貧困率及び子どもの相対的貧困率」が初めて公表されたり（厚生労働省、2009年）しており、子ども・若者の社会的困難が問題として認識され、それらの実態把握が試みられてきている。その他にも、前節で紹介した内閣府社会的包摂推進室調査（2012年）や、各年度の『子ども・若者白書』に掲載されている統計データなど、子ども・若者の格差や貧困をめぐっては、様々な実態把握や統計分析が行われており、それらの実証的データに基づいて施策や取り組みが進められてきた。

　具体的には、「子ども・若者をめぐる環境の悪化やニート、ひきこもり、不

登校等子ども・若者の抱える問題の複雑化、さらに従来の個別分野における縦割り的な対応では限界が生じていること」を背景として、「子ども・若者育成支援推進法」が2009年に制定された。また、同法の施行（2010年）にあわせて、その大綱として「子ども・若者ビジョン」が策定されたが、そこでは、「すべての子ども・若者」の支援の必要性とともに、「困難を有する子ども・若者やその家族を支援する取組」を重点課題の一つとすることがうたわれ、「子どもの貧困」対策についても言及されている。

　ここでいう「困難を有する子ども・若者」の具体例としては、「ニート、ひきもり、不登校の子ども・若者、高校中途退学者、発達障害を含む障害のある子ども・若者、非行・犯罪に陥った子ども・若者、経済的困難を抱える家庭、ひとり親家庭、要保護児童、外国人の子ども・若者、性同一性障害者、十代の親、嫡出でない子（無戸籍者）」などが挙げられ、それぞれの特性に応じた支援の必要性が指摘されている[25]。また、その支援にあたっては「教育、福祉、保健医療、矯正、更生保護、雇用など様々な機関がネットワークを形成」し、当事者（子ども・若者）ならびにその家庭等に働きかけることが求められている。さらに、2014年には「子どもの貧困対策の推進に関する法律」が施行され、翌年に「子供の貧困対策に関する大綱」が定められたが、そこでも関係諸機関の連携や家庭支援等の必要性がうたわれている。

　そうした中、具体的な施策として推進された「地域若者サポートステーション」事業においては、「新たなネットワークの構築」「積極的なアウトリーチ（訪問支援）」「貧困の連鎖の防止」「学び直し」「生活支援・就労支援」といった観点から、その取り組みが展開されていく。他方で、2015年4月より「生活困窮者自立支援法」が施行されたが、本法施行前（2014年3月）に策定された『生活困窮者自立支援機関の設置・運営の手引き』では、「生活困窮者の多くは複合的な課題を抱えていることから、自立相談支援事業の運営に当たっては、できる限り対象を広く捉え、排除のない対応を行うことが必要」であり、「経済的な困窮」のみならず「社会関係的な困窮」を含めて支援することが重要であると指摘されている。さらに、生活困窮者支援においては、「包括的」「個別的」「早期的」「継続的」「分権的創造的」な取り組みが欠かせないという。

　この生活困窮者自立支援法の対象にはもちろん若年者も含まれており、子ど

第1章　「社会的困難を生きる若者」とは誰か？　35

も・若者育成支援推進法や子どもの貧困対策の推進に関する法律との連携についても言及されている。つまり、困難な状況にある子ども・若者をめぐるそれぞれの法律やそれに基づく施策・取り組みが整合性をもって推進されようとしているのである。そうした中、2010年に策定された「子ども・若者ビジョン」の内容が見直され、『子ども・若者育成支援推進大綱の総点検報告書』（2014年7月）としてまとめられた。その報告書の副題「ライフサイクルを見通した重層的な支援の充実に向けて」に示されているとおり、ライフサイクルを見通した継続的支援の確立、関係機関・団体のネットワークや一元的な相談窓口機能の構築、家族に対する支援のより一層の充実などが、子ども・若者支援の課題と今後の方向性として提起されている。これらは、子どもの貧困対策や生活困窮者自立支援法の方向性と重なり合っている。

　日本の若年者支援の課題として、包括的支援の必要性[26]や、社会教育的観点の弱さ[27]が指摘されているが、今日の政策レベルではその課題を克服することが目指されつつあると言えよう。しかし、その政策レベルにおける理念を、実践現場においてどのように実現していくかという具体的方策がなければ、絵に描いた餅に終わってしまう。制度に基づいた実践を各現場で実施していくためには、どのような条件整備が求められているのか、ということを各現場や当事者の実態とニーズをもとに明らかにすることが不可欠であろう。

　そうした当事者（若者）の実態のうち、生活や就労の実態については第1節でも言及されているように幾分かは明らかにされてきている。他方で、能力（リテラシー）の実態把握については皆無と言ってよい。日本においては、戦後間もなくして、「日本人の読み書き能力」調査が1948年と1955年の二度に渡って実施されているが、それ以降は成人を対象とした大規模なリテラシー調査は実施されてこなかった。ユネスコによる識字に関する調査（1964年）に対して、「日本では、識字の問題は完全に解決ずみである。（中略）現状において、識字能力を高めるための特別な施策をとる必要はまったくない」という当時の文部省の回答が示しているとおり、1950年代後半以降、国は成人の読み書き能力の実態把握についてはその必要性はないとしてきたのである。

　しかし、読み書き能力が不十分である人々が、現在の日本社会でも一定数存在していることは、様々な調査の結果から推測することができる[28]。また、

そうした人々のうち、若者（10 ～ 30代）も一定の割合を占めていることが、それぞれの結果に示されている[29]。その多くは、いわゆる「ニューカマー」と呼ばれる外国人であるが、他にも障がい者や読み書きに困難を抱える日本人の若者も少なからず含まれている。

　国際的には、OECD（経済協力開発機構）による成人力調査が、「国際成人リテラシー調査」（IALS）として1994年、1996年、1998年に実施され、その後「成人のリテラシーとライフスキル調査」（ALL）として2002年と2006年に実施されてきたが、いずれの調査にも日本は参加していない。ただし、1997年には、国立教育研究所によって、IALSを日本で実施するための予備調査が行われている。その結果によれば、自分自身の「日本語の読み書き能力」について「ある程度不満である」「非常に不満である」という若者（15 ～ 30歳）が5人に1人（21.0%）の割合で存在しており（31 ～ 49歳：11.9%、50歳以上：10.3%）、日本語の「読み」「書き」または「計算」において仕事上「少し損をしている」と感じている若者もそれぞれ19.4%（「読み」）、13.9%（「書き」）、16.7%（「計算」）の割合でいることがわかった[30]。対象（人数と所属、地域）が限られており、また質問紙調査という制限もあるものの、これらの結果は、若年層が抱えるリテラシー能力に対する不安や劣等感を示していると言えよう。

　そして、IALSとALLの2つの調査を基礎とした「国際成人力調査」（PIAAC）が2011年に実施されたが、本調査において日本もようやく参加し、その結果が2013年に公表された[31]。その結果によれば、日本の「成人力」は他の国・地域に比べておしなべて高く、各年代（17 ～ 19歳、20 ～ 22歳、23 ～ 25歳、26 ～ 28歳）における「生徒の学習到達度調査」（PISA）の結果との比較からは、いずれの年代においてもPISAとPIAACの両方でOECD平均以上の得点を示す数少ない国であるという。その要因としては、「日本の結果においては、義務教育終了後の後期中等教育や高等教育や、就職後の企業内外での教育訓練、あるいは学校や仕事以外で個人が自ら実施した学習等を通じ、義務教育段階で習得した基礎的・基本的な知識・技能を教育の場や労働市場等で活用するためのスキルが培われたことが可能性として考えられる」と分析されている[32]。

確かに、読み書き能力の習熟レベルが低い層（「レベル1」「レベル1未満」）は非常に少ないものの、その割合は全体の約5%に当たり、決して少ない数字ではない。また、「読み書き能力が原因の回答不能」と判断された者が全回収者(5,281人)のうちの約2%(105人)の割合でいる。その他にも、日本においては調査の回収率が半分に満たないこと、調査対象に外国人（登録外国人及び不法滞在者）が含まれていないこと、東日本大震災の被災地が対象から除外されていることなど、調査結果を読み解く際に考慮すべき前提がいくらかある[33]。

　以上のように、日本においては、成人のリテラシーの実態把握は緒についたばかりである。生活や就労の実態に加えてリテラシー等の能力も含めた実態把握や、大規模調査からは抜け落ちてしまいがちな困難を抱える成人、さらには若者に焦点を当てた調査・分析について、若者を対象とした支援施策を推進していくための一助として検討・実施することが必要であろう。

（以上、棚田洋平）

注

(1) 仁井田典子（2010）「『フリーター』／『ニート』を生きる―若年者就業施設Zに通うAさんを事例として」、首都大学東京・都立大学社会学研究会『社会学論考』第31号、84頁。

(2) 太郎丸博編（2006）『フリーターとニートの社会学』世界思想社、4頁。

(3) 日本労働研究機構編（2000）『フリーターの意識と実態―97人へのヒアリング調査より』日本労働研究機構。

(4) 横井修一・長谷晃憲（2005）「『フリーター』論の現状と課題―文献サーベイから見た調査・研究の動向」、岩手大学人文社会科学部紀要『アルテス リベラレス』第76号、25頁より要約。

(5) 例えば、以下の文献など。
　矢島正見・耳塚寛明（2001）『変わる若者と職業世界―トランジッションの社会学』学文社。
　小杉礼子（2003）『フリーターという生き方』勁草書房。

(6) 例えば、以下の文献を参照のこと。
　部落解放・人権研究所編（2005）『排除される若者たち―フリーターと不平等の再生産』解放出版社。
　青砥恭（2009）『ドキュメント高校中退―いま、貧困がうまれる場所』ちくま新書。
　中西新太郎・高山智樹編（2009）『ノンエリート青年の社会空間―働くこと、生きること、「大人になる」ということ』大月書店。
　西田芳正編（2011）『児童養護施設と社会的排除―家族依存社会の臨界』解放出版社。
　西田芳正（2012）『排除する社会・排除に抗する学校』大阪大学出版会。

宮本みち子（2012）『若者が無縁化する―仕事・福祉・コミュニティでつなぐ』ちくま新書。

内閣府（2012）『社会的排除にいたるプロセス―若年ケーススタディから見る排除の過程』。

乾彰夫編（2013）『高卒5年どう生き、これからどう生きるのか―若者たちが今＜大人になる＞とは』大月書店。

(7) 部落解放・人権研究所編（2005）『排除される若者たち―フリーターと不平等の再生産』解放出版社。

(8) 同上、24頁。

(9) 同上、24-65頁。

(10) 青砥恭（2009）『ドキュメント高校中退―いま、貧困がうまれる場所』ちくま新書。

(11) 同上、19-20頁。

(12) 同上、64-128頁。

(13) 同上、168-169頁。

(14) 内閣府（2012）『社会的排除にいたるプロセス―若年ケーススタディから見る排除の過程』。

(15) 同上、2頁。

(16) 同上、5頁。

(17) 同上、6頁。

(18) 同上、28-30頁。

(19) 乾彰夫編（2013）『高卒5年どう生き、これからどう生きるのか―若者たちが今〈大人になる〉とは』大月書店。

(20) 同上、11頁。

(21) 同上、9-36頁。

(22) 同上、20頁。

(23) 本項の記述は、主として内閣府『平成27年版 子供・若者白書』（38-40頁）を参照した。

(24) 本項の記述は、主として総務省「平成24年就業構造基本調査」のデータを参照した。

(25) 従来の『青少年白書』においても、障がいやひとり親、非行といった「特定の状況にある青少年」への対応について言及されているが、そのカテゴリーにニートや若年無業者、ひきこもりといった若者が含まれていく。「困難を抱える青少年」の一つとして、「ニートやひきこもり等自立や社会参加に困難を抱える青少年」の支援策が『青少年白書』の中で初めてうたわれたのは、2009年のことである。

(26) 伊藤良高（2012）「子ども・若者政策の理念と展開」、伊藤良高・永野典詞・大津尚志・中谷彪編『子ども・若者政策のフロンティア』晃洋書房、1-10頁。

(27) 平塚眞樹（2012）「子ども・若者支援の政策と課題」、田中治彦・萩原建次郎編著『若者の居場所と参加―ユースワークが築く新たな社会』東洋館出版社、52-69頁。

(28) 各種調査の詳細については、岩本陽児・棚田洋平・添田祥史（2015）「東アジアと日本の識字教育の20年―研究・実践・政策・交流のこれまでとこれから」（『東アジア社会教育研究』No.20、39-48頁）を参照のこと。

(29) 識字学級等を対象とした実態調査としては、以下の文献を参照のこと。

岩槻知也（1998）「『大阪府識字学級・日本語読み書き教室等学習者調査』の結果を読む」、部落解放・人権研究所編『部落解放研究』第124号、22-41頁。

福島和子（2004）「大阪府の識字・日本語教室の現状と課題―大阪府教育委員会『識字学級等調査』から」、部落解放・人権研究所編『部落解放研究』第159号、58-66頁。

部落解放・人権研究所識字部会（2010）「2006年度・大阪府内識字学級活動状況調査か

らみる現状と課題―現実に合わせて展開する学級の姿が浮き彫りに」、部落解放・人権研究所編『部落解放研究』第189号、45-56頁。

大阪府（2010）「地域における識字・日本語学習環境実態調査結果―平成22（2010）年3月」（http://www.pref.osaka.lg.jp/chikikyoiku/shikijichosa-kekka/index.html）。

棚田洋平（2011）「日本の識字学級の現状と課題―『2010年度・全国識字学級実態調査』の結果から」、部落解放・人権研究所編『部落解放研究』第192号、2-15頁。

　　また、若者のリテラシー（読み書き能力）を含めた生活の困難の実状については、本書の事例編や、棚田洋平（2015）「若年者の生活困窮の実態とその支援のあり方―さまざまな課題を抱える相談者ヒアリング調査の結果より」（部落解放・人権研究所編『部落解放研究』第203号、117-140頁）を参照のこと。

(30) 梶田美春ほか（1998）『OECD国際成人リテラシー調査に対応した成人学習調査に関する研究』科学研究費研究成果報告書。なお、仕事上「読み」「書き」「計算」能力によってどの程度損をしているかについて尋ねた質問項目では、「読み」「書き」については「大きく損をしている」という回答はなかったが、「計算」については「大きく損をしている」との回答が若干（全体で1.4%）あり、本文に示した結果にはその数字が「少し損をしている」の割合に含められている。

(31) 調査の背景や概要、調査結果の詳細については、以下の文献を参照のこと。
国立教育政策研究所内国際成人力研究会編（2012）『成人力とは何か―OECD「国際成人力調査」の背景』明石書店。
国立教育政策研究所編（2013）『成人スキルの国際比較―OECD国際成人力調査（PIAAC）報告書』明石書店。

(32) 国立教育政策研究所編（2013）『成人スキルの国際比較―OECD国際成人力調査（PIAAC）報告書』明石書店。

(33) 例えば、以下の文献を参照のこと。
森実（2013）「特集にあたって（特集　識字・日本語学習運動をめぐるこれから）」、『部落解放』第686号、12-13頁。
森実（2014）「日本におけるしきじ問題の実相」、識字・日本語研究会編『まなぶ　つながる　うごきだす―国内の識字・日本語学習をめぐる状況と課題』、6-16頁。

参照ホームページ

国立教育政策研究所生涯学習政策研究部　国際成人力調査（PIAAC）
　　http://www.nier.go.jp/04_kenkyu_annai/div03-shogai-piaac-pamph.html
厚生労働省HP内　福祉・介護　生活困窮者自立支援制度
　　http://www.mhlw.go.jp/stf/seisakunitsuite/bunya/0000059425.html
内閣府HP内　共生社会政策　子供の貧困対策の推進
　　http://www8.cao.go.jp/kodomonohinkon/
内閣府HP内　共生社会政策　子ども・若者支援
　　http://www8.cao.go.jp/youth/index.html

第2章

「リテラシー」の概念とその意義
──社会的困難を生きる若者の学習支援を考える視点──

岩槻 知也／上杉 孝實

　前章では、「社会的困難を生きる若者」のおかれている実態を、先行研究や各種調査の結果に基づいて検討するとともに、そのような若者に対する支援の動向について概観した。本書が考察の対象とするのは「学習支援」であるが、先にみたように、困難を生きる若者の支援の取り組みには、学習支援だけでなく、労働や福祉等の教育以外の分野における様々なアプローチが存在する。つまり翻って考えれば、このような困難を生きる若者の問題には、学習支援だけでは対処しきれないような、きわめて複雑な課題が錯綜しているということである。したがって本書では、学習支援を、広範な若者支援の取り組みのあくまでも一部として捉えつつ、その意義について、先進的な現場の実践に学びながら具体的に考察を加えていく。そして、このような考察を通して、若者支援における学習支援の意味やその重要性について、改めて確認していきたいと考えている。

　そこで本章では、第Ⅱ部以降の考察の前提として、以下の2つの作業を行っておきたい。

　まず第一の作業は、学習支援のあり方を考える際のキーコンセプトとして本書が重視する「リテラシー（literacy）」の概念について検討することである。「リテラシー」の基本的な語義は「読み書き能力」や「教養」などであるが、近年、その意味内容には大きな広がりがみられるようになった。次に詳述するが、この概念は学校が重視する「学力」とは異なり、人が社会の中で、つまり他の人との関係の中で生きていく際に必要とされる読み書き能力や知識・技能のことを指している。社会的困難を生きる若者の多くが、学齢期の比較的早い時点で学校教育から疎外され、「低学力」や「低学歴」の状態におかれているこ

とは先にみたとおりであるが、このような若者の学習支援を検討する際には、この「リテラシー」概念が、特に重要な視点を提供してくれるに違いない。

　そして第二の作業は、上記のリテラシー概念を踏まえた上で、「社会的困難を生きる若者にとってのリテラシー」を捉える際の基本的な視点について考察することである。ここでは、学校が重視する「学力」、すなわち「標準化されたリテラシー」を相対化し、困難を生きる若者の生活に即した多様なリテラシーの実態を捉える際の視点として、①メディアの多様性、②特定分野への指向、③階層・家庭的背景、④若者文化とローカルな文化、⑤主流文化との関係、という5点が取り上げられ、その具体的な内容が解説されている。

　それではさっそく、本題に入っていこう。

第1節　「リテラシー」とは何か：国際的な議論と研究の動向

　まず本節では、学習支援のあり方を考える際のキーコンセプトとして本書が重視する「リテラシー（literacy）」の概念について、国内外の実践や研究の成果を踏まえながら、その内容を具体的に整理するとともに、困難を生きる若者の学習支援のあり方を検討するにあたって、この概念をキーコンセプトとして用いることの意義について考えてみたい。

　周知のように、近年日本においても、「リテラシー」という語が様々な場面で用いられるようになってきているが、その意味内容を厳密に問われると、答えに窮することも多いように思われる。それは、このきわめて多義的な英語の意味内容に対応した的確な日本語が存在しないことにも一因があると考えられる。試みに、一般的な"literacy"の語義について、手元にある英和辞書を引いてみると、そこには以下のような訳語が並んでいる。

① 読み書き算の基本的能力；教養（教育）があること
② 読み書き算を含めた社会的に必要となる基本的能力；（ある分野の）知識、能力、リテラシー [1]

以上のように、リテラシーの基本的な語義は、基礎的な読み書き計算の能力であるが、上記の訳語をみると、「教養」や「社会的に必要となる基本的能力」をも含み込む、かなり幅広い概念であることがわかる。また「コンピュータ・リテラシー」や「法リテラシー」など、「リテラシー」の前に特定分野の名称を据えると、「当該分野に関する基礎的な知識や能力」といった意味にまで拡大していく。

　そこで以下では、このようなリテラシー概念の広がりを、さらに厳密に考察するために、リテラシーに関わって様々な活動を展開してきた2つの国際的な組織、すなわち①ユネスコ（国連教育科学文化機関）及び②OECD（経済協力開発機構）が提唱するリテラシー概念の規定を確認するとともに、それらの規定をめぐる議論や関連する各種調査研究の内容についても検討してみたい。そして以上のような作業を通して、本書がリテラシーの概念を重視する意義について考察を加える。

1.1　ユネスコにおけるリテラシー概念

　ここではまず、ユネスコにおけるリテラシー概念の変遷を、その歴史的経緯に沿って、①「機能的リテラシー」と実験的世界リテラシープログラムの展開、②パウロ・フレイレの理論と「批判的リテラシー」、及び③「新しいリテラシー研究」の動向と「リテラシーの複数性」論、の3つの観点から整理・検討する。これらの作業を通して、ユネスコがこれまで「リテラシー」の語にどのような意味を与え、また使用してきたのか、さらにはそのようなユネスコの捉え方に影響を与えた研究や理論にはどのようなものがあるのか、といった点について具体的に考察を加えてみたい。

a)「機能的リテラシー」と実験的世界リテラシープログラムの展開

　周知のとおりユネスコは、すでに1946年の設立当初から、リテラシーの問題を教育や人権の取り組みにおける最重要課題として取り上げてきた。まず、その設立から5年後の1951年には、非識字（illiteracy：文字の読み書きができないこと）の実態把握に向けて「教育統計標準化（standardization of educational statistics）に関する専門委員会」を開催し、そこにおいてリテラシーの概念を「日常生活における簡単な記述を、理解をともなって読み書きできること」と規定している [2]。その後、1960年の総会では、非識字解消のための計画や組織、プログラムの実行に関する研究を行うことが決定され、1962年には「リテラシーに関する国際専門家委員会」が開催されるに至る。そこでは、参加諸国における1950年代の厳しい非識字の実態が60年代に至っても変化していないことが明らかにされ、今後の取り組みを促す熱心な討議が行われたという [3]。そしてこのような流れの中で、本会議において、リテラシーの概念が改めて以下のように規定された。

　（リテラシーを持つ人とは）読み書きを必要とするあらゆる活動への参加を可能にする知識や技能を獲得し、所属する集団やコミュニティの中で有効な役割を果たす（effective functioning）ことのできる人である。そしてこのような人は、自分自身またはコミュニティの発展に向けて、これらの知識や技能を発揮し続けていくことができる [4]。

　この規定においては、リテラシーが、先の1951年の定義にあるような単純な「文字の読み書き能力」だけでなく、集団や地域社会の一員としての役割を果たし、その発展に寄与する能力をも含めたより幅広い能力として捉えられている。つまりこのリテラシーが「機能的リテラシー（functional literacy）」と呼ばれるものであり、以後ユネスコは、この概念を基軸として国際的な識字教育活動を展開していく。
　その後1964年に開催されたユネスコ第13回総会においては、パイロット事業としての性格を備えた「実験的世界リテラシープログラム（Experimental World Literacy Programme: EWLP）」の実施が採択され、本プログラムのキーコンセプトに、先の「機能的リテラシー」が据えられる。そして、ユネスコは1967年から1973年にかけて、国連開発計画（United Nations Developmental Programme: UNDP）の後援のもと、このEWLPを「リテラシーの経済的・社会的効果を測定して証明し、さらには、特に勤労者を対象とするリテラシーの訓練と社会の発展との間に存在する相互の関係と影響を研究する目的 [5]」で

44　第Ⅰ部　問題の所在

実施するに至る（11か国が参加）。このプロジェクトでは、費用対効果を示すことが目指されたため、機能的リテラシーの概念が「仕事に関連するリテラシー」といった、より狭い意味で捉えられている。具体的には、特定の職業集団に対して、リテラシーと職業訓練の要素を統合した特別コースを提供し、一般的な教育レベルの向上だけでなく、特定の経済的・職業的な成果の達成を目標としたのである。したがって、例えば農民のコースでは「イランの砂糖大根」や「マリのピーナッツ」といった形で、特定の作物に特化されたプログラムが提供された[6]。

　しかし、1976年に提出されたEWLPの評価報告書によれば、その結果は、プロジェクトの運営や学習者募集の問題、学習者の能力の達成度、ドロップアウト率や非識字状態への逆戻り率などの点で、全体として期待はずれなものであった。EWLPの統計では、プログラム全体でおよそ100万人の学習者を対象とし、約3,200万ドルを費やしたが、分析可能なデータを得ることのできた5か国において、機能的リテラシーの基準に達したものは、125,000人を下回っていたという[7]。このような些か不本意な結果を受けて、ユネスコは「リテラシープログラムは、経済成長だけでなく、社会的・文化的・政治的変化にも重点をおくことで、はじめて完全に機能的となる」とし、リテラシーを必ずしも必要としない文化を持つ地域が存在しているということや、各地域に固有の文化に基づいて対象者の要求を分析する必要性、また「プロジェクトを計画する側がより謙虚である」必要性を指摘するに至る[8]。

b) パウロ・フレイレの理論と「批判的リテラシー」

　先のEWLP終了直後の1975年、ユネスコはイランのペルセポリスにおいて「識字に関する国際シンポジウム」を開催し、1965年からの10年間に展開された国際的な識字教育活動を総括するとともに、今後の方向性に関する議論を行っている[9]。そして本シンポジウムにおいて採択された「ペルセポリス宣言」では、リテラシーの捉え方が、以下のように示された。

　　リテラシーの学習は、……単なる読み、書き、計算の技能の習得だけでなく、人間の解放やその全面的な発達に寄与するものである。このように考え

第2章　「リテラシー」の概念とその意義　　45

れば、リテラシーは、自身の生きる社会やその目的が抱える矛盾を批判的に認識するための条件を創り出すものとなる。そしてリテラシーは、世界に働きかけ、世界を変え、真の人間の発達が目指すものを明らかにする活動に主体的に参加することを促すのである[10]。

　この宣言文の内容には、EWLPにおいて重視された機能的リテラシーが「経済発展」を重視するあまり、リテラシーの捉え方を一面的なものとし、人間の「解放」や「全面的な発達」に果たす役割を等閑視してしまったことに対する反省の念が込められているように思われる。ところで、このような「人間解放」のためのリテラシーの教育に関して、自身の具体的実践に基づいて独自の考察、理論化を行ったのが、ブラジル出身のパウロ・フレイレである。先のシンポジウムに提出された会議文書においても、彼が当時ブラジルやチリにおいて大成功を収めていた識字教育実践の内容や「意識化」理論が言及されていることから[11]、上述のペルセポリス宣言もまた、このフレイレ理論の影響を強く受けていると考えられる。
　フレイレの提起した識字教育理論の中核には「意識化（conscientization）」という概念がある。この「意識化」について、まずはフレイレ自身の言葉に耳を傾けてみよう。

　状況性（situationality）を省察することは、存在条件そのものを省察することである。つまり批判的思考をとおして人間は、状況の中で、生きていることを互いに発見するのである。この状況がもはや人を封じ込める不透明な現実、あるいは人を苦しめる袋小路であることをやめ、人間がその状況を客観的課題状況として把握できるようになる、そのときになってはじめて、積極的関与が可能となるのである。人間はその埋没状態から脱却する。そして現実のヴェールがはがされるにつれて、そこに介入する能力を獲得する。現実への介入は、歴史的自覚にほかならず、脱却からの一歩前進を意味している。それは状況の意識化の所産である。意識化とは、脱却のさいに必ずみられる自覚的姿勢の深化である[12]。

ここでいう「状況性」とは、自分が状況の中で生きているということ、すなわち「自らが時間—空間条件の中に根ざしていること[13]」を意味している。ブラジルにおけるフレイレの実践に即していえば、大土地所有制のもと少数地主の収奪に苦しむ農民が、その抑圧の現実に埋没して生きているという、その状況である。彼によれば、このような状況性の批判的な省察（critical reflection）を通じて、人は自分のおかれている状況を客観的に把握できるという。つまりこの過程こそが「埋没状態からの脱却」、言い換えれば「状況の意識化」の過程なのである。

　以上のような意識化の過程を生み出す識字教育の第一段階として、フレイレは「生成語（generative word）」の抽出を重視している。この生成語とは、端的に言えば、識字教育の対象となる地域住民が日常生活で使っている言葉であり、学習内容の中核となるものである。識字教育の提供者は、まずプログラム実施の前段階において対象となる地域に入り込み、その地域の住民と対話をすることによって、そこにある典型的な言い回しや住民の不満、希望などを把握する。生成語は、このような当該地域の住民に対する事前調査により得られた語彙の中から、音素の豊かさや音声上の難易度等を吟味して選択される。

　次に、これら生成語の内容に関連した典型的な日常生活の場面を絵で表す「コード表示（codification）」が行われる。プログラム参加者は、この絵表示をもとに提供者や他の参加者と対話することを通して、その対象となっている日常の場面から距離を取ることを経験する。つまり「コード表示」は、現実の生活を理論的脈絡の中に据えて認識の対象へと変換させる機能を持つのである。そしてこの表示に基づいた具体的現実の分析をし尽くした段階で、初めて文字で表記された生成語が参加者に提示される。そこで生成語とそれが指しているコード表示との間に意味上のつながりが作り出されると、今度はこの生成語だけが別のスライドに映し出される。例えばスラムの絵が消え、「スラム」という音声が消えてしまっても、それらを表す文字は残るということに参加者が気づき、現実世界の意識化と文字の獲得が同時に行われていくことになるのである[14]。

　以上のように、フレイレは徹底して学習者の生活の中にある言葉やリテラシーを重視した。そしてこのような言葉やリテラシーの学習を通して、学習者が自身のおかれている状況を対象化（「意識化」）し、その状況に主体的に介入し

ていくことを目指したのである。このフレイレの捉え方は、「社会に適応し、その発展のために役立つ」という側面を重視した先の機能的リテラシーの捉え方とは、ある意味で対照的である。自身の苦境を対象化することを通して、その苦境を生み出した社会の矛盾に気づき、社会の変革に向かう。このようなフレイレのリテラシー論は、それが状況の批判的省察（振り返り）を重視するという点で「批判的リテラシー（critical literacy）」論と呼ばれ、ユネスコをはじめとする世界の様々な識字教育実践に大きな影響を与え続けてきた。

c)「新しいリテラシー研究」の動向と「リテラシーの複数性」論

　フレイレの理論に端を発した批判的リテラシー論の一つの重要なポイントは、それが人々の生活状況の中に存在する、いわば「状況に根ざしたリテラシー（situated literacy）」を重視しているという点にある。1980年代に入ると、このような状況に根ざしたリテラシーの実態を、様々な調査によって実証的に明らかにしようとする研究が現れはじめた。つまり、フレイレが自身の教育実践の中で見いだしていったようなリテラシーの実態を、欧米の心理学者や言語学者、人類学者や教育学者といった様々な分野の研究者が調査し、分析しはじめたのである。そして90年代になると、これらの研究が層としてのまとまりを持ちはじめ、「新しいリテラシー研究（New Literacy Studies：以下、NLSと表記する）」という一つの潮流を作っていく。

　このNLSに属する諸研究に共通する視点を簡潔に述べるとすれば、リテラシーは、それが使用される社会的、文化的な実践（practice）の文脈の中で研究されることによってのみ意味を持つということである (15)。ここでいう「社会的、文化的な実践」とは、人々の日常的な相互作用やそれによって培われる習慣というような意味であるが、リテラシーは、あくまでもこのような人々の相互作用や習慣の中に埋め込まれているものであって、そこから切り離された個人的な技能などでは決してないというのである。

　ここで一例として、イギリスにおけるNLSの旗手、デイヴィッド・バートンとメアリー・ハミルトンの「ローカル・リテラシー（local literacies）」研究について簡単に紹介しておこう。この「ローカル・リテラシー」とは、端的に言えば、ある特定の時代、ある特定の地域、ある特定の状況で用いられている

リテラシーのことを指している。したがって本研究においてバートンとハミルトンは、その対象を1990年代という時代、及びイングランド北西部に位置するランカスターという地域に限定し、そこで用いられている「ローカル」なリテラシーの実態を明らかにするべく、長期にわたるフィールドワークを実施している。なぜ「フィールドワーク」なのかといえば、人々の生活の中でいきいきと機能するリテラシーの実態は、「学力テスト」や「質問紙調査」では決して把握できないからである。具体的には、地区の成人大学（Adult College）の成人基礎教育コースの受講生に対するインタビュー（20名）や地区内の一地域に暮らす人々をランダムに戸別訪問してのインタビュー（65名）、及びリテラシーが関わる様々な活動の様子を示す写真の撮影や文書類の収集などを含む参与観察等が行われ、これらの作業を通して、ランカスター地区に暮らす人々の日常生活におけるリテラシー活動の諸相が克明に記録され分析されている[16]。

　紙幅の都合上、ここでその詳細を記述することはできないが、上記の分析によれば、手帳や家計簿を用いた「生活の管理」、手紙やカード、メモ書き等による日常の「対人コミュニケーション」に加えて、読書や詩作等の「私的な娯楽」、アルバムづくりや自分史執筆等の「生活の記録」、また場合によっては未知のテーマに関する「専門的な探究」や地域組織、政治活動への「社会参加」等、リテラシーが、人々の日常生活における様々な場面で、きわめて重要な役割を果たしていることが示唆されている[17]。

　以上のような研究の内容をみていくと、学校等の教育機関や制度の外側、つまり家庭や職場、近隣地域での日々の生活の中にも、様々な「リテラシーの世界」が存在していることがわかるだろう。先に示した「ローカル・リテラシー」の原語が"local literacies"と複数形になっているのは、実はこのようなリテラシーの多様性を表現したものなのである。学校では学校型のリテラシー、すなわち「学力」が重視されているが、家庭には家庭独自の、また職場や地域にも、それぞれの職場や地域に特有のリテラシーが存在しており、それらは学力とは異質なものだというのが、この研究の一つの結論となっている。

　ところで、ユネスコは2003年より「国連識字の10年」の取り組みを開始したが、その取り組みの始動期に作成された国際的な専門家会議のポジション・

第2章　「リテラシー」の概念とその意義　　49

ペーパー（方針書）のタイトルをみると、「リテラシーの複数性（plurality）とその政策やプログラムへの示唆」となっている [18]。これは、近年のユネスコの政策が、まさに上で述べたような80年代から90年代にかけて展開されてきたNLSの研究成果に負っていることの一つの表れであろう（実際、本文書に付された参考文献表には、NLSを牽引してきた研究者の著書が散見される）。以下に示すのは、本ポジション・ペーパーが提起したリテラシーの概念である。

　　リテラシーとは、多様な文脈と結びついた印刷及び書かれた資料を用いて、確認し、理解し、解釈し、創造し、交流し、計算する能力である。リテラシーは、個人が目標を達成し、知識や潜在能力を発展させ、地域やより広い社会に十分に参加することができるような一連の学習を含む [19]。

　この概念における「多様な文脈（varying contexts）」とは、人々が日々を生きる家庭や地域社会、職場等の多様な生活世界のことを指している。つまりリテラシーとは、人々が日々の暮らしの様々な場面で、様々な印刷物や文書を使って、様々なことを遂行する能力のことであり、各人のおかれている状況に即したかなり多様な性質を含み込む能力であることがわかる。そして人々は、このリテラシーの獲得を通して、自身の目標を達成したり、知識や潜在能力を開発し、さらには仕事や子育て、宗教や政治等の活動に取り組むことで社会に参加していくことができるというのである。このような能力は、各人の生活世界と一定の距離をおいて標準化されている「学力」という学校型のリテラシーとは、かなり異質なものであると言えるだろう。

1.2　OECDにおけるリテラシー概念

　ユネスコが、多くの開発途上国を含む全世界の国々によって構成される組織であるのに対して、以下で取り上げるOECDは、欧米諸国を中心とする、いわゆる先進諸国の経済協力を目的とした組織である。経済と教育には密接な関連があることから、OECDは教育に関する研究にも精力的に取り組んでおり、

様々な調査研究や政策提言等を展開し続けている。近年、特に国際的に注目されているのが「生徒の学習到達度調査（PISA）」であるが、この調査などは、その結果に、日本も含めた先進諸国が一喜一憂するほどの影響力を持つようになってきた。また成人に対しても、これまで様々なリテラシー調査を実施してきており、2011年には「国際成人力調査（PIAAC）」、つまり先のPISAの成人版ともいえる調査を実施している。そこで本項では、OECDがこれまでに実施してきた成人を対象とするリテラシー調査の概要と当該調査におけるリテラシー概念の内容を概観するとともに、これらのリテラシー概念を内包する、より包括的な能力概念として提起された「キー・コンピテンシー」の概念について検討を加える。

a）成人リテラシー調査にみるリテラシー概念

　OECDが成人を対象とする国際的なリテラシー調査を開始したのは、1990年代の半ばであるが、すでにそれ以前の1980年代から90年代の初頭にかけて、アメリカやカナダにおいては、求職中の青年や成人に対する国家レベルの大規模なリテラシー調査が実施されていた。これらのマクロな量的調査は、各国でリテラシーレベルの低い国民が多くなっていることや、そのような問題が国家を超えて広がっていることなどを明らかにし、経済発展を目指す各国の教育政策に対して重要な示唆を与えていく。つまり、OECDが90年代半ばという時期に国際的な調査を開始したのは、こうした各国の政策立案に向けて、リテラシー実態の国際比較が可能な国家レベルの調査が強く求められていたからである[20]。

　具体的には、まず1994年に「国際成人リテラシー調査（International Adult Literacy Survey: IALS）」が実施され、欧米9か国の参加のもと、成人のリテラシーに関する大規模な国際比較が行われた。その後、本調査は1996年、1998年と継続的に実施され、合計で22か国が参加するに至る（日本は1998年にパイロット調査のみを実施）。さらに2002年と2006年には、このIALSの内容や方法を改善した「成人のリテラシーとライフスキル調査（Adult Literacy and Life Skills Survey: ALL）」が実施されたが、本調査には、欧米以外の国々をも含む12か国が参加している（日本は不参加）。そして2011年には、先に述

べた「国際成人力調査（Programme for the International Assessment of Adult Competencies: PIAAC）」が実施されたが、本調査には日本を含む26か国が参加し、これまでにない大規模なものとなった。

　それでは、上記の各調査において、リテラシーの概念はどのように定義されているのだろうか。2009年に発刊されたOECDのワーキングペーパーによれば、上記3つの調査は、リテラシーに関して、以下のような概念的枠組みを共有しているという。

① 社会や経済との関係に内在するリテラシー

　　リテラシー（他の基礎的な認知スキルも含む）は、個人のライフチャンスや国家レベルの社会経済的な安定を左右する決定的な要素の一つである。したがって政策立案者が注目するのは、リテラシーのレベルやその分布だけではない。むしろそれらの調査結果から明らかになるリテラシーと経済的・社会的な成功との関係や危機的な状況にある特定の集団、またそのようなレベルや分布が生じる原因や社会に与える影響などに強い関心を持つのである。

② 成人の複雑な行動様式としてのリテラシー

　　リテラシーとは、特定の文脈において特定の目的のために多様なタイプのテクスト（文書）を用いる複雑な認知的情報処理技能を含んだ社会的実践（social practices）である。例えばIALSやALLにおいては、リテラシーが「印刷された、もしくは書かれた情報を用いて、社会において役割を果たし（function）、自らの目的を達成し、その知識や潜在能力を発展させること」と定義されている。またPIAACにおいても同様の定義がなされているが、テクストのタイプが、先の2つの調査よりもさらに多様なものとなっている[21]。

　上記①の概念が社会や経済との関係でリテラシーの役割を捉える、いわばマクロな視点から構成されているのに対し、②の概念は個人の具体的な行動との関係でリテラシーを捉えるミクロな視点から構成されていると言えるだろう。①の概念が重視されるのは、OECDが加盟各国の社会・経済政策の立案に大き

な影響力を持っていることとも関連していると思われる。また②の概念については、興味深いことに、前項で述べた近年のユネスコの概念や、それに影響を与えた「新しいリテラシー研究」の提示するリテラシー論ときわめて近似していることがわかる。ちなみに、PIAACの定義にある新たなテクストのタイプとは、電子メディア上のテクストのことを指しており、近年のメディア環境の進展に伴って追加されたものである。したがって実際の調査においても、例えばITを用いた問題解決能力を測定するために、コンピュータを使ったテスト問題が作成され、実施されている。

b)「キー・コンピテンシー」と「リテラシー」

先のPIAACは「国際成人力調査」と日本語に翻訳されているが、この「成人力」が"adult competencies"、すなわち成人の「コンピテンシー」ということになる。PIAACにおいては、この成人のコンピテンシーの要素として、"literacy"（日本版の調査報告書では「読解力」と翻訳されている）、"numeracy"（「数的思考力」）、"problem solving in technology-rich environment"（「ITを活用した問題解決能力」）の3つを取り上げているが、実はこの3つの要素が成人のコンピテンシーのすべてではないとされている[22]。そこで、ここではこの「コンピテンシー」の概念についてさらに詳しく検討するとともに、「リテラシー」概念との関係性について考察してみたい。

OECDがコンピテンシー概念の検討を精力的に展開したのは、1997年から2003年にかけて実施された「コンピテンシーの定義と選択（Definition and Selection of Competencies: DeSeCo）」プロジェクトにおいてである。本プロジェクトでは、12か国にわたる加盟各国の政策担当者と教育学の領域にとどまらない多様な分野の専門家が協働し、国際的に共通する能力としての「キー・コンピテンシー（key competencies）」が定義づけられるとともに、その評価と指標の枠組みが開発された[23]。2005年に発刊されたプロジェクトの最終報告書（概要）では、このコンピテンシーの概念について、具体例を交えた以下のような説明がなされている。

コンピテンシーは、単なる知識や技能ではない。それは、特定の文脈にお

いて、心理社会的な資源（技能や態度を含む）を動員することによって、複雑な要求に応える能力をも含んでいる。例えば、効果的にコミュニケーションを取るためには、言語に関する知識や実際的なIT技能に加え、相手に対してコミュニケーションを取ろうとする態度をも動員するコンピテンシーが必要となる[24]。

　この説明によれば、コンピテンシーとは、知識や技能だけでなく、情動的な側面である「態度」をも含み込む総合的・包括的な能力であることがわかる。DeSeCoプロジェクトでは、加盟各国がそれぞれの教育政策の検討を行い、優先する価値や政策とはどのようなものか、またグローバルな経済的・文化的課題において、各国に共通する最重要のコンピテンシーとは何かといったテーマで議論を進めることによって、最終的に図2-1のような3つの「キー・コンピテンシー」が選択された[25]。

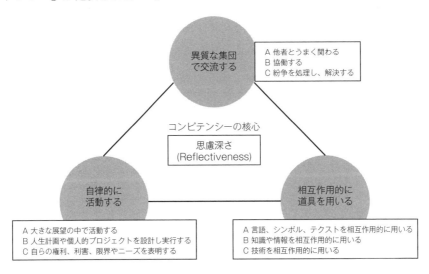

図2-1　3つのキー・コンピテンシーとその具体的内容 [26]

　3つのキー・コンピテンシーとは、すなわち「相互作用的に道具を用いる能力」「異質な集団で交流する能力」「自律的に活動する能力」であるが、これらの内容を概観すると、他者と関わってコミュニケーションを行う能力がきわめ

て重要視されていることがわかる。PIAACが測定しているのは、これら3つのコンピテンシーのうちの「相互作用的に道具を用いる」能力の一部であり、リテラシーはその中に含まれている。先にみたOECDの調査におけるリテラシー概念が「社会的実践（social practice）」と定義づけられているのは、このような相互作用を重視するコンピテンシー論の考え方が反映しているからであろう。

　さらにこのキー・コンピテンシーの中核にあるのが「思慮深さ（reflectiveness）」である。この「思慮深さ」について、先の報告書は次のように述べている。

　　……思慮深い思考には、比較的複雑な精神のプロセス、すなわち思考プロセスの主体をその客体にすることが求められる。例えば、あるメンタルテクニックを習得する際に、思慮深い人は、このテクニックについて考え、理解し、それを自身の経験の他の側面に関連づけて、変更したりアレンジしたりする。そしてこのような思考プロセスを、引き続き、実践あるいは行動によってフォローアップしていくのである。
　　以上のように、思慮深さには、メタ認知的な技能（「考えること」について考える技能）や創造する能力、そして批判的なスタンスをとることなどが含まれる。またそれは、個人がどう考えるかということだけでなく、個人の経験――思考や感情、社会関係などを含む――を、どのようにしてより一般化し再構成するかということでもある。このような作業を行うためには、ある程度の社会的な成熟（social maturity）、すなわち社会的な圧力から距離をとることや多様な観点をもつこと、また自律的に判断することや自らの行動に責任をとることなどが必要とされる[27]。

　引用文冒頭の「思考プロセスの主体をその客体にする」とは、わかりにくい表現だが、言い換えれば「思考している自分自身を客観視する」といった意味になるのではないだろうか。このような"reflectiveness"の内容を概観すると、筆者には先に触れたパウロ・フレイレの「批判的省察（critical reflection）」による「意識化（conscientization）」のプロセスが想起される。このOECDの議論では「思慮深さ」を持つために「社会的成熟」が必要だとされているが、フ

レイレのアプローチでは、この「社会的成熟」の状況を、リテラシー習得のプロセスにおいて実現することが目指されているように思われる。

1.3　小括：本書が「リテラシー」の概念を重視する意義

　さて最後に、これまでに記述してきたことを踏まえ、本書が「リテラシー」概念を重視する意義、すなわち社会的困難を生きる若者の学習支援にとっての「リテラシー」概念が持つ意味について考えてみたい。

　まず第一に重要なのは、「リテラシー」が、学校等の教育機関で扱われる読み書きの技能や知識だけでなく、家庭や地域社会、職場等における人々の日常生活と密接に結びついた読み書きの技能や知識をも含んだ、きわめて幅広い概念だということである。先述のとおり、近年のユネスコやOECDにおいては、リテラシーが「日々の暮らしの様々な場面で、様々な印刷物や文書、情報等を使って、様々なことを遂行する能力」と規定されている。つまりリテラシーの概念が重視しているのは、単なる読み書きの技能や知識の習得ではなく、それらの技能や知識を使って、例えば自身の目標を達成したり、さらなる知識や潜在能力を開発し、主体的に社会に参加していくことなのである。社会的困難を生きる若者の多くが、比較的早い段階で学校教育から疎外され「学校」や「学力」に対してある種の拒絶感を抱いているとするならば、彼・彼女らに再び同様のカリキュラムや「学力の向上」を強いることは避けなければならない。その意味で、困難を生きる若者の学習支援を考える際には、上記のようなリテラシーの概念を踏まえ、対象となる個々の若者自身の日々の生活状況（これまでの生活史や現在の思い・興味・関心、将来の目標・展望等をも含む）に即した学習支援のあり方を追究することが重要になってくるのである。

　また第二に重要な点は、第一の点と重なる部分もあるが、「リテラシー」が人々の相互作用（人間関係）の中に埋め込まれているという捉え方である。一般に、リテラシーは紙の上や電子メディア上に、また個人の脳の中に存在すると考えられていることも多いようだが、先の「新しいリテラシー研究」の成果によれば、決してそうではない、すなわちリテラシーは人々が織りなす人間関係の中に存在しているということである。これは、リテラシーが人間のコミュ

ニケーションのためのツールであるということを考えれば、ある意味で当然のことなのだが、そのことが忘れられてきている、もしくは軽視されてきているということであろう。それは、OECDが「キー・コンピテンシー」の一つに「相互作用的に道具を用いる能力」を掲げ、その「道具」としてリテラシーを位置づけていることにも表れている。第Ⅱ部の事例編でも詳述するが、困難を生きる若者の中には、幼少の頃から周囲に信頼できる大人（親や教師等）がいなかったことで大人への不信感を募らせ、人間関係の構築に大きな困難を抱えている者もいる。したがって、このような若者の学習支援を進める際には、その前提として、対象となる若者との人間関係をどのように構築できるかが重要な課題となってくるであろう。リテラシーの学習は、このような信頼できる人間関係を土台として、またそのような関係の中で展開されてこそ、より効果的なものとなるように思われる。

　さらに第三のポイントは、「批判的省察」のためのリテラシーの重要性である。この批判的省察（critical reflection）とは、先にも述べたように、ブラジルのパウロ・フレイレが自身の著書『被抑圧者の教育学』で用いた概念である。フレイレは、徹底して学習者の生活の中にある言葉やリテラシーを重視し、そのような言葉やリテラシーの学習を通して、学習者が自らのおかれている状況を批判的に振り返る（省察する）ことを促した。そしてその省察のプロセスにおいて、学習者が自身の抑圧状況を対象化（「意識化」）し、その状況に主体的に介入していくことを目指したのである。このような批判的省察の重要性は、OECDのコンピテンシー論が、キー・コンピテンシーの中核に「思慮深さ（reflectiveness）」という概念を据えていることからも明らかである。第1章第1節でもみたとおり、社会的困難を生きる若者は、様々な形の抑圧的な状況におかれていることが多い。そのような抑圧状況を、学習支援の取り組みだけで解消していくことはもちろん困難であるが、逆に学習支援だからこそできることもあるのではないか。困難な状況におかれている若者が、支援者との、もしくは若者同士の関わりの中で学習することを通して、自らのおかれている状況を対象化し、見つめ直すことができれば、それが困難な状況を打開する若者自身の主体性や意欲、自信等を生み出す重要な契機となるかもしれないのである。

　以上、本書が「リテラシー」の概念を重視する意義についてみてきたが、こ

れら3つのポイントは、これまでの、そしてこれからの学習支援のあり方を、いま一度批判的に振り返り、根本的に考え直すための重要なヒントを与えてくれるはずである。また同時に、以下に報告する各地の事例には、まさに上記のリテラシー概念に立脚した、具体的な学習支援の姿が映し出されているようにも思われる。本書においては、これら先進的な実践の特徴を、改めて「リテラシー」という概念を用いて検討することで、困難を生きる若者の学習支援のあり方について、具体的に考察を加えてみたい。

（以上、岩槻知也）

第2節　「学習支援」をめぐる基本的な視点

　社会的に困難な状況にある若者は、生活基盤の問題や学校文化との距離によって、生活に必要なリテラシーを身につけるための学習をすることが容易でないことが多い。その学習支援を考えるにあたって、リテラシーの多様性に目を向け、若者の立つ位置からリテラシーを捉えて、その幅を広げていくことが必要になる。

　狭義のリテラシーは、読み書き・計算の能力を意味するが、今日においては、コミュニケーション能力などを含めて、人間らしい生活を営み、社会に働きかける能力を意味する。そのレベルは、しだいに高まっている。同時に、リテラシーの内容には幅があることを考慮する必要がある。ある部分のリテラシーは不十分であっても、他の部分のリテラシーは相当のレベルに達しているということはありうる。もとより、基礎なしには多方面にわたって、高度なレベルのリテラシーの獲得は容易ではない。ただ、これまで、学校でのカリキュラムにおいて正統化された知識・技術を中心にリテラシーを考えることが多かったが、時代・社会とともにその内容が変わることにもみられるように、人々の生活基盤との関係で、リテラシーのスコープとレベルを捉え直すことも重要である。そのことによって、標準化されたリテラシーへの接近の道が開かれるだけでなく、新たなリテラシーの可能性も見えてくる。

2.1 メディアの多様性

　生活上困難に直面している若者の中には、何らかの事情で学校教育に適応しがたく、読み書き・計算等の能力が低いレベルにとどまっている者が見受けられる。その場合でも、近年発達した機器を活用してのニューメディアについてのリテラシーはそれなりのレベルに達している者もいる。そこでも、最低限の読み書き能力が前提とはなるものの、新たなメディアに関心を持つことによって、書物等への接触とはまた異なったニューメディア利用の力を伸ばすことがあるのである。

　生活世界での経験によって、リテラシー獲得が左右されることが多いのである。直接人と接触してのコミュニケーションには困難を感じる者も、ニューメディアを利用することによってコミュニケーションを確保し、情報を得ることができる反面、人との関わりよりも、バーチャルな世界に浸りこんで、現実と乖離した空間に閉じこもることもありうる。信頼できる人との接触の有無がその鍵となる。

　ニューメディアによって情報を得ることができる半面、それに頼り切って他のメディアへの接触が少なく、またその情報に疑いを持って初めからカットする場合もある。権力等によって操作されやすいマスコミを批判的に捉えることは必要であるが、しかし、「2ちゃんねる」等の情報も、限られたものであり、偏ったものであることが少なくないので、ここでもメディアリテラシーを高める教育が課題となる。

　現代社会における生活を営む上で、読み書き能力が欠かせないとしても、無文字社会もあったのであり、文字の習得がなくても会話や歌等の音声言語が豊かで、文化を生み育ててきたことがある。今日でも、読み書き能力とは別に、音声言語によるコミュニケーションにすぐれた力を発揮する例も見られるのであり、そのことへの着目も大事である。読み書き能力があれば、ただちに会話能力が増すわけではない。ただし、日本語では単語そのものが表意文字である漢字に基づいて成立しているものが多く、読み書き能力を前提として会話も幅が広がることも事実である。

今日の若者は、幼い時から多様なリズムに触れることが増えていて、歌や踊りによる表現能力が高い者が多い。近代的思考様式にあっては、心身の分離など二分法がよく用いられてきたが、心身相即の捉え方もまた強まってきている。その中で、若者たちなどでは、身体的表現も豊かになってきていて、それがコミュニケーションにも幅をもたらしている。

　このように、音声、映像等コミュニケーションの手段の発達と、それに伴う新たなリテラシーの登場は、若者のリテラシー獲得において無視できないものである。読み書き能力の形成の必要性は大きいが、これらの手段と関係づけることで、それぞれの発達も促されるのである。

2.2　特定分野への指向

　機械等についての関心が高く、豊富な知識を持つが、他のことについてのリテラシーはもう一つといった若者もいる。特定の興味あることに打ち込むが、それだけに他への取り組みが容易ではない。あれこれと学ぶことの多い学校では、置き去りになることもよくある。発明王のエジソンもその例であるし、発達障がいとみなされた者にも、しばしば見られうる。あることに納得することがなければ次の段階に進めないのであり、そこまでこだわることは、物事を本当に理解し、創造につなぐ上できわめて重要である。しかし、多人数を相手にしての学校教育では、そのような個人のペースに合わせた授業がなされがたい。個別対応を中心とした少人数教育であってこそ、個々を活かす教育が可能となる。

　学校教育で習得すべきとされるものが膨れるにつれて、スピード授業が多くなり、未消化のまま次の段階に進まざるを得なくなって、リテラシーも低いレベルにとどまる者が増えてくる。教育内容の精選の重要性が強調されながらも、教科関係者の利害も絡んで、積み残してしまうようなボリュームの教育内容になっているのが現状である。生涯学習の基礎としての力をつけるところとして、学校教育の持つ意味は大きいが、それは、基礎的な知識・技術としてのリテラシー習得に十分取り組んでこそ生涯にわたっての学習が可能となるのであり、生涯にわたる学習の機会が保障されることによって、初期の学校教育で

多くのことを詰め込むことを必要としないのである。基礎教育とともに、学習方法の習得、学習意欲の形成が重要となるのであり、それは時間をかけてじっくり取り組む学習であってこそ、育まれるのである。

ブルデューは、文化資本による階級の再生産を論じた[28] が、文化・芸術などの分野では家庭の影響が大きく作用し、学校に入る前の経験が尾を引く。幼い時から音楽や美術に親しむ機会を多く持ち、書物や芸術作品に囲まれて育つのとそうでないのとでは、正統化された文化習得に差が生じやすい。それに比べれば、学校で初めて学ぶこともある技術などは、段階を追って学ぶようにかなり普遍的なシラバスがあることもあって、多少なりとも家庭の影響を学校でカバーすることが可能である。一方、美に関心を持ったり、フィクションの世界に没入したり、多面的な関心を持つ者にとって、分断化され、機械的な印象を与える形式化された授業に合わせることが難しい面がある。ここでも、個を活かす少人数教育が欠かせない。特定分野への関心に関連させて他の学習も展開されてこそ、リテラシーの発展が期待されるのである。

2.3 階層、家庭的背景

すでにみたように、リテラシー習得にとって、家庭的背景が大きく関係する。バーンステインが示すように[29]、イギリスなどで、生育家族における言語コードとして、ストレートな表現を中心とした制限コードの支配的な状況の下で育った者にとって、もってまわった言い方が少なくない洗練コードを中心とした学校文化にはなじみにくいものがある。労働者家庭と中間階層家庭での文化の差異が、脱学校文化と向学校文化の差異につながりやすく、異なったリテラシーをもたらす。このような階層の影響は、日本も含めて多くの社会で見られるものである。

しかし、ウィリスが観察したように[30]、労働者階級の子どもの場合、早く職を得ることに強い関心を寄せる者が少なくなく、それに直結するように思われる知識・技術についてのリテラシーの獲得には、熱心になる可能性が高い。ただ、今日の日本の学校や家庭では、子どもの将来の職業についての会話が少なく、目先の進学等にとらわれて、職業像の形成が先送りされる傾向がある。

第2章　「リテラシー」の概念とその意義　　61

自営業の減少も、このことに拍車をかける。

　将来を見通す能力の形成には、基礎的な読み書き等のリテラシーが必要と考えられるが、その逆もありうるのである。確かに、多様でバランスのとれたリテラシーの習得が、そのクラスへの参加を通じて社会関係資本を豊かにし、自信を高め [31]、将来の可能性を広げると見られるが、近年、学校にいる期間が延長されるなどモラトリアムの期間の長さが生活と合わない若者も少なくない。基礎的なリテラシーを学ぶことを職業教育の前提とすることが多いが、職業教育の中にリテラシー教育が含まれるといった進め方もある [32]。

　支配層の文化が価値の高いものとして普及が図られるとき、そのような文化の所有によって支配の合理化がなされる。そこに、リテラシーも位置づけられ、正統的とされたリテラシーから距離のある民衆は、劣者とみなされ、自信を失うことになる。これに対して、フレイレは、被抑圧者が生活の中で培った知恵にスポットを当て、その文化の意識化とそれを媒介としたリテラシー獲得を考え、実践した [33]。そこでは自らを規定している社会の仕組みを読み解き、それを変えていく批判的リテラシーが提唱されたのである。このような取り組みは、部落解放運動の中から形成され、それとも関連して広がった各地の被抑圧者の識字運動にも見ることができる。

2.4　若者文化とローカルな文化

　すでに指摘されているように、若者文化で評価されるものは、スポーツのできることや人気者であって、大人社会を反映した学校文化で支配的な学業成績の高いものではないことが多い [34]。大人社会になじめないものを感じている若者にとって、アカデミックなリテラシーも魅力が乏しいものになりやすい面がある。若者文化と関連することによってのリテラシーの発展もありうる。アメリカの研究で中間層の社会化における欲求充足の延期が学業達成と関係していることも言われてきたが、今日では欲望をあおり欲求充足を迫る消費社会の影響もあって、その引き延ばしは容易ではない。その一方、学校教育期間が長くなり、欲求充足を延期せざるを得ない子ども・若者が増えていて、自らの社会的位置に確信を持ちがたい状況にある。

1960年代後半から70年代にかけて、実質的合理性よりも機能的合理性が主となった支配的な文化を相対化し、その価値を取り換えようとする若者を中心とした動きが活発になった。そこでは、手段的知識や技術よりも、表現そのものに価値をおき、感性を重視し、審美的なもの、広義の遊びへの指向が顕著に見られたのであって、支配文化の単なる下位文化でなく、対抗文化としての捉え方もなされた[35]。それは、ある意味で現実と距離をおくことになり、リアルな権力によって無力化されたり、支配的文化に絡め取られたり、風俗として生き残る面があった。身体表現や感覚重視に、その流れを見ることができる。

　1980年代以後の新自由主義の広がりの下で、競争と自己責任論が強まり、今日、不安定労働が増した格差社会の中で、展望が見いだせない若者が目立ち、その無気力や社会との距離感について論じられることが多くなっている。とくに、文化や教育についての公費が乏しい日本では、これらに投資できる限られた家庭の子どもや若者は、様々な能力を形成できるのに対し、困難な生活を強いられている子どもや若者は、どこにも活路を見いだせない状態に追い込まれるのである。

　そのような中でも、主体と客体を峻別するなどの近代主義に対する批判は、その後も続き、中心から周辺へといった知識の位置づけ（center-periphery model）に対して、ローカルな知識への注目も高まっている。リテラシーにあっても、いわゆる標準語を中心とした言語への偏りから、生活世界に根差したローカルな言語の重視がある。日本の学校教育にあって、かつて方言を排斥するようなことがあったが、近年は地域に適合した言語による表現も重視されている。同和教育で用いられてきた副読本でも、地域言語の重視が見られる。そのことによって、教材が身近になり、学習者がいきいきと表現できるとともに、生活に即した文化の継承・発展と文化の見直し・創造が可能となるのである。

　数学なども応用問題をはじめ言語の影響を受けるのであり、豊富な言語の獲得が思考の展開にとって重要であり、その面でも家庭の影響は無視できない。読み書きリテラシーを考えるとき、日常生活における言語との距離の大きい言葉の用法が、習得を妨げていることがしばしばである。それぞれの生活に根差した言語や地域言語を土台としてのリテラシーの追求が課題となる。外国人の

場合、母語などにおいてリテラシーの発達が見られることもあり、それを無視しての日本語におけるリテラシーの習得を図ることは適切ではない。異文化の者が教え合い学び合う相互学習の意味が大きい。リテラシーの獲得が社会への関わりを広げるが、多様な他者との関係がリテラシーの幅を広げることにもなる。その媒介となる人の果たす機能は大きい。

　切実な生活課題への取り組みが、その解決手段ともなるリテラシーを追求することになるのであって、その背景にある社会にも目を向けることにつながるリテラシーの獲得が可能となる。その例として、生活基本漢字や買い物計算などから解放のための文書の解読まである。

2.5　主流文化との関係

　ローカルなリテラシーが重視されなければならないとしても、それぞれの文化に立脚することが、文化的なゲットー状態に帰着することがないように注意する必要がある。主要な文化から切り離され、囲い込まれて、貶められたり無害化されてしまう危険性もある。支配的な文化を批判的に吸収することの意味も追求されねばならないのであって、それらを学ぶ機会が奪われるようなことがあってはならない。したがって、当該若者の文化的特性に着目したリテラシーを追求しながら、その幅を広げることも課題になる。そのためのオルタナティブな学びの機会の用意、学び直しのための場の整備、信頼関係の下での学びを可能にする人間関係の構築などがはかられなければならない。

　学校は、主流文化の伝達機関としての性格を強く帯びるが、それを避けるだけでは社会的排除を強化することになりかねない。オルタナティブな学校として、フリースクールが注目されたり、社会教育に期待が寄せられたりするが、そのままでは、正規の学校教育と同様の扱いはされず、資格にもつながりにくい。さりとてこれらが正規の学校教育に近づくと、本来の自由な学びとのギャップが大きくなり、第二の学校として、周辺的位置におかれかねない。オルタナティブな教育の場が独自性を発揮して、そこから学校教育を捉え直し、学校そのものが変わるような相互作用の展開が望まれる。このことは勢力分布からいっても容易ではないが、壁で隔てられることを少なくし、接触を繰り返すこ

とによって、ローカルな文化も主流文化に浸透していくことはありうるのである。

　夜間中学校は、正規の学校でありながら、成人が中心となり、疎外に目を向け、自分を取り戻し、社会に迫るエンパワメント機能を持っている。これまで、周辺的位置におかれやすかったが、ここに焦点を当てることによって、学校そのものを問い直すことができる位置にあるともいえる。学校教育と社会教育の区分を超えた新たな教育の創造が課題となっているのである。

（以上、上杉孝實）

注

(1) 小西友七・南出康世編集主幹（2001）『ジーニアス英和大辞典』大修館書店。

(2) Harman, D.（1970）'Illiteracy: An Overview'. *Harvard Educational Review, Vol.40 No.2*, p.226.

(3) Griffin, E.（1962）'Universal Literacy in the Development Decade'. *International Journal of Adult and Youth Education, Vol.XIV No.4*, pp.202-203.

(4) Harman, D.（1970）'Illiteracy: An Overview', *Harvard Educational Review, Vol.40 No.2*, p.227.

(5) Harman, D.（1977）'Book Reviews "The Experimental World Literacy Program: A Critical Assessment Compiled by the Secretariats of UNESCO and UNDP"'. *Harvard Educational Review, Vol.47 No.3*, p.444.

(6) Ryan, J.W.（1989）'Literacy and Numeracy Policies'. in Titmus, C.J. *Lifelong Education for Adults: An International Handbook*, Pergamon, p.82.

(7) Levine, K.（1982）'Functional Literacy: Fond Illusions and False Economics'. *Harvard Educational Review, Vol.52 No.3*, p.255.

(8) Harman, D.（1977）'Book Reviews "The Experimental World Literacy Program: A Critical Assessment Compiled by the Secretariats of UNESCO and UNDP"'. *Harvard Educational Review, Vol.47 No.3*, pp.445-446.

(9) UNESCO（1975）*International Symposium for Literacy.*

(10) Arnove, R.F. and Graff, H.J.（2013）*National Literacy Campaigns: Historical and Comparative Perspectives*, Springer, p.9.

(11) UNESCO（1975）*International Symposium for Literacy*, pp.9-10.

(12) パウロ・フレイレ（1982）『被抑圧者の教育学』（小沢有作・楠原彰・柿沼秀雄・伊藤周訳）、亜紀書房、131頁。

(13) 同上、130頁。

(14) パウロ・フレイレ（1984）『自由のための文化行動』（柿沼秀雄訳・大沢敏郎補論）、亜紀書房、21-39頁及び121-126頁。

(15) Street, B.（1995）*Social Literacies: Critical Approaches to Literacy in Development, Ethnography and Education*, London, Longman.
　Gee, J. P.（1996）*Social Linguistics and Literacies: Ideology in Discourses（2nd edn）*. London, Falmer Press.

(16) Barton, D. and Hamilton, M.（1998）*Local Literacies: Reading and Writing in One*

Community, London, Routledge.

（17） *Ibid.*, pp.247-262.

（18） UNESCO Education Sector（2004）*The Plurality of Literacy and its Implications for Policies and Programmes*（Position Paper）.

（19） *Ibid.*, p.13.

（20） OECD（2009）*International Adult Literacy and Basic Skills Surveys in the OECD Region*（Working Paper）, p.5.

（21） *Ibid.*, p.7.

（22） 国立教育政策研究所内国際成人力研究会編（2012）『成人力とは何か―「国際成人力調査」の背景』明石書店、10頁。

（23） 立田慶裕（2006）「共に生きる社会を形成する―学力国際リテラシー調査とキー・コンピテンシー」、部落解放・人権研究所編『部落解放研究』第170号、4-5頁。

（24） OECD（2005）*The Definition and Selection of Key Competencies*（*Exective Summary*）, p.4.

（25） 立田慶裕（2006）前掲論文、5-6頁。

（26） 同上、8頁。

（27） OECD（2005）*The Definition and Selection of Key Competencies*（*Exective Summary*）, pp.8-9.

（28） Bourdieu, P. and Passeron, J.（1977）*Reproduction in Education, Society and Culture*, SAGE.

（29） Bernstein, B.（1990）*The Structuring of Pedagogic Discourse Volume IV: Class, Codes and Control*, Routledge.

（30） Willis, P.（1977）*Learning to Labour*, Ashgate（熊沢誠・山田潤訳『ハマータウンの野郎ども』筑摩書房、1985年）。

（31） Tett, L. and MacLachlan, K.（2007）"Adult Literacy and Numeracy, Social Capital, Learner Identities and Self-Confidence", *Studies in the Education of Adults*, vol.39, No.2, pp.150-167.

（32） Black, S., Yasukawa, K. and Brown, T.（2014）"Changing Conceptualisations of Literacy and Numeracy in Lean Production Training: Two Case Studies of Manufacturing Companies", *Studies in the Education of Adults*, Vol.46, No.1, pp.58-73.

（33） Freire, P.（1970）*Cultural Action for Freedom*（柿沼秀雄訳・大沢敏郎補論『自由のための文化行動』亜紀書房、1984年、21-55頁）。

（34） Coleman, J.S.（1961）*The Adolescent Society*, The Free Press.

（35） 例えば、Musgrove, F.（1974）*Ecstacy and Holiness*, Methuen.

◇ 第Ⅱ部 ◇
実践の諸相
—— 全国の支援現場から ——

　第Ⅱ部では、「社会的困難を生きる若者」を支援する現場におい
て、どのような若者たちがどのような困難を抱えているのか、そし
て彼・彼女らに対していかなる支援が行われているのか、について
実例をもとに描き出す。

　具体的には、公立夜間中学校（東京都）、自主夜間中学（北海
道）、更生保護施設（福岡県）、識字学級（大阪府）、地域の自主組織
（大阪府）、地域若者サポートステーション（佐賀県）といった全国
各地の支援の現場である。私たちはそれぞれの支援団体・組織を訪
問し、そこにおける支援者ならびに被支援者（社会的困難を生きる
若者）を対象とした聞き取り調査や参与観察等を2012年から2014
年にかけて実施した。また、第3章（関本）、第4章（添田）、第6章
（棚田）の各執筆者は、それぞれで取り上げた支援の現場において、
「教師」「運営者」「ボランティアスタッフ」という立場でも関わって
きた。第Ⅱ部の各章の内容は、こうした執筆者各々による調査や実
践で得られた知見と経験に基づいた、支援現場の実例である。加え
て、第Ⅱ部では事例として取り上げていないが、他にも大阪府の識
字学級（日之出よみかき教室）や高知県・東京都の自主夜間中学
（朝倉夜間中学校、えんぴつの会）を対象とした訪問聞き取り調査を
実施している。本書全体の分析や考察には、それらの調査で得たデ
ータも活かされていることを付言しておく。

　それぞれの支援団体・組織の制度的位置づけや支援のあり方・中
身は異なっているものの、「社会的困難を生きる若者」に対峙し、支
援する際に大切にされていることは通底している。各事例の記述か
らは、それらが浮かび上がってくる。

　なお、第Ⅱ部の各章に出てくる団体・組織名は実名であるが、人
名については一部の支援者を除き基本的にすべて仮名である。

第3章

公立夜間中学校（東京都）
―― 多様化する生徒と今後の展望 ――

関本 保孝

第1節　公立夜間中学校とは？

　公立夜間中学校（以下「夜間中学校」と記す）は、敗戦後、貧困から中学に通えない子どものため、学校教育法施行規則二部授業の規定を根拠に学校長等が教育委員会を動かし開設された。

　1960年代までは主に学齢生徒、70年代以降はかつて学ぶ機会が得られなかった成人の日本人や在日韓国・朝鮮人、元不登校やひきこもりの若者、1965年の日韓基本条約締結後は韓国引揚者、72年の日中国交正常化以降は中国帰国者、そして75年のベトナム戦争終結後からは、インドシナ難民を受け入れた。2000年前後からは、仕事や国際結婚等で来日した外国人やその家族等が急激に増え、アジア・アフリカからの難民や脱北者等も入学している。また、無戸籍・居所不明の若者の入学もある。

　義務教育未修了者の声をいくつか、以下に紹介する。「役所では手に包帯を巻き怪我をしているので代わりに書いて欲しいと言った」「子どもの学校で話題に入れず発言できない。病院で受診する科がわからない。買い物でも割引が計算できない。字が読めず駅で切符が買えない」「文字の読み書きが必要ない仕事しかできない」「届いた手紙が読めないので捨てており、自分は人間として生きる価値がないと感じていた」「選挙でも主張がわからず、ただ名前を書いているだけ」「結婚後、中学を卒業していないことを理由に離婚を言い渡された」「障がいのため学校へ行けず文字も読めず、現在二重の苦しみを背負っている」等々。

このような義務教育未修了者の方々は、高学歴者社会日本の中で大変な不便と苦痛を感じ、人間としての尊厳まで奪われている。幸福追求権・表現の自由・職業選択の自由・参政権等々の基本的人権が実質的に保障されるためには、真に学習権を保障することこそが大前提であることがわかる。

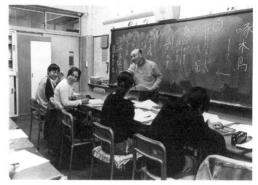

夜間中学の授業風景（写真提供：小林チヒロ）

第2節　多様化する夜間中学生

　全国の夜間中学生の生徒層別人数は以下のとおりである（2014年9月、全国夜間中学校研究会調査・30校・合計生徒数1,951人）。
　①新渡日外国人（仕事や国際結婚等で戦後来日した外国人とその家族等）1,155人（59.2％）、②中国等からの帰国者358人（18.3％）、③日本人319人（16.4％）、④在日韓国・朝鮮人104人（5.3％）、⑤日系移民8人（0.4％）、⑥難民7人（0.4％）（図3-1）。
　生徒の出身の国籍・地域の数は39にのぼり、多国籍化が進んでいる。その詳細は以下のとおりである。
　①アジア・22（日本、中国、フィリピン、韓国・朝鮮、ベトナム、ネパール、台湾、タイ、アフガニスタン、インド、インドネシア、ミャンマー、トルコ、マレーシア、パキスタン、バングラディシュ、ラオス、カンボジア、イラン、スリランカ、モンゴル、シンガポール）、②南北アメリカ・9（ブラジル、ペルー、コロンビア、ボリビア、アメリカ、グアテマラ、メキシコ、パラグアイ、アルゼンチン）、③アフリカ・4（ケニア、コンゴ、マリ、エチオピア）、④ヨーロッパ・3（スペイン、ポルトガル、イギリス）、⑤オセアニア・1（フィジー）。

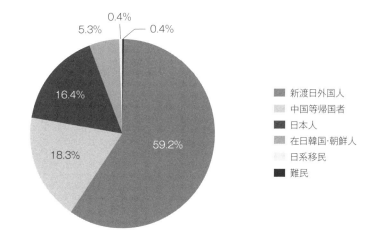

図3-1　全国の夜間中学生の生徒層別の割合

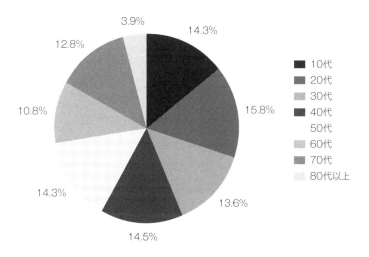

図3-2　全国の夜間中学生の年代別の割合

　年代別人数は、10代279人、20代308人、30代265人、40代282人、50代279人、60代211人、70代250人、80代以上77人と、各年代とも、まんべんなくいる（図3-2）。
　以上より、様々な国・地域の多様な年齢層の生徒が学んでいることがわかる。

第3節　夜間中学校での取り組み

　夜間中学校には、「昼仕事を持ちながら夜通学する人」「文字の読み書きができず、日々の生活の中で困難を抱えてきた中高年の人」「日本語がわからず、日常生活や高校進学に困難を抱える様々な年代の人」等々、多様な人々が学んでいる。

　このような生徒の実態を踏まえ、各夜間中学校で生徒の実態に即したクラス編成・教育課程・教材開発・学校行事等を実施してきた。多くの夜間中学校で「運用学級による数名から十数名程度のクラス編成」「学年によらない国語力・日本語力に基づくクラス編成」「数学・英語の指導時の生徒の実態に合わせた柔軟なクラス編成」等を行っている。

　また「生徒の生活実態を踏まえた夜間中学独自の教材開発」「生徒の生活力や多言語・多文化を活かした文化祭等の学校行事」「昼間部の子どもとの交流事業」等も行っている。

　さらに、「校長の卒業認定権を踏まえた、未就学者（小学校経験なし又は小学校中退）のための3年を超えた学習年限の確保」も各地域・各学校の実態を踏まえ行っている。

3.1　生活基本漢字381字

　これは、東京の夜間中学校で42年にわたり国語・日本語の教師として教鞭をとってきた見城慶和先生をはじめとした東京の国語教師たちが作成した漢字教材『国語八』で盛り込まれた内容である。

　一般の小学生は「山」「川」などから学ぶが、夜間中学校の生徒は「生活にすぐ必要な漢字を求めており、そのような漢字は難しくても覚えられる」との観点から作られた教材であり、381字は、すべて生徒の生活に今必要なものとなっている。内容は、以下16項目からなる。それらは、すなわち「基礎」「履歴書」「衣食住」「身体」「病院」「公共施設」「標識」「交通」「自然」「地理」「職業」「学校生活」「社会生活」「個人生活」「勉強したことを整理しよう（練習）」

72　　第Ⅱ部　実践の諸相

「生活基本漢字の読みと筆順」であり、それぞれが生徒の生活を勇気づけ、発展させるものとなった。

これと関連し、国立国語研究所の「現代新聞の漢字使用度数調査」が注目される。

国立国語研究所が1966年（昭和41年）に朝日、読売、毎日の新聞3紙に1年間にわたり掲載された100万字の漢字の統計処理をした調査により、以下のことが明らかになった（国立国語研究所『現代新聞の漢字』秀英出版、1976年3月）。

出現頻度上位500字の漢字で総出現漢字の80％、上位1,000字で94％、上位1,650字で99％にも達しているのである。このことから、生活の中で頻繁に使われる漢字はかなり限定されたものであり、夜間中学生の生活実態から生み出された「生活基本漢字381字」の考え方と、この調査は大筋符合することが裏付けられたと言える。

『国語八』（東京都公立中学校二部授業資料開発委員会・東京都教育庁指導部・1976年制作）は、「生活基本漢字381字」を学ぶための教材である。

3.2 東京S中学校夜間学級での取り組み

わたしは2014年3月にS中学校夜間学級を退職したが、そこでの取り組みを紹介したい。

【授業時程】
　学活：午後5時30分〜5時35分
　第1時限：5時35分〜6時15分
　給食・休憩：6時15分〜6時50分
　第2時限：6時50分〜7時30分
　第3時限：7時35分〜8時15分
　第4時限：8時20分〜9時
　（毎日1時限40分が4時限あり、週20時限となっている）

第3章　公立夜間中学校（東京都）　73

【年間行事】

4月：入学式・始業式、新入生歓迎会

5月：健康診断（4〜6月）

6月：学校公開日、バレーボール大会（都内夜間中学8校）

7月：水泳教室週間（夏休み中）

9月：生徒会連合交流会（都内夜間中学）、修学旅行（京都・奈良）、学校公開日

10月：連合体育大会（都内夜間中学8校）、東京都夜間学級入学説明会

11月：文化祭

12月：全国夜間中学校研究大会（全国夜間中学校研究会）、進路説明会、バスケットボール大会（都内夜間中学8校）、スピーチ大会

1月：新日フィル鑑賞教室、連合作品展（都内夜間中学8校）

2月：伝統音楽鑑賞教室

3月：卒業式、修了式

以上の他、同校昼間部との交流も実施。昼の1年生との交流では、多言語でのあいさつや文化紹介も。体験発表では「学童疎開で勉強できなかった。今勉強が本当に楽しい」「半年前に来日入学。楽しく日本語を勉強している」等の体験発表を聞いた1年生から「今自分が勉強できるのは幸せなことなんだ」「半年であんなに日本語が上手になるなんて素晴らしい。自分も英語の勉強をがんばりたい」等の反響があり、発表した生徒の励みにもなっている。昼の2年生は、夜間の希望するクラスの授業に入り、交流を深める。

文化祭では、各国の文化紹介や本場料理の紹介販売もし、好評を博している。また、地域の関係者の協力で、太鼓クラブや浴衣の着付け・日本の踊りなど日本文化に触れる機会も作る。

【運営全般】

S中学校夜間学級には、10代から70代まで数十名の生徒が、普通学級5クラス、日本語学級5クラスで勉強していた。

普通学級には、かつて「貧しくて学校へ行けなかった」等の理由で学校へ通

学できなかった中高年生徒もいる。中には小学校の勉強が十分できなかったため、「ひらがな」や簡単な計算から学習を始める生徒もいる。

日本語学級では日本語が不十分な外国人等が日本語の授業を中心に学習し、普通学級では、9教科を学習する。日本語力が十分でない生徒のため、国語の時間が多いクラスもある。

わたしは、夜間中学校の日本語学級で、約36年にわたり、外国人や中国帰国者に日本語を教えてきた。自主教材も作り、文法・文字・作文・会話など、生徒の状況を踏まえ指導した。非漢字圏の生徒のハンディーは大きく、進学先の高校を退学する者もいることから、始業前や夏休み等を利用し漢字等の補習も行ってきた。スピーチ大会、移動教室、文化祭等もあり、生徒の日本語の発表力を高める上で大いに役立った。

給食は、米飯中心で素晴らしく、生徒・先生がみんな集まり、一緒に和気あいあいと食べる。大家族のような夜間中学の雰囲気を象徴するような光景である。東京には、8校の夜間中学校があるが、すべてに7名の専任教員が配置され、また5校には東京都独自に日本語学級も設置され、それに対応した日本語専任教員も配置されている。それにより、数名から10名程の生徒によるクラス編成ときめ細かな指導が可能となっている。

第4節 夜間中学生の進路

東京の夜間中学8校の卒業生の進路について見てみたい（表3-1）。

表3-1 東京の夜間中学校卒業生の進路

卒業年度	2004	2005	2006	2007	2008	2009	2010	2011	2012	2013	合計
A) 卒業者数	151	137	150	166	199	221	240	162	162	171	1,759人
B) 進学者数 (%)	66 43.7	82 59.9	89 59.3	94 56.6	111 55.8	123 55.7	110 45.8	93 57.4	101 62.3	82 48.0	951人 54.1%
C) B)の内、定時制進学者 (%)	40 60.6	53 64.6	57 64.0	54 57.4	75 67.6	81 65.9	75 68.2	60 64.5	74 73.3	58 70.7	627人 65.9%

第3章 公立夜間中学校（東京都） 75

この10年間を見ると、東京では夜間中学卒業者のうち54.1％が進学をし、そのうち65.9％が定時制高校に進学していることがわかる。2013年度を見ると、82名の進学者の内、58名が定時制高校、16名が全日制高校にそれぞれ進学しており、夜間中学がさらに上位の公教育を目指す者にとって、重要な公的学習機関となっていることがわかる。その多くは10代後半から20代にかけての若者であり、社会的なセーフティーネットとしても重要であると考えられる。不登校・引きこもりの後、夜間中学に入学し、多様な年齢・出身国の生徒と交流して自分を取り戻し、大学卒業後に社会人として活躍する若者、夜間中学卒業後、中華料理店そして日本語学校を経営し地域社会に貢献している中国帰国者、高齢で入学後、定時制高校・大学に進学した人等々、学びの場を求める人々のかけがえのない学びの場となっている。

第5節　夜間中学校卒業生の体験発表

　以上のように、夜間中学校には多様な生徒が学んでいるが、夜間中学校で学び、生きる自信をつかんだ若者の体験発表を2件紹介したい。

5.1　Aさん

　元不登校・男性・10代で都内夜間中学校入学、2004年3月都内夜間中学卒業。2014年8月1日「夜間中学等の全国拡充に向けた国会院内シンポジウム」記録誌より。

　（前略）私は小学校5年生の時に、クラスメートのからかいの対象になったことがきっかけで、夏休み明けから学校に行けなくなってしまいました。もともと人見知りが強く学校に入ってから大勢の人の中でコミュニケーションの取り方が分からなかったことが一つの不登校になったきっかけでした。それから学校には行かずに家に引きこもり、好きなゲームをして毎日を過ごすようになりました。私は一人っ子なので話し相手は両親だけでした。

中学校の入学式は学校には行ったのですが、教室には入れませんでした。4年半ほど、一度も登校することもなく、両親以外の人と口を聞くことなく、卒業式を迎えました。（中略）（夜間中学に）行くことを決意したのは高校・大学に行きたいと思ったからです。（中略）最初のクラスは年配の方ばかりでした。何も喋らない私に何度も何度も話しかけてくれましたが、喋ることはできなかったです。2時限目が終わって給食を食べずに帰っていくのを誰も何も言わずに見守ってくれました。行事にも全く参加できませんでした。2年目は同年代の多国籍の人がクラスメートでした。1年目よりにぎやかな人ばかりでした。ここでも喋らない私に嫌な顔をするどころか、嫌になるくらい話しかけてくれました。私は心のどこかでこれでいいのかと思うようになりました。私の声が聞きたいと言ってくれたクラスメートや先生方の期待に応えたいという思いが出てきました。そして、養護の先生・担任の先生・見城さんの協力のもと、話す練習を少しずつしていきました。夜間中学に入って初めて国語の授業で声を出して読むときが来まして、さあ読むぞと思ったときに、教室が異様に静かになって、読むタイミングを失って声を出すまでに2分位かかりました。それでも何も言わずに待っていてくれました。それから、みんなの前で声を出して読むことができました。（中略）放課後には、私と先生何人かでソフトボールをやりました。（中略）それから、様々なスポーツ活動に参加できるようになりました。3年目に入って初めて私と同じ同世代の日本人が入ってきました。本当の友達ができまして、少しずつ自然に話すことができるようになりました。3年目になってやっと、移動教室や様々な行事に参加できました。

　高校ではすぐに友達を作ることができました。（中略）大学では野球部に入り経済学を学びました。経済学を学んでいくうちに将来は経営者になりたいと思うようになりました。今現在は、働くことができています。アルバイトをしていて、今やっているのは、テレフォンアポインターと言いまして、電話で営業をする仕事なんですけれども、そこで太陽光発電のアポイント、約束をとる仕事をしています。（後略）

5.2　Bさん

　タイから来日。1997年3月都内夜間中学卒業。2013年8月18日「夜間中学と教育を語る会」第2回スピーチ大会より。テーマ「新しい可能性に挑戦したい」。

　（前略）タイから日本に来て19年になりました。当時日本に来たときは18歳でしたが、いまは37歳になりました。タイにいるより日本にいる方が長くなったことになります。最初来たばかりのときは日本語がまったく話せませんでしたが、家族や周りのみなさんのおかげで少しずつ日本語を話せるようになりました。その中でも、ことにこの夜間中学に出会ったことが自分にとってほんとうに大きかったように思います。

　私が夜間中学荒川九中に入学したのは1995年でそのきっかけは両親が夜中の人から教えてもらったことです。最初は仕事もしていたし勉強もあまり好きではなかったので、ちょっと面倒くさかったんです。少し日本語も話せていたのですが自分から話しかけたりするのは苦手だったのでしばらくおとなしくしていましたが、1週間もたつとすっかり慣れてみんなとおしゃべりしていました。何よりもみんながよくしてくれたからと思います。

　とくに先生方にはとてもお世話になっています。先生という立場だけではなく、親戚のように生徒のことをよく面倒みてくださいました。悩み事があるときは親切に相談に乗ってくださったり、質問があったらいつでも聞きに来なさいと言ってくださったり、すごくよくしてくださいました。国語では小幡先生に文章の組み立てを教えていただきました。名詞はどこに入れるかとか、動詞はどうやって使うのかとか、文章のつなぎ方や丁寧形の使い方などを教わって、とっても役に立ちました。読解では澤井先生に教えていただきました。物語や昔話、いろんな文章の読み方などを教わりました。また、大好きな音楽の世界も広げてくださり、ドラムのたたき方やギターなど、バンドもやらせていただきました。今でも悩みを聞いてくださったり、相談に乗ってくださっています。とても感謝しています。スポーツのこともとっても楽しくやらせていただきました。バレーボールもバスケットボールもみん

78　第Ⅱ部　実践の諸相

な楽しく、夜遅くまで練習をしました。スポーツの担当は自分の担任であり一番近いと感じていた眞島先生でした。本当にとっても楽しい2年間でした。戻れるものなら戻りたいと思っています。今でも、卒業したのは失敗だと思っています。卒業したのは1997年、40期です。

　その後、先生が勧めてくださった荒川工業定時制に入学して4年間勉強しました。荒工の勉強は九中と違ってとても難しくて大変でした。勉強の仕方も分からないし、難しくて知らない単語も調べきれないほどにありました。実習の時間がなかったら卒業できなかったかもしれません。もともと小さいときからこういうことが好きだったから、なんとか持ちこたえたと思います。そのとき実は溶接の免許も取りました。九中に在学していた頃からアルバイトで溶接の仕事をしていたため、どうしても溶接の免許を取りたかったからです。学校の勉強のほかに溶接の勉強もしました。合格と分かったときは何よりもこれで次の仕事ができると、とてもうれしかったです。（後略）

第6節　基礎教育としての義務教育はすべての人の権利

　現在、夜間中学校は全国8都府県に31校のみ。北海道、東北、埼玉以北の関東、中部、四国、九州、沖縄には1校もない。そのため夜間中学校のない県から東京や大阪に転居する人、片道1時間半から2時間かけ、10～20万円の通学定期を買って夜間中学校に遠距離通学する人も後をたたない。このような現状を踏まえ、全国の夜間中学校教職員で組織する全国夜間中学校研究会（以下、全夜中研）では、条件の抜本的改善に向け、様々な社会的取り組みを行ってきた。

　全夜中研では全国各地の自主夜間中学や義務教育未修了者の方々の協力も得て、2003年に日本弁護士連合会に対し、全国各地への夜間中学増設を目指した人権救済申立を行った。その結果、日本弁護士連合会は2006年8月10日に「学齢期に修学することのできなかった人々の教育を受ける権利の保障に関する意見書」を国に提出。「学齢超過か否かに関わらず、義務教育未修了者は国に教育の場を要求する権利をもつ」と認定し、全国調査と夜間中学校開設等実

効ある措置を求めた。

　これを受け、全夜中研では「何歳でもどの自治体に住んでいてもどの国籍でも」基礎教育としての義務教育が保障されることを目指し「すべての人に義務教育を！21世紀プラン」を採択した。

　しかし、日本弁護士連合会の国への意見書提出後も、全国での夜間中学増設は進まなかった。自主夜間中学が市へ「夜間中学設置を」と求めると、「それは県全体の問題。県へ行って要望して欲しい」と回答され、県へ行くと「設置者は市。市へ行って欲しい」と、たらい回し状態が一向に改善されなかった。

　このような現状を踏まえ、全国への夜間中学拡充の基盤を整えるため、2009年の第55回全夜中研大会にて、「法的整備」の取り組みを進めることが確認された。

第7節　国勢調査の改善による未修了者数把握の必要性

　しかし、以上のような義務教育未修了者もその実数は把握されていない。

　2010年の国勢調査では、「未就学者数」（学歴ゼロ）は128,187人。その上の学歴では小学校と中学校が同じブロックに入っているため、全夜中研では「小学校」と「中学校」を別区分とするよう国に要望してきた。それが実現すれば、「小学校卒業者」と「未就学者」の数を合計することによって、中学校未修了者つまり「義務教育未修了者」の総数が明らかになる。

　1985年の中曽根首相国会答弁書では、義務教育未修了者約70万人と推計。しかしその根拠は不明確である。全夜中研では、百数十万人の義務教育未修了者がいるのではと推測しているが、正確なデータは国に施策改善を求める上で大変重要なものである。

第8節　義務教育の保障をめぐる法制化の取り組みと今後の展望

　全夜中研は、2012年より毎年、超党派の国会議員の協力を得て国会院内集

80　　第Ⅱ部　実践の諸相

会を開き、ひきこもりの若者や新渡日外国人等の教育支援、全都道府県への夜間中学開設の必要性等を訴えてきた。このような取り組みを通して国会議員や政府も動きだし、議員立法の動きも、表3-2に示したように前進しつつある。

表3-2　義務教育の保障をめぐる法制化の取り組み

年	国・国会・全国夜間中学校研究会等の動き
2012年 〜 2014年	・全国夜間中学校研究会と超党派国会議員との国会院内の集い3回開催 ・衆議院文部科学委員会（超党派10名）による足立区立第四中学校夜間学級の視察（2013年11月19日）
2013年 11月〜	・国会議員8名が夜間中学に関する質問。下村文部科学大臣の前向き答弁あり（「夜間中学は1県に1校は必要」「国勢調査項目 改善に向け努力」等）
2014年 4月24日	・「夜間中学等義務教育拡充議員連盟」結成（自民党馳浩会長）
2014年 7月3日	・教育再生実行会議「今後の学制等の在り方について」（第五次提言）で「義務教育未修了者の就学機会の確保に重要な役割を果たしているいわゆる夜間中学について、その設置を促進する」と明記。
2014年 8月29日	・「子供の貧困対策に関する大綱について」閣議決定。「夜間中学校の設置を促進する」と明記。
2015年 4月	・2015年度度予算（文部科学省）：「中学校夜間学級の充実・改善への取組事業1,000万円（2014年度300万円）、(a) 夜間学級における学習指導・生徒指導の改善、(b) 夜間学級に関する広報強化、(c) 夜間学級を設けていない都道府県・政令指定都市における新規設置に係わる検討の推進を一体的に行い、中学校夜間学級の振興を図る」
2015年 4月30日	・4月30日文部科学省「中学校夜間学級の実態調査の結果について」発表 （全都道府県・全市区町村への実態調査の報告：全国で夜間中学校開設のニーズがあり。自主夜間中学には形式卒業者が学んでいる。）
2015年 5月27日	・「夜間中学等義務教育拡充議員連盟」と「超党派フリースクール等議員連盟」の合同総会開催。馳浩座長より座長試案（法案）提示。
2015年 6月4日	・夜間中学等義務教育拡充議員連盟 と全国夜間中学校研究会共催で「6.4今国会での義務教育未修了者のための法成立を期す」国会院内の集い開催

第3章　公立夜間中学校（東京都）　81

参考資料

関本保孝（2014）「夜間中学の現状と役割、そして未来へ」、『月刊社会教育』国土社、2014年10月号。

全国夜間中学校研究会（2008）『全国への公立夜間中学校開設を目指した人権救済申立の記録』（2008年12月4日）。

第59回全国夜間中学校研究大会事務局（2013）『第59回全国夜間中学校研究大会・大会資料』（2013年12月6日・7日）。

東京都夜間中学校研究会（2011）『東京都夜間中学校研究会50周年記念誌』（2011年2月24日）。

東京都夜間中学校研究会引揚者教育研究部・在日外国人教育専門部（2007）『夜間中学校に学ぶ帰国者及び外国人生徒への教育のあゆみ』（2007年3月31日）。

第4章
◇
釧路自主夜間中学「くるかい」(北海道)

添田 祥史

はじめに

自主夜間中学の「自主」とは、公立夜間中学校ではない市民によるボランタリーな組織活動という意味が込められている。公立夜間中学校は、全国で31校しかない(2015年3月現在)。しかも、その多くは首都圏と関西地方に集中しており、北海道、東北、四国、九

州にはゼロである。そうした中で、基礎教育の公的保障を強く国や行政に求めつつ、並行して、今そこに生きる人々の学習権を支えるべく自主夜間中学は誕生した。全国夜間中学校研究会のホームページによると、自主夜間中学は、27団体が確認できる[1]。

釧路自主夜間中学「くるかい」(以下、「くるかい」)は、そうした自主夜間中学の一つで、2009年春に開校した[2]。これにより北海道には、札幌、旭川、函館、釧路と4つの自主夜間中学があることになる。

筆者は、設立準備会では代表を、設立後は、初代事務局長を2013年まで務めた。異動により北海道を離れたことから実質的な参加はできなくなったものの、継続した交流を続けている。本稿では、現場のドラマを紹介しつつ、若者

への学習支援の課題と展望について述べることにしたい(3)。

第1節　活動の背景と概要

1.1　活動の背景と目的

釧路市は人口約18万人、北海道の東部に位置する。基幹産業である水産業、石炭、パルプの斜陽に伴い、地域経済はきわめて厳しい状況にある。「くるかい」設立当時の有効求人倍率は、0.26。生活保護の受給率は、全国平均の13.0‰（10‰＝1％）をはるかにしのぐ46.1‰であった(4)。加えて、子どもの基礎学力不足もこの地の大きな地域課題である。北海道の学力は全国平均を下回る。釧路とその周辺地域は、さらに道内平均を下回る(5)。何かをはじめようとする際に必要な最低限度の学力さえ十分に身につけていないままに社会に放り出される人が少なくないと予想できる。

このような地域で自主夜間中学を開校するに際し、私たちは次のような点を心がけてきた。まず、「義務教育未修了者の学習権保障」から「成人の基礎教育保障」へと運動の力点と理念を移行した。この問題は、学校教育を享受できたか否かではなく、成人がその地域で生きていく上で必要な知識や技能の保障問題として議論されるべきであると考えた。成人基礎教育は、個人の就労権や生存権の保障と同時に、釧路という街の存続・復興を左右する労働力の問題と直結する(6)。こうした課題意識を教育畑以外の人々とも共有していくことを目指した。その結果、生活保護を受給している学習者には受講料と交通費が支給されるといった仕組みができたり、市の広報だけでなく町内会の回覧板で告知させてもらえたり、内閣府のモデル事業「域内循環ツールを用いた不就学者支援体制構築事業」(平成23～24年度)が採択されるなどの展開が生まれた(7)。

しかし、教育・福祉・労働にまたがる成人基礎教育問題を「くるかい」単体で背負うには荷が重すぎる。自主夜間中学であるので、ヒト、モノ、カネの面で、取り組めることには限界がある。ならば、地域総体として「オール釧路」で成人基礎教育保障に取り組む体制ができればよいのではないか。つまり、地

域にある多様な機関や資源がつながり、互いの得意とする領域から成人基礎教育に相当するものを提供し合うシステムを地域に根づかせていくという展望である。そうした地域の成人基礎教育提供機関の一つとして、小・中学校の教科学習の学び直しを中心とした学習支援組織として「くるかい」が地域に根づいていけばよいと考えている。

1.2　活動の内容と特徴

　現在、毎回参加される人は、15名前後で、10代から70代まで幅広い年代の人が学んでいる[8]。「くるかい」では、設立当初より稼働年齢層の参加を意識してきたこともあり、学校教育から排除された若年の学び直しの場にもなっている。若者や稼働年齢層の参加を意識している点が、「くるかい」の特徴だといえる。50代以下が約半数を占める。

　スタッフは、教職経験者、会社員や公務員、専業主婦、大学生と様々な人々が活動を支えている。スタッフは、一方的に教える側に立つのではなく、共に学び合う仲間だという姿勢を大事にしながら、毎週火曜日の夕方、釧路市立総合福祉センターを会場にして活動している。スタッフは交通費も含めてすべて手弁当である。会場使用料を免除されているので、学習者からいただく毎月500円で何とかやりくりできている。学習時間は、国語、算数・数学、英語の3つのグループに分かれて活動する。それ以外のニーズがある場合も、できる限り対応するようにしている。毎週の活動以外にも、湖散策とバーベキューを楽しむ会、有志の登山、運動会、クリスマス・忘年会などの行事も大事にしている。

　10代から20代の参加者の参加のきっかけは、地域若者サポートステーションや「くるかい」代表の賀根村伸子氏が持っている不登校支援のネットワークからの紹介が主である。国語グループのスタッフは、次のように話す[9]。

　　（若年の学習者は）人と交わる場所、居場所とかを求めている。その中でもここは勉強する場所だってことはもちろん分かっているので、あっ勉強もしたいなっていう動機が一応あって。やっぱりそれなりに自分はここの学力が足りないってことは分かっているので。サポステもあるけど、「くるか

い」はより幅広い年代があつまる場所。サポステとは、ひとつまた別なステップとしてのここがあるのかなと思います。

　学習者は、学習歴も様々である。したがって、スタッフは、学習支援に先立って、担当する学習者が何をどこまで習得しているのかを把握しなければならない。しかし、本人が恥ずかしがって「できない」「わからない」と言えないことが多い。「できなくても怒られない、馬鹿にされない」という信頼関係を築くことがまず求められていく。

　さらに、「くるかい」に参加する若年の学習者の多くが不登校経験を持つ。そうした若者の多くが学校で深い傷を負っている。高齢の学習者は、学校や学ぶことへの憧れを抱いているのに対して、若者は学校や学びに失望している。自分の不用意な一言が、失望から絶望へ変えてしまうかもしれない。教職経験がないスタッフほど悩み、躊躇する。そこで、スタッフ会議等で、「当たり前に腹立ったときは腹立てていい。ごく普通にしゃべってください」と声かけをしている (10)。

　時間をかけて関係を築いて、ようやく定着してくれるようになった学習者が、ある日突然、来なくなることもある。その際、「くるかい」としてできることは、迷惑にならない程度に電話や手紙を書くことまでである。生活や家庭へ踏み込んで支援することはしないし、できない。ただ、再び機が熟した時、いつでも戻ってこれる場であり続けること。釧路という街で「くるかい？」と呼び続けること。それが「くるかい」の使命だと考えている。

第2節　学びから排除されて社会を生きる

　西村哲夫さん（仮名・20代前半）は、気だるいような姿勢をいつもしており、坊主頭で、いってみれば今風の若者だ。「くるかい」は、職場の友人から紹介された。その同僚は正社員だが、西村さんはアルバイトだった。二人はそれほど年の差はない。西村さんも正社員になりたいと強く思っている。アルバイトのままだと一人暮らしができるほどの月収は見込めず、ボーナスにも大き

86　　第Ⅱ部　実践の諸相

な差が出るからだ。

正社員とアルバイトを分けるのは資格だった。職務上必要な最低限度の資格を持っていることが正社員登用の条件だったのである。西村さんはこれまで何回か受験したという。しかし、どうしても合格できない。なぜか。理由は、基礎の基礎でつまずいていたからだった。筆算の計算ができない。読解力にも不安があった。同僚の話によると、今では気のいいこの青年は、中学時代、地元で有名な「ワル」だったという。たまに登校しても、教室によりつかなかった。授業にまったくついていけないので面白くなかったし、教師とそりが合わなかったからだという。中学卒業後、そのまま社会に出た。

筆者が気になったのは、彼が「今」しか語らないことだ。彼との会話には、未来の話はほとんどない。「今の給料では車なんて無理。車がないから彼女もできない。できても遊びにいく金がないけど。どうせ金がないからなにもできない。結婚なんて無理」。そして、過去を語るわけでもない。中学時代の「ワル」の武勇伝を誇らしげに聞かせてくれることもない。日常に対するあきらめが、未来をも曇らせ、彼の歩んできた過去にまで侵食している。彼と話しているとそういった印象を受ける。

西村さんの勤めるガソリンスタンドから「くるかい」の会場まで車だと20分程度だが、歩くと1時間はかかる。バスは便数も少ないので不便だ。だから、毎回、同僚に車で送り迎えしてもらっていた。勤務時間は19時までなので、会場に着くと正味1時間ぐらいしか勉強できない。それでも、時間を惜しむように、作業着のままやってくる。競争が厳しいガソリンスタンド業界では、ぎりぎりの人数でシフトを組まざるを得ない。「くるかい」にフルで参加するためには、仕事を休まざるを得ない。1時間早上がりをするという選択肢はない。アルバイトなので、1日休めばその分の給与が少なくなる。

試験が近づくと「くるかい」の活動日以外も、担当スタッフと試験勉強に励むようになった。直前になると毎日机に向かった。「これまで試験はえんぴつを転がして答えを決めてきた。こんなに勉強したことは初めて」、そう照れながら話す。しかし、結果は、残念ながら不合格だった。「少し休んでまた参加します」と言っていたが、あれから数年が経つ。

第4章　釧路自主夜間中学「くるかい」（北海道）　87

第3節　自分を取り戻す学び

3.1　参加当初の様子と1年目の変化

　東山純くん（仮名・10代後半）は、小学校3年生から不登校で、6年生の一時期に登校できていたこともあったが、担任が代わりまた通えなくなった。中学校の門は一度もくぐっていない。市の教育研究センターや在籍校からの紹介で、母親に連れられて来た。母親から「最近、本人は、少しずつこれからのことを考えているようなので、それを一緒に考えてくれる人が必要。勉強は少しリードしてくれるような男の人にお願いしたい」（面談記録）との要望があったので、男子学生が担当することになった。

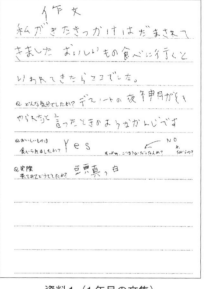

資料1（1年目の文集）

　参加当初の純くんは、心も身体もがちがちに固まらせていた。スタッフの誰が話しかけても、ほとんど反応がなかった。一言返事をしてくれればよいほうで、会話が成立しない。かといって、まったく外の世界と関係を閉じていたかというとそうではなく、「周りの声や物音に過敏に反応していた」（面談記録）。そこで、いきなり大勢の中に身を置くのではなく、別室を設けて、母親同伴で学習を開始することにした。

　資料1は、1年目の文集で、参加半年後に書かれたものである[11]。「作文」というタイトルのこの文章は、よく見ると二部構成になっている。「私がきたきっかけはだまされてきました　おしいものを食べに行くといわれてきたらここでした」と綴っている箇所は、純くんの筆跡である。現在の純くんに1年目

の文集を見てもらったところ、「漢字がきたない」「バランスの悪い」という感想だった。当時、彼は、自宅の住所さえ漢字で書けなかった。ライトノベルという物語小説を好んで読んでいたが、文字を書くという行為は生活の中から欠落していた。そうした状況にあって、ようやく書いたのが先の一文である。

純くんの文章を受けたかたちで、後半はQ＆A形式で短いやりとりが続く。ここには、純くんと男子学生の関係性がにじみでている。純くんの気持ちを引き出し、文章として残す作業をなんとか成立させたい男子学生、それを冗談めかしながらも、きちんと受け止め応えようとする純くん。こうした関係性が、純くんに筆をとらせたのだろう。

純くんに文集執筆を呼び掛けたのは筆者であるが、時期尚早だろうと考えていたので当初は見送るつもりだった。しかし、すでに母親の付き添いはなくなり、休憩時間には、メインの会場にお茶を取りに来るようになっていたので、思い切って声をかけてみることにした。学習終了後、ロビーで迎えを待つ純くんに文集のことを話すと、やや硬めの表情ではあるもののわずかに笑顔を交えて了解してくれた。その「変化にびっくり」するとともに、「確実に変わってきていることがうれしかった」（活動記録：2009年2月2日）。

それから2週間後、純くんは上階にある別室での個別学習をやめて、メインの会場に移ってきた。男子学生から「そろそろ降りてみても大丈夫じゃないって言われて。そっか、みたいな」。実際に、メインの会場に合流してみると「たいして変わらなかった」という。

3.2　きっかけは「仮面ライダー」

このわずか半年の間に何があったのか。実は、純くんによると、男子学生とはペアを組んでから比較的早い段階から話すようになっていたという。きっかけは「仮面ライダー」だった。まだ母親同伴で参加していた頃、男子学生から「いきなり、仮面ライダーって知ってる」と尋ねられた。「ヒーロー物の特撮」が好きだった男子学生は、ゲームやアニメが好きな純くんならば、当時テレビ放映していた「仮面ライダー・ディケイド」を観ているかもしれないと考え、そこに純くんとの接点を試みたのだろう。

「いきなりなんだこいつ。バカか」——純くんは当時の心境を笑ってそう話す。男子学生の思惑は空振りに終わったかと思えたが、母親が二人の会話を聞いてテレビを録画していた。母親の薦めで、観てみると「子ども向けでなくて面白かった」。結果、「兄もはまって、家族で観るようになった」。男子学生は、毎週具体的な感想を求めるので、必然的に純くんのことば数は増えるようになっていった。

夏が終わりになる頃、二人は劇場版「仮面ライダー」を一緒に観に行く計画を立てる。男子学生は現地集合を提案した。男子学生から純くんの母親に車での送り迎えはしないようにとのお願いがあった。自転車に乗ることができない純くんは、バスを利用せざるを得ない。しかし、当時、純くんは一人でバスに乗ることができなかった。路線もわからなかったし、整理券や料金表の見方も知らなかったからだ。男子学生は当然それを知っていた。純くんの生活世界は、地理的には自宅周辺の徒歩圏内、関係的には家族とごく限られた知人のみであった。外出するといえば、近所の本屋で立ち読みするくらい。そこで、仮に目当ての本が見つからなくても、店員さんに尋ねることはしなかった。話しかけるのが「面倒だったから」。自分で探し回っても、見つからないときは、「ないものとして、あきらめていた」。今回のチャレンジが、そうした日常に風穴を開ける契機になるかもしれない。そんな男子学生の願いが込められていたのである。

純くんは、予行練習をして当日に備えることにした。本番と同じ行程を事前に一人で挑戦してみたのである。ところが、である。到着地は、予定していた映画館のあるショッピングセンターとは違うように見える。路線を乗り間違えたかもしれない。「聞くしかないんで、しょうがなく」運転手に話かけてみると、やはり別のショッピングセンターだった。運転手に自宅付近に向かうバス路線を教えてもらい、その日はそれで終了した。予行練習のかいがあって、当日は無事にバスを利用して現地に到着できたという。「失敗」を乗り越えての「成功」は、自信になっただろう。さらに、この経験は純くんの生活を変えていく。困ったときに誰かに頼ること、尋ねることはそれほど「面倒」なことではないと感じるようになった。欲しい商品が見つからない時には店員さんに尋ねるようになったという。

3.3　1年目後半から2年目前半：「できる自分」を取り戻す

　2年目の文集を見て欲しい（資料2）。
まず、文字が劇的に変化している。純
くん自身、「整っている」「字が濃くな
った」と評するように、全体的に字が
大ぶりになっており、直線もきちんと
書けている。1年目の文字は線が弱々し
く、直線がうまく引けていない。しっ
かりした線を書くためには、えんぴつ
を正しく握り、筆圧を調整することを
習得しなければならない。

　こうした変化は、自然に訪れたわけ
ではない。自宅で「漢字をやたらして
た」結果であった。毎日2時間、2～3

資料2（2年目の文集）

か月でノート1冊を終えるほどの学習量を続けていたのである。きっかけは、
男子学生が作成した漢字テストだった。せっかく自分のために手作りで用意し
てくれたので、「しょうがないからやるか」と取り組んでみたものの、「出来は
あまりよくなかった」。そこから一念発起して、漢字の猛勉強をはじめたとい
う。その後、再び男子学生からテストがあったが、結果は「わりによかっ
た」。文集の本文中に「本が好き」とあるが、純くんはいわゆるライトノベル
というジャンルの物語小説を好んで読んでいる。漢字を勉強したいという動機
の一つは、そこからきていたのかもしれない。

　この時期に、他に印象的なエピソードはないか尋ねたところ、「くるかい」
で使用している長机を一人で運べるようになったと述べた。この変化も、自然
に筋肉がついたわけではなく、理由があった。「くるかい」の活動中に「筋ト
レ」をしていたという。「勉強していたら、いきなり○○（男子学生、呼び捨
て）から腹筋できる？って言われて（笑）」。やってみると腕立ては数回しか、
腹筋にいたっては1回もできない。一日のほとんどを自宅で過ごしていたの

第4章　釧路自主夜間中学「くるかい」（北海道）　　91

で、運動らしい運動はほとんどしていなかった。そこから数か月間、「くるかい」だけでなく自宅でも「筋トレ」が日課となった。できる回数は目に見えて伸びてきた。この時期、漢字学習と並行して「筋トレ」を行っていたことも、純くんの「できる自分」への信頼を回復していくことを後押ししたのかもしれない。

漢字学習がひと段落ついた頃、純くんは「ペットボトルの英語が目に入り、何を書いているのか気になり英語の勉強をし」はじめたと文集に綴っている。インタビューによると、加えて、友人の薦めで聞いたロックバンドの歌詞にある英語のフレーズの意味を知りたいと思ったのも要因だったという。いずれにせよ、英語の学習ニーズは、実生活から立ち上がったものだった。中学校に一日も通っていないので、アルファベットからはじめた。

英語の学習は、主に女子大学生が担当した。男子学生も傍らに座ることが多かったが、男子学生が休みの場合もあった。学習開始時は、やはりどこかぎこちない感じだったが、終了時には和やかな雰囲気になっていた（筆者による活動記録：2010年9月1日）。

3.4　2年目後半から3年目前半：信頼と関心の範囲を広げる

3年目の文集には、「『文集』とはほど遠い何か（｀・ω・´）」というタイトルで、4頁にもわたる長文を寄稿した(資料3)。本文中に「三時間ぶっとおしで書いた」とあるが、長時間の執筆に耐えられる身体を獲得していることを意味している。

本文の内容は、「くるかい」に来てからの自分自身について、作文を書いている最中の周囲の環境や自身の思考の過程を実況中継風に盛り込んだものとなっている。「何だか四行目でいきなり部屋が寒くなってきた」「テンションが上がって来たのでラジオを聞きながら書きたいと思います。・・・・このノリで書いたら何Pで終わるんだろう」といったような表現が見られるが、これは高度なリテラシーの運用能力を必要とする。書きながら思考する、あるいは思考をその場で文字化するという行為は、文字を書くのが精一杯という段階では成立しない。書くという行為を意識しなくても遂行可能なほどに、書くという行為を自分のものにできてはじめて成立するものである。

さらに、スタッフとの関係性について、冗談を交えながら書かれていることにも注目したい。まず、この表現は、本文で登場するスタッフたちの好意的な反応を予期して書かれたものである。さらに、私信ではなく文集である以上、そうした純くんをとりまく関係性の描写を微笑みながら受け止めてくれる読者を想定して書かれたものといえる。「くるかい」のスタッフという親密な他者との関係性を軸にしながら、他者全般、そして、その先にある社会への信頼と関心を取り戻しつつあることが伺える。

資料3（3年目の文集）

作文に「いろいろ書くと10Pいきそうですね」とあるが、この時期は純くんにとって、いろんなことに挑戦した1年だった。一つ目は、「くるかい」の年中行事として開催した湖を散策して、その後にバーベキューを食べる交流活動への参加である。草花に詳しいスタッフが解説しながら、一周3キロほどの湖の周りを約1時間かけて散策していったが、純くんはというと、初夏の陽気の中、歩いていること自体が楽しいようだった。母親も一緒に参加したが、ほとんど別行動で、純くんは先に先に歩いていた。一足先に散策を終えた純くんは、集合場所付近の林の中や小道を探索していた。その後のバーベキューでは、時折、男子学生以外のスタッフともことばを交わす姿があった。スタッフのお孫さんの子守を頼まれ、どう対応してよいか戸惑いながらも後ろを付いて歩いていた。

二つ目は、それから1か月後に、有志参加の雌阿寒岳登山があった。彼にとっては、人生初の登山。前回の湖散策を腕試しとウォームアップの機会と考えていたのかもしれない。今回は母親の参加はなく、純くん単独参加である。登山は何十年振りといった参加者もいたので、ゆっくり時間をかけながら、無理をせずに登っていった。登山経験者なら頂上まで2時間半のコースだが、五合

目ですでに4時間近く経過していた。当初から想定はしていたことなので、そこで昼食をとり下山した。純くんはというと、まだまだ元気な様子で、全体のペースに合わせつつも、先へ先へと軽やかに下っていく。足元には木の根や石ころがごろごろしている。それらを自分の意思で身体を動かしながらかわしていくのが楽しい、そんな様子だった。下山後、麓の温泉で入浴し帰路についた。後日、登山についての感想を尋ねたところ、「歩けば前に進むところが楽しい」という答えだった。

　この登山がきっかけで、純くんの生活はまた少し広がっていく。「歩くのって楽しい」「木ってきれいだな」と感じたので、自宅付近を散歩するようになった。自転車に乗ることができなかった純くんは、「あまり外出しようとはしなかった」。散歩を続けていくうちに歩く距離が増え、自宅から離れたところまで足を延ばすようになった。これまで「あまりまじまじと見ることがなかった」身近な景色は、「案外きれい」だった。このことは、単に景色を楽しみながらの散歩が日課になったということに留まらない。それは、純くんと世界との距離が変わったことを意味する。意識的に世界と関わろうとすると、これまで疎遠だった世界が、彼に語りかけてくる。

　三つ目は、この年の秋、ペアの男子学生と一緒に特別講義の講師を務めたことである。「くるかい」では外部講師を招いたり、内部で講師役を務めたりして、特別講義と称した学習活動を年数回設けている。その一環として、男子学生が海外を旅してきた様子を報告することになり、純くんもサポート役として登壇することになった。当日は50名を超える聴衆を前に、漫才さながらの軽快な「つっこみ」を入れて話に花を添えていた。

　実は、二人はこれに向けて時間をかけて準備してきた。当初は純くんの役割はパソコン操作の補助というはずだったが、いつの間にか一緒に登壇することに「なってしまった」。男子学生が純くんの自宅を訪れ、「作戦会議」を開いて、どういう構成にするか、写真を選び、スライドを作成する作業を一緒に行った。予行練習も数回行った。二人三脚で準備を重ねて臨んだ特別講義当日。結果は、拍手喝采だった。「よかったよ」と直接声をかけてくれた人もいた。純くんのスタート時を知るスタッフの誰もが、彼の変化に驚き、喜び、励まされていた様子で、二人の頑張りを称えていた。余談だが、その準備の過程で純

くんはコーヒーが飲めるようになったという。男子学生が「紅茶がなかったんでこれ」と差し入れとして持参してきたのがきっかけだった。

四つ目は、赤い羽根募金の街頭活動への参加である。特別講義を担当してしばらくした頃、「くるかい」経由で赤い羽根募金の街頭活動のボランティアの募集があった。毎週会場を無償提供してもらっている釧路市社会福祉協議会からの依頼ということもあり、「くるかい」としても参加者なしというのは避けたかった。その旨も含めて、全体に呼びかけたところ名乗りをあげてくれたのが、純くんたちのペアだった。しかし、実際は、男子学生が「おれたちも出ます」と手を挙げ、純くんは「（おれ）たち!?」と思いながらも、「一緒に行くから」と説得されて参加を決意したのだという。

しかし、当日、男子学生は「途中で用事があるとかでいなくなった」。募金活動には、他にも「くるかい」から数名の参加があった。かつての純くんだったら、それでも男子学生は、純くん一人を残して退席するということはしなかっただろう。大学3年時に純くんと出会い、大学院進学後も継続して純くんの担当だった男子学生は、春が来れば大学院修了とともに釧路を離れることが決定していた。今の純くんだったら、自分がいなくても大丈夫だという思いと願いを込めての行動だったのだろう。実際、純くんは一人でも大丈夫だった。「せっかくだからいようかな」と最後まで募金活動をやり遂げた。

3.5　3年目後半以降とこれから

3.5.1　「まじめ」にことば化できる「私」へ

高校進学を考えはじめた時期は、参加3年目の秋頃に遡る。アルバイトをはじめようと求人票を見てみると、募集のほとんどが高卒以上だったので、「高校いっとくか」と思った。母親の他に、男子学生や小学校時代の校長に相談した。そうした中で、定時制高校や通信制高校という選択肢を知る。自分でインターネットを使っていくつか候補を検索し、資料請求して「ここならいいかな」と思える通信制高校への進学を決意する。

しかし、すでに募集時期を過ぎていたので春まで待つことになった。それが「かえってよかった」。中学校の英語や数学の復習をする時間が十分にとれたお

第4章　釧路自主夜間中学「くるかい」（北海道）　95

かげで、通信制高校の学習内容にス
ムーズに移行できたのだという。こ
の頃になると「くるかい」のペア学
習は、男子学生から女子学生へと主
担当を完全に交代していた。高校進
学という明確な目標があったので、
女子学生との学習は「集中していた」。

　そして、4年目（資料4）。去年の
作文を読み返して、「今年は絶対まじ
めに書こうと思った」。「後で読み返
せるようなもの」にしたかったから
だという。3年目の文集についても、
実は事前にノートに下書きをし、提

資料4（4年目の文集）

出稿はそれを清書したものだった。昨年度も作業的には十分に「まじめ」に取
り組んでいる。したがって、ここでいう「まじめ」とは、中身についてのこと
だろう。最後の一文は、自分へのメッセージであると同時に、彼に関わったす
べての人たちに向けたメッセージだといえよう。

　　僕はこの一年を振り返って色々なことがあったなと思います。
　　通信制の高校に通ったり、バイトをしたりしたらいつのまにか、一年経っ
　ていました（笑）。
　　その一年で僕が変わった事は、自分に自信が付いたり、バイトで体力が付
　きました。
　　それ以外にも色々あると思うんですが、パッと思いつくのはこれ位です。
　　今の僕は、一年後の僕の成長を見るのが楽しみです。

3.5.2　他者を慮る「私」へ

　誰に向けた文章だったのかと尋ねたところ、自分自身に宛てたものだと答え
た。簡潔ながらもしっかりした文章構造で、これまでの自分の努力と成長を認
め、これからの自分への期待を丁寧に文字に刻んでいる。

加えて、この文章は、男子学生に向けて書かれたものであったと筆者は推測する。男子学生は筆者に1通のメールを嬉しそうに見せてくれたことがある。純くんが男子学生宛てに送った「まじめ」なメールだった。そこには、今の自分があるのは、あなたがいてくれたからという趣旨で感謝の気持ちがストレートに綴られていた。純くんは、そうした気持ちを公の場で示したかったのではないか。純くんの傍らに常に男子学生がいたことは、「くるかい」の誰もが知るところである。

　この文章が書かれた頃、男子学生は将来への不安等から非常に揺れていた。あらゆることに対して自信が持てず、ネガティヴな評価をしてしまいがちな状態で、「くるかい」も大学も辞めたいと筆者に相談するほどだった。そんな男子学生へのエールの意味を込めて、あの文章は書かれたのではないか。未来に希望を語る自分を公言することは、すなわち、男子学生の功績を称え、「私たち」の歩みを「くるかい」の記憶に刻むことでもある。純くんは、文集を通じて男子学生にもっと自分に自信を持ってほしい、あなたの存在意義は私自身が示している、そう伝えたかったのではないか。

　毎年文集は、「くるかい」の修了式に渡すことになっているが、結局その席上に男子学生は姿を見せなかった。修了証書をもらって一言。「定時制高校に通うんで、〇〇（男子学生の名前、呼び捨て）も草葉の陰から応援してくれると思います」と会場を笑わせた。男子学生との別れについて、「これで最後って思わなかった」と語る。今現在でも男子学生とは時々メールのやりとりがあるという。

3.5.3　広がる世界を楽しむ「私」へ

　純くんに今後について尋ねたところ、「とりあえずバイトを探さないと」いけないと考えている。これまで勤めていた厨房補助のアルバイトは、経営不振からスタッフ数が余剰になってきたために勤務日数が減らされ、給与の支払いも遅れがちだったので辞めることにした。「将来のためになりそうなんでコンビニとかの接客」の仕事をしたいが、「選んでる場合じゃないので何でもする」。あえて苦手な人と接する機会の多い仕事を経験したいというこの発言は、今の自分ならどんな仕事でもやり遂げられるだろうという自信に裏打ちさ

第4章　釧路自主夜間中学「くるかい」（北海道）　　97

れたものである。

長期的には、「海外に一人旅に行き
たい」。特別講義を男子学生と一緒に
つくる過程で、「自分も海外を観てま
わりたいと思った」。とくに理由はな
いがロンドンを訪れたいという。学
んだ英語を活かせる国ということが
頭をよぎったのかもしれない。筆者
から、まずは国内で経験を積んでみ
るのもよいかもしれないので、旅好
きの現在大学4年生のスタッフに尋ね
ることを薦めた。その学生スタッフ
は、趣味の自転車旅行の楽しさにつ
いても話した。純くんは自転車に乗れ

資料5（5年目の文集）

ないことを伝えると、後日、その学生スタッフと二人で練習することになっ
た。数時間の練習で、純くんはすぐにコツを摑んだという。この秋、二人で自
転車旅行を実行することが決まっている。新しいことに挑戦することで世界が
広がることを楽しむ姿がそこにはある。

5年目の文集、純くんはA4用紙1枚にびっしりと「くるかい」の「運動会」
について書いている(資料5)。この年、大学生スタッフたちの働きかけで若年
の学習者が企画から運営まで携わった。高齢者から小学生（スタッフの子ども
や孫）まで全員が楽しめる競技を考えることの難しさと楽しさについてユーモ
アを交えながら書いている。企画会議では、積極的にアイデアを出し、準備作
業も自発的に取り組んでいた。運動会当日は、競技の1種目であるクイズ大会
の司会を務めた。

　　最後に僕のクイズ司会ですが……緊張して全然駄目でした（とほほ）。
　　でも、まぁ楽しかったですよ。司会も運動会も。あと大勢の人の前でちゃ
　んと話せる人は凄いと思いました。これで多分来年も自分で見るであろう文
　集を終わります。

第4節　まとめにかえて

　西村さんの例は、働く若者にとって学び直しがいかに難しいかを物語っている。まず、考えなければいけない問題は、参加の実質的な保障のあり方だろう。会場までの交通アクセスに加えて、学習時間へのアクセスが保障されなければ、学び直しの入口に立つことはできない。資格取得という明確な目標を本人が抱いている場合、その目標達成への歩みを実感しつつ、その前提となる基礎学力を補充していく必要がある。

　純くんの事例は、なぜ学ぶのか、何を学ぶのかということに先立って、誰とどう学ぶのかが重要な場合もあることを示唆している。男子学生の用意した漢字テストだったからこそ、純くんは、「やたら勉強した」のではないか。支援者との距離をどのペースで、どの程度までつめていくかの最終的な決定権は、常に純くんにあったことも大きな特徴である。働きかけはする。半ば強引に。だけども、それはNOと言える関係性に裏打ちされたものであった。たとえ、変わらなくてもよい。今のままでも十分だ。大切なのは、あなたがここにいてくれること。生活世界を大きく変えていく一歩は、立ち止まること、変わらないという選択肢が担保されてこそ、踏み出せるのではないだろうか。純くんと男子学生は互いを呼び捨てで呼び合う。インタビュー時、純くんは、男子学生の話題になるとことば数が増え楽しそうに話す。他方、男子学生も悩みや迷いを抱えていた時期だけに、純くんの存在は大きかったといえる。

　学び直し支援を関係性の変容に向けた学びとして理解するならば、支援者個人のパーソナリティや専門性もさることながら、被支援者の関係性の網の目に意味ある他者として根付くことがまず支援者として求められてくる。実社会と乖離した生活を長らく送ってきた若者にとって、学ぶ意味とは所与のものとしてあるのではなく、互いのかけがえのなさを体感しあう関係を基盤として、当人を取り巻く支援者や仲間と共に創りだしていくものだといえる。

　この原稿を書き上げた頃、6冊目の文集が届いた(資料6)。純くんにとって6年目の「くるかい」、高校2年生を終えようとしている。一時期、「くるかい」

「去年のまとめ」

まず第一に、この時期になると文集を書くことになるので日記を書きます。ですが2月に買って中途半端になってしまって見いるのか買ったかあえてるのか去年の僕、そして今日記を買ってないってことなのか、だしてた、が…

今年の僕です（笑）

という訳が去年の僕の記憶を引っぱりだします。

クリスマスさん年会の時はペーパークラフトを作り、ビレッジ大会で玉リレーをしたのにもかかわらず矢か賞しクチにするってが出来ませんでした（笑）

体育大会はスプーンリレー?なにそれは?って… 多分…

毎年やってる記憶が出てしまいますが、なんだかんだで四・五年いるのでしょうかなんて諦めてスプーンリレーの話へ戻ります。

話しまくりました。

いや、スプーンリレーのそてせとだけなんて体拾って思っていたら、手らは裏切るあり、歩いたら抜きあうのてんやわんやでした。

あとはベラ年の事です。僕は来年で高校を卒業します。とうとうここまできたかという感じです。くるかいにまで勉強をして、高校に行くとうとう卒来です。ラストスパートを応援してくれると嬉しいです。

PSほめると伸びます。

資料6（6年目の文集）

から足の遠のいた日もあったりした。家出騒動もあったという。資料6は、彼が綴った文章の全文である。読み手を意識した内容で、文字も構成もしっかりしている。レイアウトには、読み手を楽しませようとする工夫がみられる。そして、最後の一文。釧路という街に「くるかい」があり続けること、成長を喜んでくれる人がいて、気にかけている人がいること自体の価値を改めて教えてくれた。

　僕は来年で高校を卒業します。とうとうここまできたか、という感じです。くるかいに来て勉強して、高校に行き、とうとう卒業です。ラストスパートを応援してくれると嬉しいです。
　PS. ほめると伸びます。

注

(1) 「全国の自主夜間中学」のページには、団体名・会場名・開催日時・連絡先が公開されている。http://zenyachu.sakura.ne.jp/public_html/jishuyachu.html（2015年3月21日アクセス）

(2) 情報発信は、ブログとフェイスブックで随時行っている。

(3) 本稿は、これまでに「くるかい」について書いたもの（添田、2013a、2013bなど）に加筆・修正を加えて再構成したものである。筆者は、北海道教育大学釧路校に2008年9月から2014年3月まで勤務した。

(4) ハローワークくしろ『ハローワークREPORT』平成21年5月号。

(5) 釧路市教育委員会『平成24年度全国学力・学習状況調査の結果について』。

(6) 「くるかい」発足時から、その意義を高く評価してくれたのが釧路市産業振興部商業労政課長（当時）と生活保護自立支援プログラムを牽引する行政職員（当時）であった。

(7) 「くるかい」を地域で支える仕組みを財の循環ツールである地域限定のポイントカードのポイント寄付システムを用いて構築する社会実験。北海道庁のホームページで実績報告を閲覧できる。http://www.pref.hokkaido.lg.jp/ss/ckk/newpublic/socialmodel.htm（2015年3月21日アクセス）

(8) 設立当初から無理なく持続的に活動していく人数として、学習者とスタッフ合わせて30名程度を想定していた。しかし、実際は、開設時は、予想をはるかに超える学習者50名、スタッフ50名でスタートした。運営側も試行錯誤だったため、きちんとした対応ができなかったために去っていった人も少なくない。

(9) 「くるかい」スタッフ、梅津陽子氏へのインタビュー（2012年10月9日）。

(10) 「くるかい」顧問、高橋忠一氏へのインタビュー（2012年10月9日）。

(11) 名前の箇所は加工している。以下の作文についても同じ。

参考資料

釧路自主夜間中学「くるかい」文集（創刊号～第5号）

釧路自主夜間中学「くるかい」ブログ（2015年3月21日アクセス）
http://www.pref.hokkaido.lg.jp/ss/ckk/newpublic/socialmodel.htm

釧路自主夜間中学「くるかい」フェイスブック（2015年3月21日アクセス）
https://www.facebook.com/pages/%E9%87%A7%E8%B7%AF%E8%87%AA%E4%B8%BB%E5%A4%9C%E9%96%93%E4%B8%AD%E5%AD%A6%E3%81%8F%E3%82%8B%E3%81%8B%E3%81%84/143210222443236

添田祥史（2013a）「若者への学び直し支援の実際─釧路自主夜間中学『くるかい』の現場から」、部落解放・人権研究所編『部落解放研究』第199号。

添田祥史（2013b）「現代の貧困と成人基礎教育」、松田武雄編『現代の社会教育と生涯学習』九州大学出版会。

第5章

田川ふれ愛義塾（福岡県）

松下 一世

第1節　田川ふれ愛義塾とは

　田川ふれ愛義塾は、福岡県田川市にある「特定非営利活動法人TFG」が経営する更生保護施設である。

　更生保護施設とは、犯罪を犯した人や非行少年の中で、頼ることのできる人がいなかったり、生活環境に恵まれなかったり、あるいは、本人に社会生活上の問題があるなどの理由で、すぐに自立更生ができない人

たちを一定の期間保護して、その円滑な社会復帰を助け、再犯を防止するという施設で、全国で103か所ある。

　田川ふれ愛義塾は、その中では数少ない少年専用施設として全国で初めて法務大臣の認可を受けた。保護観察中の少年を保護の対象としており、保護観察所からの委託によって受け入れることになっている。また、その他の委託事業として、福岡県や田川市等の委嘱を受け、関係機関との連携のもと、家庭や学校で居場所を失い非行に走った「遊び・非行型」不登校児童生徒などの立ち直り支援や保護者への相談事業なども行っている。男女とも受け入れ、常時10～20人程度の子ども・若者たちが入所している寮設備のある施設である。

春うらら、のどかな気候のある日、すでに何度か訪れたふれ愛義塾の「ホーム」に、筆者はまた訪れた。午前10時頃、数人の若者が広いスペースのリビングルームでゆったりと過ごしている。ゲームをする子や談笑する子たち、未成年の彼らがここの塾生だ。「これ、差し入れです」と筆者が菓子折りを差し出すと、「ありがとうございます！」「わー、嬉しいっす。おやつに楽しみにとっときます」と笑顔で言葉が返ってくる。

　たわいのない雑談を交わしているうちに、早朝からのアルバイトを終えた子たちが、ぱらぱらと数人帰ってきたり、深夜バイトをしていた子たちが起きてきたりして、にぎやかになった。
　「お昼にしよっか。何、食いたい？」「そば飯でよか？」「おめーら、手伝えよー」と、声をかけて入ってきたのは、スタッフの一人、田中さんだ。田中勝頼さんは、実に手際よく、あっと言う間に美味しそうなそば飯を作っていく。筆者も一緒にネギや玉ねぎを刻んで、わいわい言いながらみんなで料理をして、みんなで食べる。塾生たちは、田中さんと、楽しそうに会話している。「もうすぐ○○祭りっすねー」「楽しみですねー」「田中さんも行くんですか？」「おれは、仕事があるけん、行けんな」「そうっすかー、残念っすねー」。
　午後からは、各自部屋の掃除をした後、アルバイトに出かける子たちは「行ってきます」と出かける。それ以外の子たちは田中さんと近くの畑に出かけ、畑仕事をする。
　これは、田川ふれ愛義塾での日常の光景である。シェアハウスのような、大家族のような、ほのぼのとした雰囲気に包まれている。宿泊付施設なので、リビングやキッチン、個室や二人の共同部屋、トイレ、風呂がある。食事の準備は、朝と晩に、別のスタッフが行う。また部屋・風呂・トイレの掃除は各自が行うという共同生活である。

15 〜 20歳の塾生たちが入所している。それぞれにアルバイトをして、自立したときのために貯金をしている。義務教育年齢ならば、地元の中学校や適応指導教室に通う子もいる。それ以上の年齢の塾生は、働きながら通信制高校に行ったり、資格をとるための勉強をする子もいる。学習支援は、個々のニーズに応じて、地元の学校教員や大学生のボランティアが関わる。

彼らは、少年院退所後に保護観察として来るケースもあれば、少年院に行く代わりに引き受けているケースもある。保護観察所から当施設に来ている若者がほとんどだが、中には、保護者から直接相談を受けて、理事長が「では、うちで預かりましょう」と引き受けるケースもある。厚生労働省の委託事業だけでなくNPO法人としての独自の事業も行っているため、入所の事情は様々だ。全国に数少ない青少年対象施設なので、入所している塾生も福岡県内とは限らない、九州の各地から、遠くは関西や関東から来ている若者もいる。

彼らは、学校での教育をあまり受けていない。小学校から不登校になった子もいるが、多くは中学校からほとんど学校に行っていない。高校は、非進学か中退である。勉強したのは、児童自立支援施設か少年院の時だけだったという子が多い。田川ふれ愛義塾は、学び直しとしての学習支援はもちろん、生活指導や就職支援など、塾生のニーズに合わせて、社会的な自立に向けての総合的な支援をしている。

第2節　田川ふれ愛義塾の誕生

田川ふれ愛義塾を開設したのは、理事長の工藤良さんである。自叙伝『逆転のボランティア』（2004年）に詳しいが、筑豊炭田の中心地だった田川市は石炭産業の衰退後、人口が激減する。その後に生まれた工藤さんの幼い頃の生活は、経済的にも家庭的にも不安定で、その心の隙間を埋めるかのように、「小学校2年生で『力』に魅せられて、ワルの道をひたすら突っ走ってきた」。中学2年で暴走族「極連會」のメンバーとなり、その後、総長を務める。バイク、シンナーから少年院に行く。少年院を出た後も、地元での「意地と見栄を捨てられず」、覚せい剤に手を出してしまう。結婚して子どもができて、妻に

懇願されても覚せい剤をやめることができず、拘置所に入るが、拘置所で初めて孤独と恐怖と絶望の中、地獄の夢を見て、自分がやってきたことに罪悪感を感じたと言う。誇れるようなことを何一つしていない自分に最後のチャンスとして神のくれた一本の蜘蛛の糸は、自分が悪の道に引きずり込んだ人たちを「元のレールに戻す」ということだった。

　それからの工藤さんは、2002年「極連會」を解散、ボランティア団体「GOKURENKAI」を立ち上げ、田川市内で清掃活動をする。マスメディアにも取り上げられ、講演に呼ばれるようになる。そこで、生徒や親の相談を受けるようになり、2005年、「田川ふれ愛義塾」を立ち上げ、非行少年の立ち直りを支援する活動を開始する。2006年には宿泊者の受け入れと居場所づくりをスタートする。下記にある言葉が「田川ふれ愛義塾」のパンフレットの言葉である（旧パンフレット）。

　かつて　学校に　家庭に　自分の居場所はなかった
　だからこそ　俺たちが　寄り添う人になる　居場所になる

　現在は、立派な宿泊施設だが、最初は、自宅のアパートの一室からのスタートだった。工藤さんは、生業の牛乳屋を家族で経営しながら、非行少年たちを受け入れていった。

　そのころの塾生で、現在も毎月一度はふれ愛義塾に訪れる女性がいる。一期生のサヤカである。サラサラの長髪に、さわやかな印象のスーツ姿で、にこやかにほほ笑んで会釈してくれたその印象からは、10年前を想像できない。

　次節では、そのサヤカと、筆者の調査時に塾生として在籍していた5人の若者のインタビューの「語り」を取り上げたい。一人1時間から1時間半におよぶ半構造化インタビューの中で、塾生たちは、自分の生い立ちを臆せず語ってくれた。厳しい状況にいた自分をふり返りながら語るその姿に、他者への信頼と「語る言葉」を獲得できた学びの深さがうかがえる。

第3節　若者の語りから

3.1　サヤカ（22歳）の場合

　サヤカは、中2の終わりごろからまったく学校に行かなくなる。私立の中学校に受験し入学したものの、勉強の進度が速く、眠る時間もなく勉強しなければならず、疲れ果てた。退学して、地元の中学校に戻るが、そこにもはや自分の居場所はなく、友人から仲間はずれにされる。両方の学校から疎外されたと感じたサヤカは、それ以降、一気に夜遊びに走る。交友関係も行動範囲も広がる。その頃のことをサヤカは淡々と語る。

「もう中学校に行かない。だんだんつらくなって」
　それで、そこをやめて、二年生の二学期から○○中学校（地元の公立）に戻ったんです。そこに戻ったら戻ったで、中学校のそのぐらいの時期ってもう（友達の）輪ができてるから、入れないじゃないですか。入りにくいっていうか、なんか気まずいっていうのもあって。で、知ってる子がいるのが尚更きつくて、同じ小学校からあがってきてる子とか、1年半くらいブランクがあったりして、ちょっと気まずかったんですよ、私も。（女子同士の）回し手紙で、もう絶対サヤカちゃんをグループに入れないでねとか。もうそういうの普通に私見つけちゃったりして。私もあんまり歩み寄れなかったし、仲良くなろうっていうのがあんましなくて、もう合わないならもう行かないからいい、ってもう、変に割り切っちゃってたから。
　あと勉強の内容も全然やっぱレベルが違うわけじゃないですか。こう、分かりきってることを日々ずっと、ノート一生懸命やっぱとらないかんし、って思ってするのもだんだんつらくなってきたんですよ。そういうのが嫌で、だんだんもう、行かなくなりました。ほとんど行ってないです。

「全部、"流れ"なんですよ」

　ほんと全部「流れ」なんですよ。目的持ってみんなどうこうしようとか、あんまりなくって。ほんと、なんとなく、夜プラーっと出かけて、友達できて、なんとなくダラダラいて、で、だんだんそうやって年齢層も高くなっていって、少しずつ広がっていって、そんな中でやっぱ（スナックに）派遣してる人もちょこちょこいて、っていうのがきっかけですね。強制されたりとかじゃなくて、自分からお小遣い欲しいけん、どこか入れないかみたいな。

　それ（シンナー）は良くないっていう思いはしてたんですよ。だめだっていうことも分かってるし、身体の影響とかもやっぱ分かりはしてるから。周りの人で歯がボロボロの人とかもいっぱいいるし、実際止めれなくてシンナーを家に撒いて火つけた子もいるし、そういうので亡くなった子とかもいたんですよね。

「今思えば危険だったのかな」

　今思うと、相手が悪かったりとかしたら、ああいうふうにうまくいかなかったんだろうけど、私はほんとに何も、運よく見返りも求められなかったし、金銭要求されたりとか家族にどうこうされたりとか、一切なかったんですよ。

　むしろそういう（危ない）人たちを「足」にしないと動けないから。そうやってご飯食べに行ったりとか。今思えば危険だったのかなーっていうことはあっても、その、結局周りの女の子もそうだったけど、うまくその年上の男の人とかにお願いしたりとかしてみんな甘えたりとかして、うまく問題を解決できてたっていうか。

　一度、性的なサービスをする方の風俗店に、だまして入れられそうになったことがあったんですよ。そのことを知り合いの人に相談したら、そいつをすぐ呼び出せと言われて。車の中にドスとかが普通に入ってるんですよね。で、もうなんかほんと、映画みたいな光景になっちゃって。相手の人は結局怪我はしなかったんですけど、刃物持って追い回して、もう男の人は泣き叫んで逃げるんですよ。もうその場面を見たときはさすがに、わーってなりましたね、びっくりして。

当時のサヤカは、知り合いになった人の妹分として守ってもらって危険を回避していた様子である。しかし、母親は、心配でたまらず、当時、テレビや新聞に出演していた工藤さんに連絡をとり相談した。工藤さんは2時間かけて彼女の家に駆けつけ、その次に来たときには田川の自宅まで彼女を連れ帰る。「まるでお母さんの方が強制連行」と彼女は冗談交じりに語るほど、唐突な出来事だったらしい。卒業までには帰れると言われ、それまではおとなしくしようと譲歩したそうだが、結局卒業後も2年間ほど田川で過ごすことになった。

　その2年間でサヤカの生活は一転する。実家の牛乳屋を営んでいた工藤さんは、臨月の妻と小学校1年生の子どものいるアパートでサヤカを預かる。サヤカは半年ほど牛乳屋の仕事を手伝ったりした後、レストランでアルバイトを始め、近くのアパートに移り、他の塾生と同居する。塾生の数はしだいに増え、多いときは7〜8人の共同生活だったようだ。

「仕事する達成感を初めて味わった」

　（田川での生活は）つらかったし、なんかもう、知ってる人もいないし、家族もいないし。もう、帰れるならすぐにでも帰りたいって気持ちはやっぱりずっと変わらなかったです。

　でも、やっぱり何か、良い意味で、我慢強くなったというか、決められた時間に必ず起きて、決められた当番で掃除をして、食事を作って、ある程度規則の中で生活するみたいなのを初めてしたから。つらい中でも頑張って仕事すれば、まあお給料ももらえるわけだし、あ、これで好きな洋服を買えるとか、そういう仕事する達成感とかも、初めて向こうで味わったし。

　（ここに来る前は）なんかもう、グダグダっとそんまんま夜ダラダラーっとお喋りしてお金もらって、訳も分かんないまま使ってっていうような感覚だったから。それに、日中動いて、人に堂々と言えるじゃないですか。それまでは、歳もごまかしてたし、とにかく嘘をつきながらずっと常に生活しないといけなかったから。

「そこまであったかく声をかけてくれる人と出会うってことって、まあない」

（工藤さんは）もう絶対お前こうしろよ、いつまでにどうこうしろよ、じゃなくて、頑張ってせめていつまでにこういうことしようなとか、強制ではなく提案っていうか、なんかそういう感じですよね。（何かができたときは）もちろんすごい、喜んでくれたりとか。もう日々、私が毎日仕事が夜ぐらいになるんですよね。みんなの中で一番帰りが遅くて、帰ってきたらだいたい工藤さんがいて、お疲れさまーって今日どうやった？ 疲れたやろ？ みたいな、まあさりげなく一言毎日声かけてくれるような感じで。そこまであったかく声をかけてくれる人と出会うってことって、まあないですよね。

　自立できるめどがついたところで、16歳のサヤカは自宅に戻り、昼間のアルバイトをした。18歳になって親元を出て働き、結婚し一児をもうけるも離婚する。離婚後は、実家のすぐ近くで、わが子と二人暮らしをする。子育てをしながら、昼間は、カフェレストランで働き、夜は通信制高校の勉強をする。インタビュー時の年度内には卒業予定で、次年度は看護学校に入学、将来は看護師として働くという夢に向かって邁進中のシングルマザー22歳であった。

　仕事と子育てと勉強と、多忙な中、月に一度は田川ふれ愛義塾を訪れ、後輩たちを買い物やカラオケに連れ出し、彼らの話を聴いたり、息抜きの時間を作ってあげているという。

3.2　タクヤ（20歳）の場合

　タクヤは、父と姉の3人家族であった。厳しい父親から虐待を受け、姉もまたやり場のない怒りを弟にぶつけたのか、姉からも暴力を受けていたタクヤは、小学校の6年生頃から、家出をするようになる。友達と群れるわけでもなく、ふらふらとさまよい、全国各地に家出をする。中2から児童養護施設、中3で児童自立支援施設に移る。そのとき、気に入らない出来事がきっかけで脱走する。お腹が空いてパンを万引きし、店員から逃げようと手を振り払ったため窃盗ではなく強盗になり、少年院に行くことになる。

　そういう生活のため、中学校は、ほとんど行っていない。もともと勉強はき

らいではなかったというタクヤは、少年院で勉学に励み、漢検2級とワープロ
3級の資格を取った。

「ただ単に逃げてたから。やなことから」

　小学校のときも家出は、1回しましたね、小6のとき。中学になってから
10回くらい家出をしてるんですよ。長くて20日間ですね。（お金は）盗み
ました。ひとりです。東京とか、ただ単に行ってみたかったから。人が多い
からいるだけで楽しいです。ただ単に逃げてたから。やなことから。

　父親から暴力振るわれてました。小4の頃からです。小5のとき、学校の
先生に助けを求めたりしました。親を呼んで、一緒に話して終わりです。小
6のとき、アザできて、家の付近の店で座ってたら、近所の人に警察に通報
されて、学校の先生にもアザ見られて、親を呼んで、またそれも話し合いで
終わったですけど。終わったら、（父親に）ぶん殴られてました。

　姉ちゃんからも暴力受けてました。姉ちゃんのほうが痛いですよ。姉ちゃ
ん道具使ってくるんですよ。手に持っちょるフォークとか本とか櫛とか、い
ろいろ。

　タクヤは、少年院を出てからの保護観察で、田川ふれ愛義塾に来ることにな
った。寡黙なタクヤは、自分の一番の興味関心のある車の雑誌を穴が開くほど
みつめる少年だった。そんなタクヤに、工藤さんは、車関係の仕事ができるよ
う、ガソリンスタンドのアルバイトに導いていく。もともとコツコツと勉強す
るのが得意なタクヤは、高校卒業認定試験に挑み、すべての科目を合格した
後、車の免許を取り、危険物取扱者の資格を取り、さらに整備士の資格をとる
ための勉強を続けている。

「いろいろ自分の目標が達成できてる」

　父親に対する怒りはあったっす。（父に直接）ぶつけたことはないっす。
たまってました。今はないです。気が付いたら、抜けちょったです。はい、
ここ（田川ふれ愛義塾）に来てからです。

　いろいろ自分の目標が達成できてるんで。車の免許も取った。勉強とか嫌

第5章　田川ふれ愛義塾（福岡県）　111

いじゃないから。ただ、無理やりやらされるのがいやなんです。

　それはここに来て、高校卒業認定の資格を取った。危険物（取扱者の資格）も取った。将来は整備士です。整備士の資格は2月に訓練校の試験が落ちたから、今のスタンドの店長が勉強しながら資格が取れるらしいから、それをしようかなと。

スタッフの話では、嫌なことがあると家出してしまう癖は、ふれ愛義塾に来てからも一度あったが、数日するとメールがあり、気持ちが落ち着くと帰ってきたという。タクヤにとって、田川ふれ愛義塾が、「逃げ」の場所ではなく、戻ってくるべき「居場所」になっている。ふれ愛義塾に来てから、父への怒りがいつのまにか消えたと語っていたのが象徴的だ。

3.3　ヒロシ（16歳）の場合

　ヒロシは、物心ついた時から父親がいない。5歳の頃に母親が再婚するが、小4の時に離婚、そして同じ相手と1年後の小5の時に再婚した。中学校に入ってからは学校にも行かなくなり、家出を繰り返し、バイク仲間と遊ぶ。もともとあまりうまくいっていなかった義父との関係は悪化する。中3の時に保護観察処分となったが、生活が落ち着かず、職業訓練校の先生に紹介されてふれ愛義塾に来た。

　ふれ愛義塾に来てからのヒロシは、通信制高校に行き始める。「遊び」の生活から一転、バイトをし、まじめに毎日働く生活スタイルへと切り替えている。見事な変貌と言うほかはない。通信制高校にも入学し、勉強を始めた。

「挑戦させてくれるんですよ」

　やっぱ自分が変わったっていうのも自覚しとうし。これからどうするかとかも、なんか自分で考えるようになったなと思うし、やっぱ。自分で変われたっていう自覚がもてるっすね、やっぱ。

　周りの大人っつーか、大人自体があんまり好きやなかったんで。ただうるせーだけみたいな感じやったんで（笑）。（でも、工藤さんは）絶対あれし

ろ、これしろとか言ってこないやないっすか。自分の考えもっとったら、そ
れ言ったら分かってくれるやないですか、やっぱ親とかやったら、あんたこ
うしてもどうせ続かんやろとか言って、頭ごなしにそう言われるやないです
か。工藤さんとかやったら、こうしたいんですけどねーみたいに言ったら、
あー、じゃあそうするように言っちゃるし、失敗したらもう一回やり直した
らいいやないかみたいな感じで言われるきー。挑戦させてくれるんですよね。

アルバイトをしながら、週1回学校に通い、その課題レポートをこなしなが
ら、正社員になることを目標に励んでいる。

3.4 シンゴ（20歳）の場合

シンゴは、小学校の時に両親が離婚して母子家庭で育つ。私立の学校に合格
していたが、経済的な事情から入学を諦めざるを得なくなり、地元の公立中学
校に入学したが、その学校では遅刻や欠席が増え、授業を受けなくなる。その
後、児童養護施設に行く。アルバイトをしながら高校には進学するが、入学
後、すぐやめてしまう。15歳からずっと働いて一人で生きてきたと語る。好
きなサッカーも中学で断念せざるを得なかった。

「停学なんか知るか、みたいな」

15の時から基本的には、トビの仕事をしてたんですよ。（児童養護施設で
は）高校の学費と、月お小遣い4,000円とか出るんですけど。食費とか無
料ですし、寮費とかなんもかからないんですけど、それでもやっぱ気持ちの
面で結構厳しいですね。温泉が有名だったんで、温泉でもバイトしてたんで
すよ。夜ですね。最初は2軒くらいかけもちしてて。それが終わったら、温
泉がだいたい11時までのとことかあるんですよ。終わったあと風呂掃除が
あるんですよ。そういうの1回2,000円とか。結構いいバイトになるん
で。1時間くらいかけて。全部磨いて。それでだいたい12時。帰ってくる
のがもう12時半くらい。チャリでダッシュで帰って12時半。寝るのが1
時くらい。高校行きながらです。だから、朝寝坊して、（高校は）4時間目

第5章　田川ふれ愛義塾（福岡県）　113

くらいから行って。停学なんか知るか、みたいな。

　生活費のために働きながら学ぶという道を選ぶが、両立は難しく、停学処分を受けてしまう。自ら高校を退学し、住み込みで仕事をするが、荒れて、二度少年院に行くこととなる。二度目の少年院を出た後の引き取り先がないため、田川ふれ愛義塾に来ることとなる。

　ふれ愛義塾に来てからも、ずっとトビの仕事（建築業）をしているという。今は、自動車学校で免許を取る勉強をしている。心境の変化について尋ねてみた。

「こっちの方が自分との闘いっていう意味でキツイ」

　やっぱ仕事と遊びをちゃんと、区別つけられるようになったとかはありますね。若いころって、地元だったら仕事終わったら遊び行って、夜中帰って、次の日寝坊して、たたき起こされて、もう寝ぼけたまま仕事して。遅いって怒られて。の繰り返しだったんで。悪循環だったんですけど。こっち来て、まあ基本ずーっと仕事。

　まあ少年院よりはキツイです。キツイって何がキツイって言うとやっぱ、少年院って塀に囲まれてるから、ある意味自分の中で欲に対するあきらめってあるんですよ。だっておいしいもの食べたいと思っても、食べれるわけじゃないじゃないですか。例えばフライドチキンが食べたいと思っても、ここだったらコンビニ行けばすぐ買えますけど。それを自分で制限する、それはたぶん普通の人は普通に出来てることなんでしょうけど。

　こっちの方が自分との闘いっていう意味でキツイかな。と思います。こんなこと人前で言ったら恥ずかしいですけど。他の塾生の前では言えないですよ。(笑)

3.5　ツヨシ（16歳）の場合

　ツヨシは、中3以降、保護観察処分になり、母親の相談から、ふれ愛義塾に来た若者である。小学校から野球少年で、中学校でも野球部で活躍し、私立高校にも合格していたが中退。なぜ突然、卒業を目前に遊ぶようになったのかに

ついては、本人は「ただ部活が暇になったから」と言うが、その時期、両親が離婚、その後まもなく父親が病死している。父親のことは好きで、入院しているときも何度も会いに行ったが、その父親があっけなく亡くなり、ツヨシは複雑な思いを抱く。

「もうとにかくイライラしたっすね」

入ったきっかけですか? 自分が暴れよったんですよ。家で。それで、親が連絡して、きたっすね。それは、働きもせんで、学校もいかんで、遊びたいだけ遊びよって。そしたら金なくなるじゃないですか。それで、親に金やれ、みたいな。それで暴れよったっすね。

(生活は) 苦しかったっすね、普通に。小さい頃はそぜんなかったんすけど、親が離婚したんですよ。中3の夏にお父さんが出ていって、高1の時に亡くなったんっすよ。身体が弱かったんっすよ。もうとにかくイライラしたっすね。離婚届の紙、ちょうど見たんっすよ。隠しちょうとき。それで、イライラしたっす。いきなりお父さんが家、出て行ったんすよ。それで、なんで? みたいな。

ふれ愛義塾に来てからは、通信制高校に編入し、ラーメン屋でアルバイトをしながら、勉強している。「仕事して、(母親に) ちゃんとお金も返していこうって思うっすね。私立高校に行きよったときに、結構金かかるんっすよ」と語るツヨシだ。母親に遊ぶ金をよこせと暴れていた頃の面影はもうない。

3.6　アヤカ (18歳) の場合

アヤカは、5歳の時に離婚で母親が家を出ていく。父は、アヤカが小4の時に再婚する。アヤカが学校に行かなくなったのは、その時期だ。小学校から「悪さばっかり」していたと語る。繁華街に遊びに行ったりして父親から手をあげて怒られている。でも、それは自分が悪いからで、「虐待」ではないと、親を弁護する。父親のことは「かっこよくて大好き」と嬉しそうに語る。そんな大好きな父親だが、再婚し新しい家庭を築くことにいたたまれなかったの

か、アヤカは問題行動を繰り返す。中2の時に児童自立支援施設に行く話が出るが、離別した実の母親が他県に住んでいて、アヤカを引き取ることになる。しかし、実母との関係もうまくいかず、すぐに親戚の家に送られ、やがて地元に戻る。5か月後には少年院に行き、中3で、再び少年院に行く。二度目の少年院を出てから、父親の紹介で田川ふれ愛義塾に来る。

アヤカは、少年院の時に勉強しはじめた高校卒業認定試験を今も継続している。介護士の資格を取ることも考慮中だと言う。スーパーでアルバイトをしながら、正社員になる道も模索している。数学は得意だ、ケータイ小説を読むのも大好きだと語り、部屋には、図書館から借りた本や自分で買った参考書などがずらりと並んでいた。

アヤカの、工藤さんへの信頼は高い。他の大人との違いを次のように語っている。

「工藤さんは伝えたらすぐ伝わる」

なんか、社会一般の人と、工藤さんに話すのと全然違います。（一般の人は）一所懸命考えてしてくれとるんやろうなっていうのは、わかるけど、うわべだけっぽく見えるっていうか。みんな、自分の目線じゃないんですよ、絶対に。大人の目線っていうか、常識的な考えになってしまうんですよ、どれも。けど、工藤さんは、やっぱり自分の気持ちがわかる。たぶん、工藤さんのほうが、自分よりも悪いことしてきとうやないですか。だけぇ、その気持ちがわかった上で話してくれるんですよ。だけん、安心するみたいな。

担任の先生は信頼しとったけー、相談もよくしたんですよ。けど、どんだけ話しても、めっちゃ時間かかるんですよ、わからない人には、伝えるのに。ほんとに、何か月も何か月もかかって、やっと自分の気持ちが伝わったみたいな。でも、工藤さんには伝えたらすぐ伝わるみたいな。それが大きな違いっていうか。

116　第Ⅱ部　実践の諸相

第4節　田川ふれ愛義塾の支援の特徴

　ふれ愛義塾は、常に開放的である。施設そのものも普通の住宅家屋で、高い塀も厳しい管理システムもなく、出入り自由である。決められた日課は、1時間程度の畑仕事と、日記や写経、食事の後片付けと掃除がある程度で、起床や就寝時刻も一律に定められているわけではない。共通のカリキュラムは存在しない。彼らの語りにもあるように、「働くこと」や「勉強」を強要されることもない。

　しかし、一見、何も支援していないかのように見える自由度の高さの中で、塾生たちは、自ら働き、学びはじめる。このような変容の背景には、実は田川ふれ愛義塾独特の支援方針があり、スタッフの意図的な関わり方がある。その特徴的なものをまとめると、以下の5点となる。

① 自己選択・自己決定の尊重
② スタッフや先輩、地域の人との出会いによるロールモデルの存在
③ 記憶の上書き作用による、大人への信頼回復
④ 一人ひとりに合わせた規律のネジの調節による規律の個別化
⑤ スモールステップによる成功体験の積み重ね

　①の段階では、田川ふれ愛義塾に来た当初、工藤さんもスタッフも、本人が「何かしたい」と言い出すのをじっと待つ。人によっては1〜2週間、長い時は数か月かかることもある。じっと待つ。「待つこと」には理由がある。工藤さんは、それをあえて「がまんさせて。じらせて」いると言う。周りの先輩が給料もらって物を買うのを羨ましく思ってみる者もいるし、何かをしてみたいと考え始める者もいる。そのタイミングが大事だというのである。がまんさせてじらしているほど、何かをしたいと思う度合いが強くなるというのだ。工藤さんは、さらにそれぞれの若者の適性を見抜いて、さりげなく方向づけることもしている。

「個人個人で良いとこ持ってるんです」

　性格とか見よったら、この子、接客業がいいとか、トラックの運転手がむいちょうとか、で、整備士が向いてるとかあるから。そこにはある程度、枠をつくって。そしたら、それいいですね〜とかいって、ノッてきたりします。全員には絶対同じには扱えませんね。

　いろんな問題抱えちょうけど、やっぱ悪いとこばっか指摘するんやないで、結構、個人個人で良いとこもってるんですよね。細かいことに気がつくとか、そういうとこを伸ばしてやった方がやっぱいろんな面で将来的に伸びるかなって思うんですよね。

　②の段階では、友人や教員、地域の人と、少しずつ出会いの幅を広げていく。同じ塾生の先輩の姿は影響力が大きい。すでに、自分で資格を取り働いて貯金をため、将来設計が作れている先輩もいる。卒業後に近況報告を兼ねて目を配ってくれるサヤカのような存在もいる。そういう先輩の姿は、塾生たちのロールモデルとなる。スタッフもまたそうである。塾生たちは憧れの先輩や工藤さんや田中さんの姿を自分の将来に重ねて見ている。

　一方、工藤さんは、あえて、地域の人たちや大学生、学校の先生たちと出会わせている。そういう場をさりげなく演出する。地元田川では元非行少年を受け入れ雇っている店や会社もいくつかある。そこの社長さんたちや人権・同和教育に関わる学校の先生たち、近くの大学のボランティアの学生たちとともに、地域の温かさを感じ取れる時間と空間を作る。

　③の段階では、工藤さんへの信頼が高いのは、塾生たちの語りでもすでに明らかだ。同じ体験と同じ思いを経てきたということへの安心感があるのだろう。しかし、それだけではない。工藤さんは、塾生に迎えるにあたって、必ず自分で本人に会いに行く。書類だけ見て受け入れるということはしない。少年院や家庭に会いに行き、自分がすべて引き受けるからと約束をかわす。工藤さんという大人と出会うことによって、塾生たちのこれまでの大人不信、他者不信が払拭されていく。

　工藤さんだけでなく他のスタッフとも親密度は高い。冒頭に紹介した田中さんは、安心できる兄貴分でもある。経理と買い出し、夕食の調理を担当するス

タッフの女性も、まるで家族が話しかけるように接している。

　準スタッフとして関わる人の中には、学校の先生もいる。工藤さんと同世代の山下晃司先生だ。この先生は、工藤さんの自叙伝にも、暴走族解散式から力を貸してくれた先生として登場する。工藤さんはこう述べる。「山下先生は自分の気持ちを手に取るようにわかってくれている。自分が言おうとしていることを、ほかの人にうまく伝えてくれる。いっしょにいればいるほど、先生のすごさがわかる。山下先生にかなう先生はたぶんおらんと思う」。塾生にとってマイナスイメージしか持っていない「学校の先生」に対して、山下先生と出会うことによって、そのイメージを変えるべきだと工藤さんは考えている。

「本物の先生とは、こういう先生なんだ」

　この子たちは学校の先生に対してもあまりいい印象を持っていないんです。このままおとなになって自分の子どもができても学校の先生を信用できないと思う。それは負の連鎖なんです。だから、おまえたちの出会った先生は、本物じゃないんだ。本物の先生とはこういう先生なんだと、ここでは出会い直しをさせているんですよ。

　大人との信頼関係について、スタッフの一人でもある工藤優希さんは次のように語る。

「おとなの信用を取り戻す」

　私が思うには、やっぱり社会に出て何が大事かと言ったら人と人とのつながりだと思うんですよね。人は信用できるんだっていう、おとなの信用を取り戻すっていうところが、一番大きいかなと思いますね。

　ちゃんとあなたのことを心配してるんよ、あなたの帰りを待ってるんよ、って伝えて、ほんとにこのおとなは裏切らないんだな、て思えるようにっていうのはありますね。だから、何回嘘つかれても、私は子どもたちを信じますね。工藤が言ってることですが、こんな人がいてくれたらなって思ってた人に今の自分たちはなりたいので。その子たちの気持ちが一番わかるし、自分が子どもの時してもらいたかったことを今してるっていうふうに言って

第5章　田川ふれ愛義塾（福岡県）　119

たからですね。だから自分が小さい時に受けたつらい思いは、自分がこうなるための準備運動みたいな感じって（工藤は）言ってましたね。

④の段階では、個人に応じて規律が徐々に緩んでいくのが特徴的だ。初めは必要以外には小遣いを与えない、ケータイも使えない、だから、買い食いも遊びにも行けない、門限もある。しかし、一人ひとりの課題克服のステップに応じて、お金の管理の仕方やケータイの使い方、遊びの行き先や時間など自己管理ができるように促す。自己管理ができるに従い、許容度は高くなる。

自分を律する力がつけば、規律はしだいに緩められ、他者からの信頼を勝ち得るという結果になり、自立の自信がつく。一人ひとりに応じてのサポートには、非常に綿密な計画性がある。

⑤の段階では、できるようになったことをほめるというシンプルなことが重視される。塾生たちが自力でしたいことを見つけて行動に移したら、必ず肯定的に評価する。どんな小さな変化も見逃さないでほめる。田中さんは、スタッフの喜びは、塾生たちの成長だと語る。心の欠けている部分が埋まってくると、彼、彼女らの表情や行動に変化がみられるようになり、その成長が何より嬉しいと言う。

このように、①から⑤のプロセスを経て、塾生たちは、他者信頼と自己肯定感を取り戻し、自己回復を果たしていくのだ。

第5節　学習支援の位置づけとその意味

田川ふれ愛義塾では、その支援内容を「生活指導」「学科教育」「カウンセリング」「就職支援」「各種行事」の5つに分類している（新パンフレット）。

「学科教育」が学習支援にあたるところだが、先述したように、個々のニーズに応じて、ボランティア学生や学校の先生によるサポート体制を臨機応変に組んでいる。そこには、田川市の教育委員会や地元校区の中学校、通信制高校との連携がある。しかし、あくまで、強制的ではなく、塾生が「学びたい」という気持ちになったときに、その選択肢を提供する。塾生たちは、人とのつな

がりの中で自己回復し、自ら学ぶことの必要性と楽しさを選び取っていくのである。塾生を卒業して後、シングルマザーという厳しい状況を抱えながらも、なお自ら学び続けるサヤカの存在がそれを証明している。

　若者たちが本来持っている力を出すことがエンパワメントである。森田（1998）によれば、エンパワメントとは、「わたしたち一人ひとりが誰でも潜在的に持っているパワーや個性をふたたび生き生きと息吹かせること」「そのためには社会から受けた不要なメッセージや痛手を一つひとつ取り除いていかねばならない」。

　田川ふれ愛義塾は、大人から受容されず社会から排除されようとしていた少年たちの内在的な力を引き出し、自ら社会にアクセスできる力をつけていく。社会への適応が目的ではなく、社会に包摂するためのエンパワメント・アプローチ支援といえよう。

※本稿は、「学校を離脱した子どもの社会的自立とリテラシー−元『非行少年たちの語りから』」（『佐賀大学文化教育学部研究論文集』第18集第1号（2013年8月）所収）及び「学校を離脱した子どもへの支援−『田川ふれ愛義塾』におけるエンパワメントアプローチの試み」（部落解放・人権研究所編『部落解放研究』第199号（2013年11月）所収）に加筆修正したものである。

参考文献
工藤良（2004）『逆転のボランティア』学習研究社。
森田ゆり（1998）『エンパワメントと人権』解放出版社。

第6章

豊川識字・日本語教室（大阪府）

棚田 洋平

第1節　識字学級とは？

　日本では、識字の問題は完全に解決ずみである。（中略）現状において、識字能力を高めるために特別な施策をとる必要はまったくない。

　ユネスコによる識字に関する調査に対しての、1964年当時の文部省の回答である。まさしく同時期に、識字学級は誕生した。1963年、福岡県京都郡に「開拓学校」が設立されて以来、部落解放運動の中で「部落差別によって奪われた文字を奪い返す営み」として、識字学級の開設が全国各地で相次ぐ。識字学級における学びとは「人間を取り戻すということ、つまり主体を破壊し疎外する差別との闘い、主体を再構築し変革する」[1]ことであり、文字の読み書き能力を習得することはその手立てであった。そういう意味では、識字学級は「あいうえおからの解放運動」であったのである。同様の問題意識から、「資格」の取得を目指した「車友会」（自動車免許取得を目指す学習会）や保育士・教師、調理師等を「目指す会」といった、各種の講座や学習会も各地で開催されていった。これらの活動は、当時の被差別部落における厳しい生活実態と、それに応えるための解放運動の進展の中で興隆を極めていく。

　それでは、識字学級の現況はどうなっているのだろうか。「今の高齢の学級生が来なくなったら、識字学級の歴史も終わり」。このような記述が、2010年度に実施した「全国識字学級調査」の質問紙の自由回答欄に一定数見られた。

先述したとおり、識字学級の始まりは、1960年代に遡る。その頃、若年・壮年だった学級生が40年を経て「高齢化」しているのが、多くの識字学級の現状となっているようだ[2]。
　ただし、全国的に見ると、今日の識字学級は、決して高齢者のみを対象にしたものではないことがわかる。図6-1は、「全国識字学級調査」で明らかになった識字学級生の年齢構成を示している。確かに、識字学級の「高齢化」は顕著であり、60歳以上の学級生が全体の半分以上を占めている。しかし、約40％は60歳未満の学級生であり、30代までの若年者も学級生全体の23.8％を占めている。若年・壮年の学級生は、現在の識字学級でも一定数在籍しているのである。

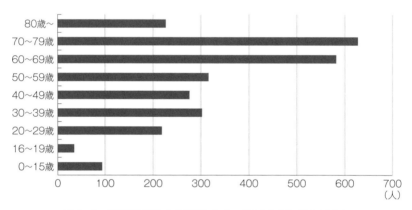

図6-1　識字学級生の年齢構成【n=2,682人】（2010年）

　従来の識字学級では、様々な事情により、学校教育を十分に受けることができなかった同和地区の住民を主な対象として、読み書き・計算能力の習得や、各種の資格取得のための学習等が、「差別との闘い」「自己解放」の一環として取り組まれてきた[3]。近年では、地区全体の高齢化により学級生が集まらず識字学級が成り立たない地域がある一方で、外国人や障がい者、地区内外の課題を抱える若者等、「新しい学習者」が参加するようになってきている学級もある。
　本章では、そのような「新しい学習者」を受け入れている識字学級として、

豊川識字・日本語教室の事例を取り上げる。当教室では、「地域改善対策特定事業に係る国の財政上の特別措置に関する法律」の失効（2002年）を受けて、同和地区住民に限定せずに広く学習者を受け入れるようになったという経緯があり、現在では外国人住民や地区内外の課題を抱える人々も識字学級に参加している。ここでは、「新しい学習者」のうち、とりわけ「困難を抱える若者」に焦点をしぼり、識字学級における若者支援のあり方について考えていきたい。

第2節　セイフティネットとしての識字学級

　豊川識字・日本語教室の歴史は、1972年に始まる。解放会館が竣工したことをきっかけとして、解放運動の中で識字の重要性を感じていた地区の女性10名ほどが、地元の学校教員の協力も得ながら識字学級を1972年4月に開設した。当時は、識字学級とは別に、自動車免許取得を目的とした車友会や調理師免許講座等の各種学習会・講座も開催されていた。2002年の同和対策事業の一般施策化以降、地区外の学習者が増え、とりわけ、近隣地区に外国人住民が多いこともあり、そうした人たちが学習者として参加するようになっていった。その際に、名称についても「道祖本識字学級」から「豊川識字・日本語教室」へと変更された。現在、十数名の学習者が、毎週火曜日、夜の7時半から9時までの90分間、基本的に講師と1対1で、それぞれのニーズや課題にそった教材等を用いて個別に学習を進めている。各学期末には、七夕の飾り付けや年賀状作成、地域のお祭りに出品する展示品づくり等が行われるが、それらも基本的には個別作業であり、参加者全員が一堂に会する機会は、開校式と閉校式の年2回のみである。

　豊川識字・日本語教室（以下、識字[4]）で若者（高校生）を初めて受け入れたのは、2004年のことである。中学校3年生の頃、学校にあまり行けずにいた生徒（ミク：仮名）が、高校へ入学するもわずか3日で中退してしまったことを受けて、「識字へつなげた」ことが最初である。

　ミクは、小学生の頃から勉強につまずきを感じており、中学生になっても勉

開校式のようす（教室提供）　　　　　七夕の飾り付けのようす（教室提供）

強はわからない状況であった。本人いわく、小・中学校時代は、「(成績は) 悪すぎかな (笑) もう悪すぎて。まぁまぁ、そういうのもあると思うけど。そうそうそう、ちょっと、できなくて、みたいな」感じであったという。

(以下、インタビュー引用中　＊：筆者、＊＊：同行の調査者)
＊：それはいつぐらいから勉強が、なんかわからなくなったとかありますか？
ミク：いつやろ？ それわからないですね。
＊：中1の頃とかは？
ミク：うーん、中1ももうすでにわからんくて、そういう感じ。
＊：それ別に学校に行かなかったとかではない？
ミク：あぁ、ではない。
＊：行ってて聞いてても、、、、
ミク：聞いてても普通にこうやって勉強しててもわからんかったかな。そうそんな感じです、かな？
＊：それ (成績) は全体的に悪かった感じですか？
ミク：全体的にもう。小学校も、中学校も。

それでも、私立高校になんとか進学することができたものの、「なんか遠くって、『辞める』って言った (笑) そう、なんか行くのがめんどくさくなって」という理由で、わずか3日で退学してしまう。高校を中退した後、中学校時代

に教員として関わっていた青少年センター職員[5]と相談し、通信制高校にその年の9月に入り直す。しばらくは、その職員による個別の学習支援が行われていたが、「異動で自分がいなくなっても支援が続けられるように」という思いから、識字へとつなげられた。そのセンター職員も講師として識字に関わっていたが、ミクの講師は、他の教員（ミクの出身中学校所属）が務めていた。

識字では通信制高校で課される宿題やレポートの作成を、講師の支援を受けながら行っていた。その甲斐あって、2年半で必要な単位を取得し、同学年の生徒と同じ時期に高校を卒業することができた。「私も高校のあれ（卒業資格）だけはほしかったから。働くにもそれがないと、働けへんとかあるから」と感じていたため、通信制高校を辞めようとは思わなかったという。そんなミクは識字に通っていたことを次のように振り返っている。

　　うん、良かったとは思う。これ（識字）がなかったらたぶん、もっと何ていうか、働くのもあれやし、基礎的なこともわかってなかったから。ここ（識字）でほぼ全部教えてもらったみたいな感じだからかな（笑）。

通信制高校の課題について「教えてもらわんと絶対できひん」と感じていたミクにとって、識字は学校における学習を補完する場として機能していたのである。小・中学校時代に勉強につまずいたミクではあるが、宿題提出や単位取得といった目的のために、識字には通い続けていた。そのため、識字には「勉強しに来るみたいな感覚で行ってたから。宿題しに来るっていう目的があるから」、嫌々ではなく「普通に」通っていたという。また、青少年センターで実施されていた中学生学習会に参加していたこともあり、その「高校バージョンみたいな感じ」で違和感なく識字にも通えていたのである。ミクにとっては、中学生学習会に参加していた経験や、見知っている中学校教員の存在が、識字への参加のハードルを低くしたと言える。

20代半ばになる現在、ミクは識字には通っておらず、週5日で毎日8時間ほどアルバイトをしている。識字に通わなくなった理由としては、「高校卒業」のような差し迫った具体的な目標がないことと、毎日の仕事の多忙さが挙げられる。しかし、インタビュー時、調理師の資格取得のための通信講座の資料を

第6章　豊川識字・日本語教室（大阪府）　127

取り寄せ中だと言い、インタビューに同席していた、「いのち・愛・ゆめセンター」（旧解放会館）の館長が「識字の先生を月曜日（ミクの仕事が休みの日）の午前中とか昼からで雇って来てもらったら？」と水を向けると、かなり乗り気であった。

　　そうか、それいいかもしれん（中略）いいかも。教えてもらいながら。覚えたりせなあかんし。絶対、家じゃできひんもんね。（学習を途中で）やめるから。それいいかも。ちゃんと見てみよう、資料。テストもできるし。一週間のテストみたいな。なるほど。ああ、いいかもれん。ちょっと相談してみよう。

　このような語りからは、彼女にとって識字は、地域における「学び直し」の場として当たり前にあるものとして捉えられており、必要があればいつでも「戻れる」場所となっていることがうかがえる。
　一方で、ミクと同じような経緯で、現在（2013年）、高校2年生になるチアキ（仮名）が識字に通っている。チアキは、中学校2年生の頃から「ずっと遊んで遊んで遊んでやって」という生活を送っていた。家出や軽犯罪を重ね、中学時代に鑑別所・少年院への入所・入院を経験している。中学校の頃は「中学校がおもんないから、こんなおもんないの何でもう3年（高校）行かなあかんねん」と思っていたというチアキだったが、少年院における体験を通じて「変わった」という。そして、少年院出所前に社会見学で特別養護老人ホームに行ったことをきっかけとして、「介護士なりたいなって夢できて。介護士なるためには言うたら中学校勉強ろくにしてないからせなあかんやん、イヤでも。だから高校も行かなあかんのかなみたいな」という理由から、高校進学を目指す。少年院出所後は、出身中学校の教員や、いのち・愛・ゆめセンターの館長の働きかけによって、学校で個別の学習支援を受けたり、地域の保護者組織が主催する中学生学習会に参加したりして受験勉強に励み、1年遅れで公立高校への入学を果たす。
　高校に入学して2年目となる現在、欠席することもあるが、チアキは識字に通い続けている。識字では、高校のワークやテスト前の勉強を、講師となる中学校教員 [6] と一緒になって取り組んでいる。

そんな彼女は、識字における学習を「楽しい」という。

＊：ここにくるのは、どうですか？ 自分の中では。
チアキ：別に嫌でもない。楽しい。逆に楽しい。なんか学校で勉強してるよりここで勉強してるほうが楽しい。
＊＊：なんで？
チアキ：なんでやろ。知ってる先生っていうのもあるし。一人っていうのもあるし。なんかいっぱいおったら、周りがうるさかったら一緒になってまうし。（自分は）周りに左右されがちなところもあるから。一人で勉強するほうがありがたい。

　講師が見知っている出身中学校の教員であること、1対1で自分のわからないところをていねいに学べる環境にあること、これらの要因により、チアキにとって識字が「別に嫌でもない。楽しい。逆に楽しい」場所になっていると言えよう。現在は、介護士になるという夢を実現するために、識字に通いながら、高校卒業を目指している。そのような彼女は、「中学校のチアキを知ってる人は、びっくりすると思う。学校来てる（高校に行っている）事がまず」と、過去の自分を振り返りつつ、現在の自分の姿を客観的に見つめている。

第3節　地域における支援ネットワークの存在

　小学校、中学校と「勉強についていけず」高校を中退したミク。中学生のときに非行に走り、鑑別所・少年院に入り「勉強がぬけおちていた」チアキ。ともに、端から見れば、一見「勉強嫌い」「学校教育からの離脱者」として映るだろう。しかし、彼女たちは、識字に通い続け、高校を卒業するほどのリテラシー（学力）を身につけている（身につけようとしている）。
　彼女たちが「勉強」に向かったのは、まず、その必要性が感じられたからである。ミクは「仕事をするためには高校は出ておいたほうがよい」と感じ、チアキは「将来介護士になりたいので、高校は卒業しておく必要がある」と考

第6章　豊川識字・日本語教室（大阪府）　129

え、その目的の達成（高校卒業）を目指して、識字に通い続けている（いた）。つまり、高校卒業という手段としてではあれ、学力や勉強といったものが彼女たちにとって有意味なものとなったのである。

　しかし、こうした明確な目的のみでは、不登校や非行、低学力により、絶対的なリテラシーが不足している彼女たちが「勉強をし続ける」ことは難しい。そのことについて、彼女たちを識字につなげた、いのち・愛・ゆめセンターの館長は次のように指摘する。

　　そやから人間関係がなかったらやっぱりしんどい。人間関係っていうか、その行ってもいいやって思えるっていうか。（識字も）勉強をする所やから、今までそれがしんどかったわけやから、そういう意味で敷居が高い。それやったら友だちに（遊びなどに）誘われたほうがいいもんみたいな。

　学校時代に「勉強がしんどかった」者にとって、識字を含めて「勉強をする所」は「敷居が高い」。その敷居を低くしたのが、彼女たち自身やその家庭状況を含めて地域のことをよく知っている館長の存在であり、彼女たちの出身中学校の教員がセンター職員や識字の講師として関わっていたことである。豊川識字・日本語教室では、センター職員（館長）と識字学級コーディネーターが年度当初に周辺の学校をまわって、教職員にボランティア講師として来てもらうように要請している。こうした働きかけもあって、彼女たちの出身中学校を含む各校の理解と協力により、講師の約半数を占める割合で学校教職員が識字に参加している。つまり、彼女たちの事情や背景を理解している教員が、講師として関わることが可能となっているのである。加えて、識字では、1対1の学習形式であるため、ていねいな個別の関わりが可能となる。こうした環境のもと、小・中学校時代の経験から「教師は信用できない」というチアキも、識字学級の講師（教員）との関係性は良い。

　こうした関係性は、識字の場のみに限られていない。識字を取り巻く当地区自体に、困難を抱える若者を支える雰囲気がある。

　チアキ：うん。（少年院を）出てからは、いろんな人が目にかけてくれて

た。出てくる前からかな、わからんけど。

＊：そういう、いろんな人って例えば、学校の先生と、他は誰？

チアキ：○○ちゃん（いのち・愛・ゆめセンター館長）、○○さん（館長を
　　　　ニックネームから敬称に言い直している）やろ。で、△△ちゃん、お
　　　　ばちゃんっていう人。「△△△△（フルネーム）」っていう人。□□お
　　　　ばちゃんっていう人。みんな、ゆうたら、身内じゃないねんやんか、
　　　　知り合いっていう程度やねん。けど、なんかやたら目ぇかけてくれて
　　　　……で、無事合格した。2回も停学なってもうたけど、自分なりには
　　　　頑張った。

　チアキが「いろんな人が目にかけてくれた」と語っているように、この地域
には困難を抱える若者を支える人間関係がある。これは、この地域における解
放運動が培ってきたものであり、そうした関係性のもとに、かつては解放会館
や青少年会館という施設が存在し、地域におけるセイフティネットとしての機
能を果たしてきた。その中で、学習支援に結びついていたのが、識字学級や解
放子ども会、中学生・高校生友の会等の活動である。当地区にはそれらの活動
が、学習支援のネットワークとして、あまねく存在していた。

　実際、ミクは、母親が識字学級に通っていたし、自身も中学生・高校生学習
会に参加していた。チアキも、地域の保護者組織が主催して青少年センターで
実施していた小学生学習会と中学生学習会に参加していた。そのような彼女た
ちにとって、識字学級は特別な場所ではなく、当たり前に地域に存在する学び
の場の一つなのである。他方で、当地域には、中学校区を単位とした「地域教
育協議会」が組織され、地域内の各種教育機関や団体等が、地域の子どもとそ
の家庭の困難状況を共有し、その問題解決をはかることを可能としているが、
青少年センターも本協議会の事務局として参加し、「地域」から見た子ども・
家庭情報を提供していた。

　しかし現在、当地域では、青少年センター（旧青少年会館）が、いのち・
愛・ゆめセンター（旧解放会館）に統廃合されて貸館事業のみとなり、その機
能はなくなったも同然である[7]。一方で、依然として、若者を含めた地域住
民の厳しい生活状況は変わらない。青少年センターという困難を抱える子ど

第6章　豊川識字・日本語教室（大阪府）　131

も・若者を支援する場がなくなった今、識字学級は地域における唯一の学習支援の場とならざるをえない[8]。

　そのような中、いのち・愛・ゆめセンターの館長の思いとしては、「ニーズがあれば、もっと、識字で若い子（高校生以上）を受け入れてもかまわない」という。

　　もともとがターゲットとして若い子が、昔みたいに資格取るために来てくれたらというのはあるけれども。若い子をすくい上げるための一つのコースとかそんな感じではなくて。もともとの識字自身がそういうもんやと思っててん。自分が中学校とかで勉強しなかったり、高校とかで勉強してなくって、もういっぺんやろうというときに、資格取るでも。そんなんでも識字に来たらいいっていうのがもともとにあるねん、わたしの中にも。

　かつてに比べれば、施設や機能は廃止・縮小されたものの、そうした困難を抱える子ども・若者の支援ネットワークが築き上げてきた文化は現在もこの地域には根づいている。それが、識字に若者をつなげるしくみを実現させたと言えよう。

　ただ、困難を抱える若者を識字につなげることは、なかなか難しいことでもある。当の若者にとっては、そもそも「勉強するいうたらなかなか、目的がなければ来れない」し、たとえ識字につながったとしても「生活の中にそれが組み込まれへんかったら、1回休んだらずっと休んでしまう」ことになる。実際、前述したように、ミクは、「高校卒業」という目的を果たしてから、しだいに識字から足が遠ざかるようになっていった。「高校卒業」という目標があったからこそ、識字における「学び直し」が続いていたが、その目標を達成（高校を卒業）してしまうと、なかなか参加が続かないという現実がある。館長は、こうした現実を踏まえつつ、若者が識字につながるためには、「ここ（いのち・愛・ゆめセンター）が楽しいとこやって、わかってくること。（来ることに）二の足踏まんでええような場所になることと、人間関係（の構築）」が必要であると訴える。

　こうした豊川識字・日本語教室の事例からは、困難を抱える若者を学習支援に

つなぐためには、かれらを支援につなげる媒介者の存在が不可欠であることがわかる。さらには、困難を抱える若者に対峙する支援者の関わり方も問われる。こうした人間関係のもとに、「学ぶ目的（目標設定）」があってはじめて、かれらに対する学習支援が実現すると言えよう。しかし、その「学ぶ目的」が、高校卒業や資格取得に限られてしまうならば、かれらの「学び直し」は、それが実現した時点で「終わってしまう」。そういう意味では、いのち・愛・ゆめセンターの館長が言うように「ここ（識字）が楽しいとこやって、わかってくる」「二の足踏まんでええような場所になる」しくみが必要となる。

第4節　困難を抱える若者支援としての「識字」

2002年以降、同和対策事業に基づく各種施策は一般施策化、あるいは縮小・廃止される傾向にある。そうした中、本稿で取り上げた識字学級が存在する茨木市においても、青少年施設ならびに諸事業が廃止となり、社会同和教育指導員も配置されなくなった[9]。こうした今日的状況において、識字学級が果たす役割とは何であろうか。全国識字学級調査の結果からは、「生活と生い立ちを交流し、人とのつながりを実感できる、生きることを励まし合える居場所」としての識字学級の役割が今後ますます必要になってくることが指摘されているが[10]、とりわけ困難を抱える若者に焦点をしぼった際には、識字学級が果たす「学び直し」の場としての機能も見逃すことができない。

豊川識字・日本語教室に通っていた（いる）ミクとチアキは識字学級において学び直し、高校卒業を果たすように促された。彼女たちは、識字につながることで、高校卒業を果たし（果たそうとし）、社会へとつながる回路を形成した（する）のである。また、大阪府内の他の識字学級では、仕事上で読み書きに困難を抱え、学び直しの場を求めて識字学級に行き着いたという若年・壮年者も一定の数で存在する。

ただし、これらは、困難を抱える若者の学習（学び直し）支援をする場が他に存在しないために識字学級に「しかたなくつなげた」「たまたま行き着いた」というケースであるとも言える。本稿で対象とした豊川・識字日本語教室

第6章　豊川識字・日本語教室（大阪府）　133

の例で言えば、ミクとチアキは、青少年センターにおける高校生学習会が存続していれば、そちらにつながっていたかもしれない。

　また、学習支援として見た場合、識字学級が果たす役割は限られている。識字学級における支援は、週1回1～2時間程度、ボランティアの支援者による「学習者のニーズに合わせた」個別学習が主である。このことは、継続性や専門性、系統性という点でいうと、学び直しのプログラムとしては不十分であると言わざるをえない。しかし、ボランティアによる活動にそのような学習プログラムを求めることは、ないものねだりにすぎない。

　他方で、識字学級を含めた地域における支援ネットワークのしくみや様々な立場・背景の人たちが集まる居場所としての識字学級の役割は、それぞれの地域で培われてきた貴重な社会資源である。ハコモノ（青少年会館、解放会館等）やヒト（社会同和教育指導員等、識字学級に関わる行政職員）の廃止、縮小や削減は、すなわちそれら社会資源の喪失を意味しない。それらの社会資源を、困難を抱える若者支援における「総合的推進の枠組み」づくりや「地域ネットワーク整備の推進」に生かすことは十分に考えられる。そういう意味でも識字学級は、地域における学び直しの場の一つとして、困難を抱える若者支援に資する重要な役割を担っていると言えよう。

※本稿は、「地域におけるリテラシー支援の場としての識字学級－困難を抱える若年者にとっての識字」（部落解放・人権研究所編『部落解放研究』第199号（2013年）所収）に加筆修正したものである。

注

(1) 内山一雄（1989）「日本の識字運動」、元木健・内山一雄『識字運動とは』部落解放研究所、38頁。
(2) 全国識字学級実態調査実施委員会（2011）『「2010年度・全国識字学級実態調査」報告書』、棚田洋平（2011）「日本の識字学級の現状と課題－『2010年度・全国識字学級実態調査』の結果から」、部落解放・人権研究所編『部落解放研究』第192号、2-15頁。
(3) 元木健・内山一雄（1989）『識字運動とは』部落解放研究所。
(4) 当地域の住民は、豊川識字・日本語教室を「識字」と略して呼称することが多い。それ

にならって、本稿でも、以下その略称を用いる。

(5) かつて、茨木市内の各青少年センターには学校教員の職員枠があり、教員人事の一環でセンター職員への異動があった。基本的に、校区の小・中学校の教員がセンター職員に配属されていた。

(6) チアキの講師は、出身中学校の教員3名が持ち回りで担当している。そのうち、2名はチアキが中学校在籍時から関わりのあった教員である。

(7) 大阪府の「財政再建プログラム」により、2009年度より各青少年会館に事業補助費として出されていた「地域青少年社会総合事業」が廃止となり、茨木市は、市内にある3つの青少年センターの事業を、いのち・愛・ゆめセンターに統廃合した。詳細は、池田一男（2009）「大阪府内の青少年会館をめぐる厳しい情勢」（部落解放・人権研究所編『ヒューマンライツ』No.255、49-53頁）、『解放子ども会改革の検証のために－子ども会の歴史と現状』（部落解放・人権研究報告書No.21、2012年）などを参照。

(8) 当地域では、青少年センターの実質的な廃止後、困難を抱える子ども（小・中学生）の支援は、学校教育へとその比重が移され、放課後事業や放課後学習会として展開されている。しかし、学校を主体とするそれらの事業は校区全体のすべての子どもが対象であり、困難を抱える子どもを焦点化した取り組みはなかなか難しくなっている。

(9) 高田一宏（2012）「解放子ども会改革検証のために」、部落解放・人権研究所編『部落解放研究』第196号、57-67頁。

(10) 菅原智恵美・森実（2012）「部落の識字学級を『居場所』として捉え直す－2011年度全国識字学級聞き取り調査から浮かぶ現状と『しきじ』の課題」、部落解放・人権研究所編『部落解放研究』第196号、68-80頁。

第7章

高槻富田ふれ愛義塾（大阪府）

棚田 洋平

第1節　高槻富田ふれ愛義塾の設立の経緯

　高槻富田ふれ愛義塾（以下、富田ふれ愛義塾）の設立の契機の一つは、その名称にも示されているとおり、第5章で取り上げた田川ふれ愛義塾の存在や活動、そして代表の工藤良さんの思いに、代表の畠山慎二さんが触発されたことである。そのため基本的な理念は田川ふれ愛義塾と共通しており、地域の「しんどい子どもたち」を対象として、「青少年自立サポート団体」として活動を実施している。また、富田ふれ愛義塾では、部落解放同盟高槻富田支部の青年部活動[1]とも重なり合いながらその活動が展開されている。

　富田ふれ愛義塾は、20代後半の畠山慎二さんが代表を務め、同じく20代後半である妻の未穂さんと数人の若手スタッフが支援者としてその活動に携わっている。畠山夫妻を含め、すべてのスタッフは、当活動にボランティアとして関わっているが、日頃は本職である仕事に勤しんだり、大学生生活を過ごしたりしており、活動の開催は不定期である。活動場所は、主に畠山夫妻の自宅であるが、ときには「富田ふれあい文化センター」（旧解放会館）等の一室を借りる場合もある。田川ふれ愛

学習会のようす（団体提供）

137

義塾と同様に、地域外の少年院出所者や非行経験者を対象とした支援も実施している。常設ではない不定期のボランタリーな活動であるため、周辺地域の青少年の支援が活動の中心となっている[(2)]。

第2節　若者の困難の背景

　富田ふれ愛義塾の対象者の多くは、地域の若者たちである。代表の畠山さんが「（しんどい状態になった）原因で言ったら7割8割は家庭」というように、富田ふれ愛義塾の対象としている若者もまた、様々な家庭的な「しんどさ」を抱えている。畠山さんの妻、未穂さんは、子どもたちの家庭環境の「思っていた以上の」深刻さに驚いたという。

（以下、インタビュー引用中　＊：筆者または主調査者、＊＊：同行した調査者）
未穂さん：勉強以外、その家庭環境とかでも、ですし……家庭が主にびっくりしますよね。勉強もびっくりしましたけど。
＊：家庭がびっくりするっていうのは？
未穂さん：そういう……親がおらへんのがあたりまえやったり。別居してたり、普通に愛人がおったりとかね。常識としては、わたし的にはね、考えられない中で普通に育って。まだねぇ、言うこと、こっちの言うこと聞いてくれてんのがすごいなとか思ったり。

　こうした子どもたちの厳しい家庭環境の影響は、かれらの低学力や非行経験という状態として現れる。こうした低学力や非行経験は、学校教育において排除された結果であるとともに、その結果により学校教育からますます排除されていくことにつながっていく。
　以下では、富田ふれ愛義塾の活動に参加している2人の若者の語りから、その内実を見ていくことにしよう。ヨウコとアユ（いずれも仮名）は同級生で、現在（調査当時2012年）17歳であり、ヨウコは同和地区内に居住しており、アユは隣接する校区に居住している。畠山慎二さんとヨウコは親戚関係にあ

138　第Ⅱ部　実践の諸相

り、そのこともあって古くから家族ぐるみの付き合いがあったため、富田ふれ愛義塾の活動にもおのずと参加するようになったという。他方で、同級生であるアユは、ヨウコに誘われるかたちで、活動に参加するようになった。

2.1 「低学力」経験の蓄積

　＊：小学校の頃から勉強は？ 好きだった？ 小学校の頃……
　ヨウコ：嫌いやったけど、小3くらいまではできてたけど、そっからもうやらへんくなった。
　＊：小3の算数とかって割り算とか？
　ヨウコ：うん、割り算とかからつっかかって、もうやらへんくなった。
　＊：今割り算の問題とか出てきたら……
　ヨウコ：わからない(笑)
　＊：割り算くらいから難しい？
　ヨウコ：うん。もうなんかニケタとかいったらもう無理。

　＊＊：じゃあ中学校のときも、勉強の中身的にはもうほとんど……
　アユ：もうなんか……
　＊＊：わからんかった？
　アユ：中1のとき、最初はその、どんな感じなんやろう？ みたいな感じで頑張ってたんですけど、なんやったけ、何があったんか忘れたけど、結局なんかやりたくないみたいな感じで、ずっとやらんくなってたら、こう紙渡されても、何これ？ みたいな感じで。テスト前に焦ってみたいな。先生に聞いても何ゆってるかわからんし。

「小学校3年生の時点で割り算につまずいて勉強がわからなくなった」（ヨウコ）、「小学校までは勉強もできていたが中学校からできなくなった」（アユ）というように、小学校3年生から中学校1年生の段階で、彼女たちは勉強でのつまずきを経験している。それを契機にして、学校において「勉強嫌い」や「低学力」と位置づけられ、自身もそう自己定義するようになってしまう。そ

のような中で、「授業をまじめに聞いてもわからないからムダ」とか、「勉強なんかどうせやってもしかたがない」という気持ちを、彼女たちは募らせていく。

2.2　クラスの「荒れ」

　一方で、彼女たちが通っていた学校は小学校高学年から中学校にかけて、授業が成立しないほどの「荒れた」状態だったという。

　　＊：自分らのときはクラスは落ち着いてた？ みんな、まわりとか。

　　アユ：いやぁー

　　＊：それともわちゃわちゃしてた？（笑）

　　アユ：もうけっこう、やんちゃな人多かったんで。

　　＊：ああそうなん。

　　アユ：はい。

　　＊：どんな感じで？

　　アユ：もう、授業？ 授業じゃないですね、あれ。

　　＊：（笑）ああそうなん。

　　＊＊：そんな感じやったん。

　　アユ：ほんまなんか、先生の、先生しゃべってるけど、みんな違う話してたり。

　　＊：えっもう、先生が話してることが聞こえないぐらい？

　　アユ：聞こえてない（笑）

　　＊：ぐらい、うるさく（笑）

　　＊＊：授業中はどんな感じだったの？

　　ヨウコ：授業中はもう、アユは隣のクラスやったけど、普通にしゃべったり、とか、階段でしゃべったりとか。

　　＊＊：授業出ないってこと？

　　ヨウコ：授業出たり、出えへんかったり。出てた方が多いと思うけど。聞いてへんかったり、隣の子と結構しゃべってたりとかが。

アユとヨウコの2人は「荒れ」の中心人物ではなかったものの、その周辺に位置しており、授業をさぼったり、おしゃべり等をして、授業には参加していなかったという。その背景には、彼女たちがすでに身につかせていた「低学力」や「勉強嫌い」といったレッテルが作用していることは想像にかたくない。それが、学級の荒れという状況の中で、授業に参加しない「言い訳」とされたのである。

2.3 排除経験の蓄積による高校教育からの離脱

小・中学校以来の「低学力」の蓄積や「勉強嫌い」の経験は、高校教育からの離脱につながっていく。

> アユ：……たぶん点数は足りてなかったと思うんですけど。定員割れで入ってるんで。もう最初っから、ちょっとけっこう厳しくて……
> ＊＊：授業が？
> アユ：はい。もうぜんぜん。何ゆってんのやろうみたいな感じやったんで。
> ＊＊：中学校とはぜんぜん違ってた？
> アユ：はい。
> ＊＊：ああ、じゃあ友だち関係もあるけど、勉強もおもしろくなかった？
> アユ：まあ、それもある。
> （中略）
> ＊：そのとき、成績はだいたいどんな感じでしたか。テスト受けて。
> アユ：いやもう、最初のテストで、全員？ 一学年全員で、下から10番目だったんで。いやこれ、上いけんのかな？ みたいな感じやったんで。

> ＊：今回1年から2年に上がるときどうだった？
> ヨウコ：もうめちゃ危なかった。
> ＊：出席が？
> ヨウコ：出席がじゃないけど、もう点数が。欠点……一回全部欠点取って。
> ＊：全部って全教科？

第7章　高槻富田ふれ愛義塾（大阪府）　141

ヨウコ：全教科取って。で、テスト何回かして、期末とか。で、欠点減らし
　　　　ていって。で、ヨウコの高校は3こ欠点あったらもう留年やけど、2
　　　　こで済んで。追試を受けて。今理科だけ落として、仮試になってる。

　アユは、人間関係の問題もあったものの、一方で「学校の勉強のわからな
さ」もあって、1年も経たないうちに高校を中途退学している。もともと、定
員割れで、自身の実力以上の高校に入ったと感じていたアユは、入学当初から
授業についていけなかったと振り返っている。ヨウコは、なんとか高校を続け
ているものの、ほとんどの教科で欠点を取ってしまい留年しかけている。彼女
もまた、学校のレベルが自分の実力と合っていないと感じており、授業につい
ていけないという。彼女たちの姿からは、それまでの小・中学校で積み重ねて
きた学校における排除経験、すなわち低学力や学級の荒れ等が、高校教育とい
うシステムや学校文化と齟齬をきたし、学校からの排除に陥ってしまう可能性
が示されている。

2.4　学校教育における支援

　以上のように、富田ふれ愛義塾に参加している者は、厳しい家庭背景のも
と、低学力や留年、高校中退といったかたちで学校教育から離脱しようとして
いる。しかし、小・中学校時代にまったく支援がなかったわけではない。

　＊：……先生との関係とかはどうでしたか？　中学校時代。
　アユ：えー……うーん、いやもう、けっこういろんな先生に……けっこう話
　　　　は聞いてもらったりしてたんで。
　＊：それはどんな話？
　アユ：その……悩んだりしたらすぐ気づいてくれたりして。呼び出された
　　　　り。呼び出されるから、何かなぁ？　って焦るけど、そういう「何かあ
　　　　ったんか?」みたいな……
　＊＊：ああ。たいていはどういうことだったの？　友だち関係のこと？　家の
　　　　こと？　悩みっていうのは？

142　　第Ⅱ部　実践の諸相

アユ：家のことはほとんどなかったけど。そういう友だち関係もやし、恋愛？関係もやったしい。

＊＊：そういうのも先生にゆえた？

アユ：うん。

＊：なんかここ（質問紙調査の回答）で見ると信頼できる先生がいたってずっと書いてあるから。

ヨウコ：（笑）あっ中3のときは、おったけど。うん。それ以外あんまり。

＊：中3のときの先生は良い先生だったの？

ヨウコ：うん。中2か。中2と中3の先生が同じで、よかった。

＊＊：どんなのがいいの？

ヨウコ：見捨てへんかった。

＊＊：どういうことで？

ヨウコ：え、受験とか。

＊：中学校の頃学校とかは休まず行ってたの？

ヨウコ：うん。行ったり。んー遅刻はむっちゃしとったけど、一応行ったりはしてた。

＊：そういうとき先生とかはどういう声掛けされたの？

ヨウコ：家に迎えに来てくれた先生もいるし、「ちゃんとおいでや」って言ってくれた先生も。

＊：「頑張れよ」みたいな？

　彼女たちの通っていた学校は、校区に同和地区を有しており、同和・人権教育を積極的に推進している学校である。そのため、厳しい家庭背景の子どもたちへの支援は、かなり意識的に行われていたようだ。「話はけっこう聞いてもらった」「（進路指導で）見捨てへんかった」「（学校に行かなかったら）迎えに来てくれた」教師がいて、小・中学校時代は、授業にはついていけなかったものの、学校から完全に排除されていたわけではないことが、2人の語りからはうかがい知れる。加えて、地域の青少年センター（旧青少年会館）も、彼女た

第7章　高槻富田ふれ愛義塾（大阪府）　143

ちにとっては「居場所」になっていたという。

　それに対して、高校の教師については、「生徒指導が私だけ厳しい」「しゃべっても通じないからあんましゃべらん」といったように、小・中学校の教師に比して「遠い存在」と捉えられている。他方で、小・中学校時代における支援についても、個別教師の関わりはあったものの、学力保障や学級の荒れに対する取り組みは不十分であったことが彼女たちの語りからはうかがえ、そのことが彼女たちの高校教育からの離脱につながっていると言えよう。

　このように、「低学力」や「勉強嫌い」のため、学校教育から排除されがちな若者が、富田ふれ愛義塾には多い。そのような「勉強に対して1％も自信がない」者は、「目の前しか見えていない」「先行きが見通せていない」ように、支援者の目には映る。そのため就職や進学に関して、選択の視野が狭いことが課題とされる。例えば、非正規労働で、労働条件や労働環境が悪いにもかかわらず「それが当り前」「しかたない」ということで、現状をやり過ごしている多くの若者の存在である。代表の畠山さんは、こうした若者たちの実態を踏まえて、学校教育で労働の権利等について子どもたちが学ぶ必要性を実感するという。アユとヨウコの事例のように、進路のミスマッチも「視野の狭さ」が原因のひとつであると考えられる。そのような若者たちを支援する際に、富田ふれ愛義塾ではどのようなことが必要であるとされているのだろうか。以下では、支援者として関わっている畠山夫妻の語りを通して、そのことについて考えていきたい。

第3節　「しんどい」若者を支えるために必要なこと

3.1　若者に寄り添う

　富田ふれ愛義塾の支援スタッフの間には、対象となる若者に対峙する際の共通した姿勢があるという。それは、若者に「寄り添う」ことである。

　未穂さん：できるだけ……怒らないって言ったら変ですけど、できるだけ大

人ぶったことは言わないようにしてます（笑）もちろん。やっぱ上から言われたら腹立つしね、誰でもね。そのくらいですかね。話はもちろん聞くようにもしてるし。聞いてほしくないこととかも、できるだけ聞かないようにはしてますね。ここで聞いてほしそうやなっていうときには聞きますけど。結構、親が仲悪くて、別居しててっていうときも、こっちは知ってるけど、向こうが言ってこない時期があって。そういうときはできるだけ、一切そういう話はしないようにしてて。で、やっとそれを今、今というかちょっと前に言えるようになって。あんとき、ほんましんどかったよなぁみたいな話はしますけど。

慎二さん：そういう形で、もう頭ごなしとかですね、一気に対立姿勢を組まれたらですね、やっぱり向こうもかまえるし。（中略）そこでどういう目線で見られてるかっていうのが、やっぱり子どもたちもかまえますし。特に非行に走ってしまう子とかっていうのは人間不信であったりとか、大人との関係が不安定な子が多いんで、やっぱり相手の見方とか相手がどの目線におるんかっていうのが特に敏感なんで。まあ、そこは大人が目線を下げてあげるっていうのが大事だと思います。

＊＊：ご自宅に呼んで、どういうことをされるんですか。「なんか話しようや」というようなことなんですか。

慎二さん：表立って、「話しよう」とは言わないですね。絶対に。

＊＊：はー。「とりあえず来いや」ということなんですか。

慎二さん：はい。何気なく来させるっていう。そん中で、話を拾っていったりとか。で、向こうがですね、それをピンポイントに言ってきたら、こっちは「しめた」っていう形でがちっといくっていう。高校辞める辞めへんっていうことで悩んでる子やったら、何気なくその会話に持っていって、向こうからバッと来たら、「ほんなら、どうすんねん」っていう話までいくっていう形ですね。本人が、一番そういう場合しんどいんで、いきなりこっちがいったら余計しんどくなるんで。けっこう、親とかまわりの、それを知ってる大人っていうのは、ぼくに、その子を説得

第7章　高槻富田ふれ愛義塾（大阪府）　145

して足止めすることを求めてくるんですけど、ぼくはもちろん足止め
は、っていうか、止めたいんですけども、でもそれを、ぼくはそういく
のは嫌で。やっぱ、一番、その子が、言われんでも、一番しんどいし悩
んでるし。そこをどう共有したるかっていうのと思ってるんで……だか
ら、そんなにも、ぐだぐだぐだぐだ1時間、2時間もそのひとつのテー
マについて話さないですね。何人かおったら、特にですし。ぼくが外で
タバコ吸うときに、その子呼び出してその5分ぐらいで（笑）とか。そ
のほうが、結構パンチあると思うんですよね、ぐだぐだ話すより。

　こうした関わり方は、多くの若者たちの背景や実態との「出会い」によっ
て、支援スタッフの間で培われてきたスキルであり、それは富田ふれ愛義塾の
文化となっている。富田ふれ愛義塾の活動に参加している若者たちの家庭環境
や経緯を踏まえて、かれらが「人間不信であったり大人との関係が不安定であ
る」ということを察知して、「上から」「頭ごなしに」言わないことを支援スタ
ッフたちは心がけている。また、若者自身が「言いたくなった」ときに話を聞
いたり、「食いついてきた」ときに話をしたりといったように、支援者が無理
矢理聞き出したり、一方的に話したりすることはないという。
　こうした姿勢は、支援スタッフたちが初めから身につけていたものではな
い。多くの若者たちとの出会いを通して、支援スタッフたちが、かれらの背景
について思いが至るようになった結果として、身についていったスキルと言え
よう。

　慎二さん：それまでのぼくは、「おれは元ワルやけど、まじめになったか
　　　　　ら、おれの言うことを聞け」と。全部上からやったんですね。表面的な
　　　　　ことだけで。で、「おれがおまえらの気持ちわかる。おまえらと同じこ
　　　　　としてたからおまえらの気持ちわかるから、おれの言うこと聞け」と
　　　　　か。「おれについて来い」とか。自分、そんなんばっかりやったんで
　　　　　ね。そうじゃなくて、そいつらの裏にあるものを、なんでそいつらがそ
　　　　　うなってんねんっていうのを自分は全然無視して見てなかったんです
　　　　　よ。それを、そいつ（ある若者との出会い）に教えてもらったっていうか。

代表の畠山さん自身、小・中学校時代には「荒れ」の中心にいた元ワルであった。そのような境遇は、似たような経験をしている若者たちにとっては身近な存在として映る。一方で、「おれは元ワルやけど、まじめになったから、おれの言うことを聞け」といったように、自身の成功ストーリーを、同じ境遇の者に無前提に押し付ける結果になってしまっていたという。しかし、多くの若者との出会いを重ね、「そいつらの裏にあるもの」に思いが至るようになっていく。そのような若者の背景へのまなざしは、「そういう子の実態があったからやってる。うちのスタイルはそうなんですよ。実態があるからやるっていう。やるから来い、じゃなくて。っていうのが、たいていそうなんですよ」と畠山慎二さんが語るように、富田ふれ愛義塾の支援のあり方を定義づけるものになっていく。

　「実態があるからやる」ということばのとおり、若者たちの低学力が大きな問題となったときには、地域や学校の協力も得ながら、高校受験のための学習会を実施したりしている。このように、富田ふれ愛義塾における支援は、「やるから来い」というものではなく、目の前の若者たちの実態から支援の内容が考案され、実施されているのである。

　このように「上から」の支援ではないということをモットーとしている富田ふれ愛義塾では、進路支援についても当事者に寄り添ったかたちで進められる。畠山慎二さんが「夢を持てとかは一切言わないですね。（中略）ぼくらの夢づくりって無理矢理つくらしてそれを導くとかじゃなくて、夢づくりのサポートなんで」と言うように、若者のかたわらに寄り添い、ともに進路を探っていくというスタンスを支援スタッフは心がけている。そのため、若者たちの希望を最初から「お前の能力ではそんな夢の実現はどうせ無理だ」と否定することはせず、その夢を実現する手立てについて一緒に考え、実現することが可能かどうかについては若者たち自身に考えさせるという働きかけを行っている。こうした支援スタッフの寄り添う姿勢は、若者たちの「お世話になってる」「頼れる」という感謝や信頼のことばに表れている。

3.2 共同で活動する

　富田ふれ愛義塾では、上下関係をつくってしまうと「子どもらがしんどくなってしまう」と、若者たちの実態を見たうえで支援スタッフが配慮しており、スタッフと若者とは近しい関係にある。そのため、多くの若者たちは、スタッフに対して「タメ口」であり、代表の畠山慎二さんは親しみを込めて、「慎二兄ちゃん」「慎二くん」と呼ばれている。これは、富田ふれ愛義塾の活動が、地域に根づいた部落解放同盟の青年部活動と連動しながら展開しているという性格にも起因している。スタッフもまた、若者たちとともに対等な立場で活動に関わる青年部の一員なのである。

　　慎二さん：ぼくは鑑別所も少年院も行ってませんから。まあ、でもそれは、やってあげるとか、やったるとかだけじゃなくて、一緒になんかしたいし、一緒に祭りに出したらおもしろいし。一緒にもっと違うこと生み出したら、もうさっきのイベントみたいなの生み出したらおもしろいし。なんかそういう中で、一支援者だけじゃなくて、一緒につくるという立場でやってるっていうのがぼくは大きいかもしれないですね。だから完全にちょっとそれは、他の組織とうちの違うところで。ぼくに対して完全敬語な子もいますけど、9割の子はぼくにタメ口ですね。

　富田ふれ愛義塾は、支援者の自宅を開放するという居場所提供型の活動であり、登録制度もない。そのため、「富田ふれ愛義塾に所属している」というメンバーシップは、活動参加者には弱い。一方で青年部の活動としては、地域の祭りへの出店や、人権関連のイベントの企画・開催、部落解放同盟大阪府連合会青年部の関連行事への参加が活発に行われている。そのため、大半の若者にとっては、「活動」として参加している青年部への所属意識が強いようである。そうした活動は「青年部は居場所っていうか……みんなといて落ち着くっていうか……楽しいし……」というアユのことばが表しているように、そこに集う若者たちにとって、居心地のよい場となっている。

148　　第Ⅱ部　実践の諸相

支援スタッフの寄り添う姿勢もさることながら、「みんなで一緒にいる」「一緒に何かをする」という共同活動の体験もまた、若者たちの「居場所」感につながっていると言えよう。同じような境遇にある「仲間」とともに何かを成し遂げるという達成感は、集団の共通体験として共有され、一体感や連帯性を生み出す。そのことによって、「（みんなと）しゃべってる時間のほうが長いから。だからあんまり（勉強）してる感じがしない」（ヨウコ）というように、苦手なはずの勉強も苦にならないような雰囲気がつくり出されているのである。

このような共同活動は継続していくことが重要であり、それは支援スタッフの意志や力だけでは実現できない。

＊：他に、こんな活動したいとかっていうの今ありますか？　あの……
未穂さん：富田ふれ愛義塾も年をとるんで……今見てる子も親になるんで、そういうのを盛り上げたいなと思ってます。親世代……
＊：親世代が。
未穂さん：そうです。
＊：みんなで子育て。
未穂さん：ほんで、その子どもが、また下の子の面倒を見て、そういうふうにうまいこと。それが一番の夢ですけどね、やっぱり……

今は支援されている若者たちもまた、共同活動の一員であり、ゆくゆくはかれらが「支援スタッフになること」によって、活動が次世代に継承されていくことが期待されている。それは、富田ふれ愛義塾の活動が、地域活動として根づいていくことにもつながっていく。

3.3　地域とつながる

「親の影響とか家庭環境とか、先生とかまわりの大人との関係で悪い方向に走ってしまうっていう子が大半ですよね。誰も信用できひんとか。自分の居場所がない」という、代表である畠山さんの思いから、富田ふれ愛義塾の活動では、対象となる若者の関係性の回復を一つの大きな目的としている。

第7章　高槻富田ふれ愛義塾（大阪府）　149

＊＊：例えば、どういうところが、やっぱり一番しんどいとこ？ それもそれぞれだと思うんですが。

＊：個別と思いますけど。

慎二さん：やっぱりしんどいのは、大人とか社会と接する機会が少ないというか。これは、子どもに問題があるというか、大人とか社会に問題があると思うんですけど。子どもは逆に言ったら、犠牲者やと思うんですけども。でも、特に問題がある子っていうのは、そういう機会が少ないっていうことですかね。大人と、先生もそうですし、まわりの大人ですね、親も含めたまわりの大人と、いい意味での出会いをしてない子っていうのが多いですね。先生っていったら、はじめから信用できないとかですね……なかなか大人とか社会の、子どものメッセージ。直接「助けて」って言える子のほうが少ないじゃないですか。特に非行の子とかっていうのは。それを何気なしに、例えば「ジュース買ってーや」とか、そういうふうに出すんですよね（笑）アンテナを。それは、その子らにとっちゃあ、買ってくれる買ってくれへんは別として、それのとっかかりをつかもうとしてる精一杯のメッセージなんですけども。そこで「何言うてんねん、お前」とかですね、無視されると、それ以上踏み込めない。踏み込む力も持ってないですし。それでどんどんどんどん大人と接する機会が、とか地域とか社会ですね、と接する機会が圧倒的に少ないっていうのが課題かなとは思うんですけども。

　「信頼できる大人」との出会い直しは、富田ふれ愛義塾のスタッフのみならず、富田ふれ愛義塾を取り巻く地域の大人をも巻き込んで行われる。そうした中で、「地域や社会と接する機会が圧倒的に少ない」若者たちは、富田ふれ愛義塾を媒介として地域とつながっていく。

　もちろん、富田ふれ愛義塾の活動および、そこに参加している若者たちを受け入れる土壌がこの地域に最初からあったわけではない。活動の紹介や地域の祭りへの参加等といったかたちで、地域に積極的に出て行くことでその存在が認知され、さらにはその活動内容の意義も理解されていったのである。そうした中で、「地域に必要な団体」として捉えられていくようになり、周囲の協力

も徐々に得られるようになっていったという。

> 慎二さん：今、地域や社会には富田ふれ愛義塾みたいなのが必要だっていうのも、地域の方に、いろんな人を通じて言ってくれるようになったりとかですね。あと、さっきも言ったように、地域の方でちらほらできる部分は手伝うでって。ご飯を作ってくれたりですね。

> 慎二さん：祭りに出店することを重点においてまして。祭りに出店することによって、人との関わりを多くしたりとか。あいさつであったりとか、そういうかたちで、地域の人にも活動を認めてもらったりとかっていう意味でお祭りに出してます。

富田ふれ愛義塾が「地域」にこだわる理由は、多様な大人のネットワークこそが、とりわけしんどい若者への支援には必要不可欠であるという、代表である畠山慎二さんの思いからである。

> いろんな大人と関わって、いろんな意見、ぼくだけじゃなくて、いろんな意見とか大人と関係持って。例えば、いつも言ってるんですけど、「地域の人とぼくらは関係持ちたいんです」って言ってるんです。（中略）いろんな子どもの意見とかを吸収できるような地域とか。ぼくらがそういう組織にしたいし。いろんな大人とつなげられるようなパイプ役になっていきたいんで。そういう意味でも、やっぱり大人とのつながりとか地域とのつながりを大事にしていきたいですね。いろんな情報が入ってすぐいろんな情報をキャッチできるような。

富田ふれ愛義塾の役割は、地域の様々な大人や組織と、若者たちをつなげるパイプ役にすぎないという。しかも、そうした地域と若者をつなげるパイプ役は、地域の他の組織・団体との連携のうえで、成り立つとされる。

> ぼくらが中心、核になったらダメだと思うんですよ。富田ふれ愛義塾は。

第7章　高槻富田ふれ愛義塾（大阪府）　151

やっぱり学校が中心になって。中心っていうか、対等っていうんですかね。学校におる時間が一番長いし、学校の先生とおる時間も、親の次に、ぼくは子どもは長いと思うし。そういう意味では学校が核になって、地域全体を、それこそ池田（寛）先生がずっと言われてた教育コミュニティ[(3)]ですよね、を、ぼくは理想やと思うんですよね。そん中に、富田ふれ愛義塾とか、いろんな団体、いろんな支援団体とか、いろんなNPOがあって、協力していく体制っていうのが一番理想やと思うし。（中略）もちろんうちだけで全部できる問題じゃないんで。いろんなところで連携、今でもしていってるんで。うちより、こっちのほうが合うんちゃうんかっていうときが、もちろん出てくると思うんですよ。

　富田ふれ愛義塾の支援は、内に閉じたものではない。地域活動として他の団体・組織とも連携しながら、家庭背景が厳しい若者たちを支援していくことが目指されている。その際に、若者たちが日常生活で多くの時間を過ごす学校の役割の重要性が強調される。こうした連携の中で、例えば、保育士になりたいという若者がいたら、地域の保育所につないで、そこの保育士の方から話を聞き取るという実践が行われたりしている。また、地域学習の一環として、同和地区の老人に話を聞いて、「どこでも学ぶ機会がなかった」部落問題について、若者たちが学ぶ機会を提供したりもしている。

　＊：（富田ふれ愛義塾に）入って、今振り返ってどう思う（笑）？
　アユ：いやもう……うーん、けっこうその、ここのムラ（同和地区）の昔？のこととか、老人会の人に聞いたりしてるんですけど。いやもう、全然知らなかったことばっかなんで。こういうことあったんやぁみたいな感じで。
　＊：それは例えば、どういう？
　アユ：だからもう、やっぱ、そのー、ここのムラってゆっただけで会社とかでなんか言われたり、学校でいじめとかもあったみたいで……
　＊：そういうなんは小学校、中学校のときはなかった？ そういう授業みたいなん？

＊＊：学校では授業なかったの、そのへんは？

アユ：全然、なかったんじゃないですかね、自分らんときは？

＊＊：へーそうなんや。

アユ：けっこう、今の20歳？ 23歳くらいの人らんときは、あったみたい
　　　やけど。今はなかった感じ？……

＊＊：……人権教育とか人権学習とかそういう時間って授業の中ではなかっ
　　　た？

アユ：人権学習みたいなんは、なかったような……（笑）

　このように、富田ふれ愛義塾におけるしんどい若者たちを地域につなげてい
くという実践によって、若者たちを「地域で見る」というネットワークが構築
される。ひるがえって、このことが、若者たちが地域の良さを発見することも
可能にしているのである。

3.4　地域で若者を支える

　「地域改善対策特定事業に係る国の財政上の特別措置に関する法律」が2002
年3月に期限を迎え、1969年より特別措置法のもとに継続されてきた同和対策
事業は、それ以降すべて一般対策として実施されていくこととなった[4]。し
かし、同和地区における生活実態の厳しさは、依然として存在していることが
様々な調査によって明らかにされており[5]、とりわけ若い世代に困難が収斂
され、不安定化の諸相が見て取れるという実態が示されている[6]。第6章でも
述べているとおり、同和地区の子ども・若者を取り巻く支援施策や機能は一般
対策へと移行し、地域によっては施設や事業、職員等の打ち切り（廃止、縮
小・削減）がすなわち青少年施策・機能の弱体化につながっているところもあ
る。一方、それまでの解放運動や同和対策事業の中で培われてきた、社会的資
源としての地域における支援ネットワークの存在が、困難を抱える若者のセイ
フティネットとして機能している地域もある。第6章では、その地域における
支援ネットワークの一つとして識字学級が位置づいている事例を示したが、本
章で取り上げた事例では部落解放同盟の青年部がその役割を担っている。

第7章　高槻富田ふれ愛義塾（大阪府）　　153

富田ふれ愛義塾の特徴の一つは、支援内容が、青年部という共同活動との重なり合いもあり、地域に密着したものになっていることである。富田ふれ愛義塾という共同活動を媒介として地域と関わることで、若者たちの社会参画が促される。一方で、地域もまた、若者たちやかれらを支援する富田ふれ愛義塾の存在に気づき、若者たちをサポートするようになる。そうした中で、若者を地域で支えるネットワークが築かれていくのである。

　もちろん、学校総体として困難を抱える子どもに特化した取り組みが進められていなかったり、行政による若者支援が特定の層（困難を抱える若者）に焦点化することが難しかったりと、当地域においても困難を抱える子ども・若者たちを支えていく地域ネットワークが十分に機能しているとは言い切れない状態にある。しかし、富田ふれ愛義塾の存在や活動が、地域にそのようなネットワークの必要性を提起していることは間違いなく、地域ネットワーク創出の萌芽がそこには見られる。

注

(1) 部落解放同盟には女性部と青年部が別途組織されており、それぞれの対象となる女性、青年が所属し、活動を実施している。部落問題や人権、あるいはまちづくりなどに関わる諸事業の企画・運営や学習会の開催、地域の実態調査の実施等が各支部組織の青年部、女性部活動として取り組まれている。こうした各支部における活動に加えて、各都府県・全国レベルの取り組みや集会等も実施されている。

(2) 富田ふれ愛義塾の活動については、畠山慎二（2012）「非行型青少年の居場所を考える－青少年自立サポート団体『富田ふれ愛義塾』（大阪府高槻市）の活動報告から」（部落解放・人権研究所編『部落解放研究』第195号、105-114頁）、及び畠山慎二（2013）「部落の若者の取り組み」（『部落解放・人権入門2013』〈増刊号　部落解放〉第672号）解放出版社、113-123頁）に詳しい。

(3) 教育コミュニティとは、「学校と地域が協働して子どもの発達や教育のことを考え、具体的な活動を展開していく仕組みや運動」のことを指す（池田、2005）。大阪府では、こうした理念に基づきつつ、大阪府教育委員会と市町村教育委員会のバックアップのもとに各中学校区単位で、教育コミュニティづくりが進められてきた。富田ふれ愛義塾がある中学校区には、教育コミュニティの提唱者である大阪大学の故・池田寛教授が、研究室に所属する学部生・大学院生とともに地域活動に関わってきたという経緯がある。畠山慎二さんは、その頃に小学校高学年・中学生期を過ごし、池田寛教授とその学部生・大学院生の存在や活動から多大なる影響を受けている。
　　なお教育コミュニティの詳細については、池田寛（2005）『人権教育の未来－教育コミュニティの形成と学校改革』（解放出版社）、高田一宏（2005）『教育コミュニティの創造－新たな教育文化と学校づくりのために』（明治図書）などを参照のこと。

(4) すでに1997年の改定時に、一部事業の一般対策への移行は随時進められていっていた。

(5) 特別措置法の失効（2002年）後に実施された各自治体・各地区における実態調査や、隣保館調査（社会福祉法人大阪府総合福祉協会（2012）『今後隣保館が取り組むべき地域福祉課題を明らかにする実態調査』）、国勢調査等行政データを活用した調査（部落解放・人権研究所（2012）『国勢調査を活用した被差別部落の実態把握－兵庫県編』、大阪府府民文化部人権局（2015）『国勢調査を活用した実態把握報告書【第二次】』）など。

(6) 部落解放・人権研究所編（2005）『排除される若者たち－フリーターと不平等の再生産』（解放出版社）、内田龍史（2010）「大阪における部落の変化と女性若年層－大阪府連女性部調査から」（部落解放・人権研究所編『部落解放研究』第189号、12-18頁）、妻木進吾（2010）「不安定化する都市部落の若年層－2009年住吉地域労働実態調査から」（部落解放・人権研究所編『部落解放研究』第189号、2-11頁）、妻木進吾（2012）「貧困・社会的排除の地域的顕現－再不安定化する都市部落」（日本社会学会編『社会学評論』62（4）、489-503頁）、福原宏幸ほか（2012）「特集 部落における青年の雇用と生活（上）」（部落解放・人権研究所編『部落解放研究』第196号、2-56頁）、妻木進吾ほか（2013）「特集 部落における青年の雇用と生活（下）」（部落解放・人権研究所編『部落解放研究』第198号、53-104頁）、神原文子ほか（2014）「特集 部落のひとり親家族実態調査から」（『部落解放』第689号、23-61頁）など。

第8章
◇
スチューデント・サポート・フェイス（佐賀県）

松下 一世

第1節　スチューデント・サポート・フェイスとは

　佐賀市内の商店街のとあるビルの1階に、「さが若者サポートステーション（以下、略してサポステ）」がある。

　「若者サポートステーション」は、厚生労働省が認定する「地域における若者自立支援ネットワーク整備事業」によって全国に設置されており、総数は150か所を超える。

　さが若者サポートステーションのウェブサイトでは、下記のように紹介している。

> 　サポステは、若者の職業的自立に向けたさまざまな「歩み」をお手伝いする総合相談窓口です。
> 　臨床心理士、キャリアコンサルタント、支援コーディネーター等、専門家による無料相談から支援ネットワークを活用した直接的なサポートまで、あなたの将来に向けた「歩み」を総合的にバックアップします。

広いフロアは、パーテーションでいくつにも区切られており、少人数の談話室や勉強するための小部屋、ゲームや漫画の本が読めるスペース、様々なボランティア団体の紹介や自立支援プログラムの紹介が自由に手に取ってみることのできる空間、多人数でくつろげる広い空間などがあり、小学生とおぼしき子どもから成人した若者たちまで自由に出入りしている。

　奥の最も広いスペースは、「コネクションズスペース」と名付けられ、自由に語り合ったり遊んだりできるスペースで、人と人がつながる場として機能している。

　佐賀県内にある「さが若者サポートステーション」と「たけお若者サポートステーション」の運営団体は、特定非営利活動法人スチューデント・サポート・フェイス（通称「S.S.F」）である。S.S.Fは、「出かける」「つながる」「はぐくむ」をキーワードにした様々な活動で、不登校や引きこもりの子ども・若者をサポートしている。

　S.S.Fは、厚生労働省の地域若者サポートステーション事業だけではなく、他にも、佐賀県内の委託事業を毎年10件以上受けている。主なものは、佐賀県子ども・若者総合相談センター事業、佐賀市生活自立支援センター事業等である。

　代表理事である谷口仁史さんは、教員養成系の大学で教員資格を取ったが、学校に行けずに支援を必要としている子ども・若者たちのためにと、大学教員らの力を借りて、卒業後まもなくの2003年7月にS.S.Fの組織を立ち上げた。同年10月には法人化し、NPOとしてスタートした。学校の教員にならずに、

支援の道を選んだのは、学生時代の家庭教師のアルバイトにおける、様々な事情で学ぶ機会を奪われた子どもたちとの出会いであり、また当時苦しんでいた自身の友人を救えなかった悔恨の思いがバネになったと、後に谷口さんは語っている。

設立して10年あまりで、谷口さんの精力的な活動は拡大し、2014年度現在、常勤スタッフが61名、非常勤スタッフやボランティアを含めると、総勢235名となっている。そのほとんどが臨床心理士、キャリアコンサルタント、産業カウンセラー、社会福祉士、精神保健福祉士、教員免許、支援コーディネーター等の専門職としての資格を持っている。市町村教育委員会の委託事業を実施しているところには、各学校に相談員を配置している。学校に派遣される相談員は、20代から70代までと年齢層が幅広い。

2014年度の1年間の相談延べ件数は、およそ8,600件である。家族や学校関係者からの相談も多く、支援の対象者の実数は2,000人を超える。そのうち訪問支援を実施しているのは、延べ3,000件を超える。

第2節　アウトリーチ（訪問支援）による子ども・若者支援

S.S.Fの支援が、通常の若者支援と一味違うのは、アウトリーチという独特の手法を使っている点である。

学校に行けない、仕事が続かない、将来に希望が持てない、といった様々な不安や困難を抱えている子ども・若者は、自分のための一歩がなかなか踏み出せない。相談窓口を開いて待っているだけでは支援に結びつかない。

そこでS.S.Fでは、電話相談や来訪者面談で終わらず、スタッフ自ら対象者の自宅に「出かける」のである。そして、支援者であるスタッフと支援を受ける対象者が「つながる」。支援者が対象者に寄り添うことで、生育環境も含めて困難さが見え、その問題解決の糸口が見つかる。対象者は、やがて他の対象者と「つながる」、対象者は一歩踏み出し、ボランティアや学校、仕事というかたちで、社会と「つながる」。そして、他者との信頼関係や自己肯定感、将来像を「はぐくむ」。社会参加・自立まで長期にわたっての深い関係性を作っ

てこそできる支援である。

　関係性の構築がまずスタートであると谷口さんは力説する。長年引きこもっている若者の場合、最初は部屋に入れてもらえないケースもあり、ドアをはさんでの会話から始まることもある。荒れすさんだ声で拒否する若者に対しては、自らの苦しかった体験を開示し、相手の心を開いていく。孤立した若者には、誰しも「誰かにわかってほしい」という思いがある。だから、わかってくれるかもしれない他者として信頼関係を築くためには、まず相手の価値観のチャンネルに合わせることを大切にしていくという。

　ある引きこもりの若者の事例を話してくれた。

「家から一歩も出られなかった子が……」

　何年間も家から一歩も出られなかった対象者でした。釣りが趣味だというので、ある時、夜釣りに誘いました。支援の初期段階では、対象者のストレス耐性は非常に低い状態です。その状況で、近隣住民や友人の目がある昼間の外出は、本人にとって負担が大きく、外出することに対する苦手意識やトラウマを悪化させる可能性もあります。そこで、ストレスとなることを極力減らした状況での外出として、夜釣りを計画しました。まずは、海岸で支援者と二人で釣りをします。しばらくして、活動に慣れた段階で小集団での夜釣りを導入します。支援者との１対１の人間関係だけを継続すると、依存的な関係が構築されてしまいます。それでは、一旦状態が改善したとしても再度、他の人と関係が取れず再びトラブルを抱えてしまう。こうした問題を解消するためには、支援者以外の人とのつながりを持つ必要があります。小集団活動を導入する際のポイントはマッチングです。お互いの性格や環境を多角的に分析して、相性などを考慮した上でマッチングを行います。また、それぞれの子どもたちに断りを入れ個人情報に配慮した形で、「この前、○○君と釣りに行ったとき大きな魚を釣った」などのエピソードを伝え、出会う前に相手がイメージできる状況を作ります。また、実際の活動に当たっては、コミュニケーションの問題も考えなければなりません。最初は、彼らは数メートル離れたところで、それぞれに立って釣りをしてるんですよ。そのうち、何回か続けると、二人でしゃべったり、大きな魚を釣り上げる時に一

緒に竿をもつ姿が見られるようになりました。次は、時間をずらして夕方に行くようにします。スタッフは、少し離れた場所に立つようにします。やがて、昼間の時間に、サポステに来て釣り仲間と話をしたり、ボランティアの畑作業に行ったりするようになりました。

　支援に重要なのは、「安心と安全が確保された小集団の形成」であり、段階を追って「移行」「分散」「離脱化」から「つながり」の強化となる。こうして「興味関心」の幅を広げ、「社会参加」への転換を図る。一人ひとりのニーズに応じたオーダーメイドの個別プログラムである。
　S.S.Fのスタッフとして5年目の臨床心理士の数山和己さんは、次のように語る。

「自分から行くって発想は、今までの臨床心理学にはあまりなかった」

　臨床心理学の世界では、施設型の支援が前提なので、その考え方でいくと、お金払ってくれて、定期的に来てくれて、時間どおりに来てくれる人でないと対応できない。その前提の上で、〇〇療法というものが初めて成立するのですが、その前提がない人たちに、どう関わるのかということは、残念ながら大学など教育機関ではなかなか教えてくれない。自分から行くっていう発想は、今までの臨床心理学にはあまりなかったわけです。アウトリーチという手法は、先人の様々な実践を経てこの10年で体系化されました。そういった方々が切り開いてくれて、ぼくたち若いスタッフがそれに追随している形になります。

　アウトリーチでは、スタッフと対象者の信頼関係を作ることをまず大切にする。そのためには、子ども・若者たちが好む話題について一定の知識が必要だ。スタッフはゲームや漫画、アニメ、音楽等にも精通している。必要に応じて、相手との信頼関係を築くために自分を開示することもあると言う。

「いろんなチャンネルを持つように」

　自分が関わる子どもたちは、例えばゲームが好きだとか、かなりマニアッ

クな軍事関係のことが好きだとか、ひきこもっていて情報が偏ってしまうために、極端な趣味を持つ子ども・若者が多くいます。だから、そういった子ども・若者との関係性を築くために、いろんなチャンネルを持つようにしています。僕らが支援している子たちは、学習とか将来の話は心理面に配慮し、特に入口段階では5分できたらいいかなと思ってて、残り55分は一緒に楽しい活動を共有する。そこで関係性をまずはしっかりと築いていないと、ただ単にいきなり行って将来の話をしたって、その後の支援活動に結び付きません。

　ゲームを一緒にしてると、宿題出されることがあります。「このゲーム、ここまでクリアしてね」とか。宿題出されるので、僕も宿題出すねっていう感じで。僕はここまでやっとくから、君はこのプリントをやっておいてね、みたいなことがあったりもするので。お互い宿題を出し合うみたいなことがあります。(笑)

第3節　重層的な支援ネットワークによる支援

　S.S.F のもう一つの特徴は、重層的な支援ネットワークを活用した多面的アプローチによる支援である。地域の関係機関との連携を持ち、S.S.F がコーディネーター的な役割を担い、ネットワークのワンストップ相談サービスを提供している（図8-1参照）。

　「不登校」「ひきこもり」という現象の背景には、単一の問題ではなく、いじめ、発達障がい、虐待、非行、性被害、貧困、DV、ネット依存、家庭内暴力、精神疾患等々、様々な困難や問題が複合的に絡み合って、多重困難となっているケースが多い。単一機関による対応では解決することができない。そのため、地域包括型のネットワーク型支援を行っている。児童相談所や学校、警察、医療、様々な行政の支援センターや関係部署、民間の支援団体ともつながっている。

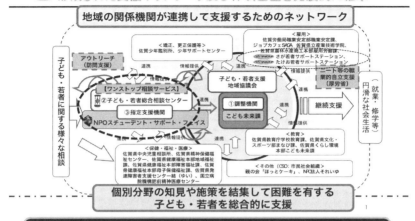

図8-1 S.S.F2014年度作成資料より

　複数の公的支援を受けながらも自立できていない若者の存在は、支援に学齢期と学齢期以降との連続性がなかったり、関係機関のネットワークが構築されていなかったりするからだと、谷口さんは強調する。何より人命を優先し、保護者、主治医の先生、警察などネットワークを形成して、命の危機に対応できるようにしているという。

　重層的な支援ネットワークを活用した多面的アプローチについて、スタッフの数山さんが一つの事例を話してくれた。虐待を受けてきた事例である。虐待をしていたのは父親で、父親とは関係性は切れたが、今度は対象者である子どもが母親に暴力をふるうようになった。リスクが高いケースで、警察も何回か介入し仲裁に入っている状況で、児童相談所も兄弟の保護に向けて動いていた。しかし、関係機関では本人への直接的な支援が難しいということで、母親がS.S.Fに相談をしてきた。スタッフは、本人へのサポートと同時に、警察に

は緊急時の安全確保、児童相談所には緊急時の兄弟の保護、DV支援センターや精神科医の先生は母親のケアということで連携をとりながら動いた。母親とも、本人とも話し合い、家族と離れて自分の気持ちを調整する方法について検討していた。

　そんな矢先、その子から連絡が来て、「お母さんとケンカしてお母さんを追い出してしまった。お母さんと仲直りしたいので、今から来てくれないか」と。「お母さんと二人で話しちゃうと感情的になるので、間に入ってくれ」という依頼でした。最悪、警察に介入してもらうか、本人の状態があまりにも感情的で精神的なことに入っている場合は入院っていうのも考えないといけないので、そのバックアップのための待機をスタッフにもお願いしました。

　訪問時は、まず本人に「落ち着こうか」ということで一緒にご飯を食べて、そして、コーヒーを飲んで、感情が落ち着いたと判断した上でお母さんを招くという形を取りました。しかし、お母さんが入ってきた瞬間に感情的なやり取りが始まったので、「ちょっと待ってくれ、こんな風に感情的になったら俺が来た意味ないじゃないか」という話をして、「前話していたように一旦離れて再スタートを切ろう」と話を持ちかけました。そしてお母さんとか他の兄弟の荷物を持って、僕がお母さんたちを安全な場所まで送り届けました。

　再スタートの後、対象者の様子はすっかり落ち着いて、働きはじめたとのことである。母親と離れたことによって、ストレスを感じると家族にぶつけるという悪循環を断ち、それにより就職に向けた準備をしていくことが可能となったのである。複数の機関と連携を取りながらのサポートが功を奏した典型事例と言えよう。

第4節　子ども・若者の語りから

　実際に支援を受けた対象者は、こうした支援をどのように受け止めているのだろうか。ここでは、インタビューに応じてくれた対象者2人の語りを紹介しつつ、支援の経緯に即した対象者の意識変容を明らかにしたい。2人の若者には、不登校になった経緯から現在までの自分について、自由に語ってもらっている。

4.1　ヨシトの場合

　ヨシトは、中2から不登校になったため、学校に配置されている相談員がS.S.Fに相談した。その後、ヨシトの自宅に、週に1回、スタッフの数山さんが通うようになった。主に定期試験対策として自宅で勉強を教えていた。中3以降は、週に1回程度、学校に行き、相談員との面談も受けた。

　ヨシトの不登校の背景には、保護者が病気、弟も不登校という問題があった。兄弟の2人共が支援対象である。不登校になり自宅に引きこもる兄弟関係では、兄のストレスは弟にぶつけられる。そこでスタッフは、まず兄に友人を作ることを支援の第一段階と考えた。兄に友人ができれば弟に当たらなくなり、兄の自立が家庭環境の変化を生み、弟へのケアにつながるという方針が立てられた。

　ヨシトは、学校に行かなくなった頃のことを次のように語っている。

「中学校は、学校自体がおもしろくない」

　中学校2年の2学期の10月くらいから完璧に行かなくなって。中学校3年は、保健室登校とか、別室登校で、ちょくちょく週に一回とか。今振り返ると、ただ単に楽しくなかったとか。いじめも特になくて、仲のいい友達もいなかったわけでもなく。

　その時期に音楽にはまって、で、学校や部活がそんなに楽しくなくて。学

校休んでずっーとギターの練習とかしてました。そのうち楽器屋に習いに行って。ライブに出て評価されるのが楽しくて。学校なんていいや、みたいな。なんか考えが浅かったですね。学校に行かないということの重大さがわからず、その時の楽しさだけで生きようとしてて。

　どっちかというと、人の目を気にするのが強かったのかなあ。中学校は、学校自体がおもしろくない。勉強もおもしろくないし、生活もおもしろくないし。先生が変わるじゃないですか、教科によって。小学校と違って一人ひとりに構わなくなって、どう思われてんのかなーと。全体のグループの中の一人になったというか。見えないところにいたんで。たがら、スポーツできる人とか勉強できる人がいいなーって。

　ヨシトは、中学校にはほとんど登校できなかったが、自宅でスタッフと勉強しながら、他県の通信制高校に進むことになる。語りにもあるように、音楽の話を聴いてくれたスタッフに心を開き、ライブでも音楽仲間に認められ、自分に自信がつき、大学生で音楽をやっている人と出会い、自分も大学に進みたいと願うようになる。目標ができたヨシトは、自分の行きたい高校を探した。通信制高校は、自分でインターネットであれこれ探した結果、自分が一番気に入った高校を見つけた。アクティブな行動力である。スタッフの数山さんに少しずつ心を開いていく様子が、次の語りに表れている。

「音楽のことをここまで話したのはここのスタッフの人だけ」

　スタッフの人とは音楽の話もしてましたね。なんかやっぱ学校の先生とは違うなと。しっかり聞いてくれる感じが。通ってる音楽のところの先輩とか先生とか以外でここまで話していたのは、ここのスタッフの人だけでした。一人、自分をしっかり見てくれるなーっていうのがあって、学校の先生と違って、それが結構うれしくて。

　音楽とかで先輩とかに他のライブハウスで評価され始めて、自分がここだったら絶対同世代に負けないぞっていう自信がついて、で、人を見る目が変わったと思います。人はここがいいし、自分だってここがいいっていう、人の長所と自分の長所、それぞれ長所があって、それでいいんだ、みたいな。

166　第Ⅱ部　実践の諸相

だから、もう無意識に比べなくなったんですね。自分と相手を。

　高校進学ってなったときに、とりあえずサポステの先生が来られて勉強も
してたんですよね。で、勉強してて一応なんかこことこことここをなんとか
受ければ学力的には上がるよって言われたんですけど、やっぱ学校に行く習
慣がついてなかったですね、自分の体に。で、やっぱり、学校に行っても朝
起きれなかったり、怠け癖とか、好きなことやってきただけで1年半過ごし
てるんで、いきなり学生生活に戻れる自信がなかったです。

　でも、高校には行きたかったです。大学に行きたかったんですよね。知り
合いの大学生がいて、その人は大学行きつつも音楽やってて、すごいカッコ
イイなと思って。で、その話とか聞いてたら、大学って音楽の友達とかも広
がるよーって言われて。そしたらまた自分の幅も、自由な時間とか、広がる
からもっと音楽しやすいんじゃないかなーって思って大学行きたかった。そ
れで、自分の進路は自分で考えないといけないと思って、自分でネットで調
べて自分に合う高校を選んだ結果、熊本の通信制高校にしたんです。

　通信制高校なので、毎日登校しなければならないというわけではない。それ
で、ヨシトは、3年間ほとんど毎日サポステに通う。サポステで知り合った音
楽を介しての仲間4人でバンドを組んだ。その仲間とギターを弾いたり、トラ
ンプをして過ごすうちに、一緒に勉強もするようになったと嬉しそうに語っ
た。その後、ヨシトは志望大学を決め、受験勉強の結果、見事、志望大学の進
学を果たした。今も、大学で新しい音楽仲間と出会い、バンド活動に夢中だと
語る。サポステでのバンド友達とは、今でもスカイプで音楽をしているとい
う。

4.2　ヒロツグの場合

　ヒロツグは、高校1年生の時に、突然、学校に行けなくなった。精神科に通
院するようになり、高校生活の中で入退院を3回繰り返した。スタッフは、最
初に彼が学校に行かなくなった頃、母親からの相談を通じて、家庭教師のよう
なかたちで家に訪れるようになった。

病院との連携では、薬物の調整や緊急時の入院治療を病院が担当し、S.S.F は、入院によって学校に通えないことによる本人の不安を取り除くことに専念した。進路についても、無理強いはしないかたちでいろいろな選択肢を与え、将来どういうふうになっていきたいのか、そのために何ができるのか、目的意識を持てるように話をしていった。

　以下の語りは、ヒロツグがなぜ学校に行けなくなったのかについての語りである。

「勉強も野球もバリバリだったが、高1で突然体が動かなくなった」

　小学校から野球をしてて、中学校でも野球部で、休んだことがないくらい元気でバリバリ。でも、高校一年で、体が動かないというか、朝起きるのがつらすぎて。最初は、無理して学校に行ったりとか。仮病使って何回か野球の練習休んだりとかしてたんですけど。

　中三の時、受験の時になんか違和感があったんですけど、まさかこんな形でここに入った時に爆発するとは思ってなかったです。

　小学校で転校してきて、中学校の時にも気付かないうちに蓄積してたような。野球以外にも、まあ途中から来たから皆についていくのが大変だったとか。でも、自分もまさか高校になって、こうなると思ってないというか。

「野球でも勉強でも結果を残せないと存在価値がない感じ」

　親しい友達といると苦痛というか、なんか頭も真っ白で。

　一時期、学校もやめるつもりだったことがあって、でも監督さんも野球部のみんなも当時の先輩も含めて、かなり復帰しやすい環境を作ってくれて、無理なく参加できたり、嬉しかったんですけど、一年の時はレギュラー取るつもりでしてたので、こんなふうになるために野球部に入ったわけじゃないと自分の中で悩み苦しむときはありました。でも僕が試合でヒット打ったり成績のランキングで上位に入ったりしたら、話のネタとしては成り立つから、おまえすごいじゃないかと言われて、一時的に保っている感じがして。でも、しばらくしたら、自分が忘れられていくような感じがしたりとか。のちに野球でも結果を残せなくなったり、勉強もランキングで下がると、鬱が

一番ひどい時は、自分は何も残らない、存在価値もないような発想しかできなくて。

「人に相談するのは嫌でたまらなかった」

中学校の時にそういう、悩みがあったら来ていいよみたいなカウンセリングの先生とかいたりとかしたけど、絶対そういうの行ったら恥ずかしいじゃないけど、へんなプライドがあって。今だったら相当失礼なこと思ってたなと思ったんですけど、学校に行って担任の先生とかカウンセラーの人とかに相談するのがもう嫌でたまらなくて。

ヒロツグは、スタッフに家庭教師のようなかたちで勉強を教えてもらったり、話を聴いてもらったりするうちに、やがてサポステに通うようになり、大学受験を考える。その後、ヒロツグは、1年間予備校に通い、次の年に見事、大学進学を果たした。高1の頃から大学入学までの約4年間をS.S.Fがサポートし続けた結果である。サポステでの人との出会いによって、ヒロツグの気持ちが前向きに変わっていった様子が次の語りに表れている。

「サポステは、逃げ場がたくさんあったから、自分のペースで行けた」

最初は家庭教師みたいな感じで来てくれてたんですが、そのうち、サポステに来てみないかと、みたいな感じになって。最初はちょっと違和感とか、あまり外に出てなかったからどうしようか迷ってたけど、なんか僕みたいに悩み抱えていろんな人同士で助け合ったりとか、今後また復帰して大学受験まで考えている人とか同士で、最初はレクレーションとかふれあいメインに、時には一緒に勉強したりとかするようになりました。

いろいろボランティアとかバトミントンとか勉強もしたりとか話したんですけど、実際、行ったら、久しぶりに運動したから気持ち良かったりとか、ボランティアも、あれ、そんなに悪くないなとか。そこで話してたりゲームしたり、ギターをやってる人がいたりし。それからギターにもはまったりとか、ギターも買ってもらってちょこっと弾けるくらいにも。で、一番はいろんな人と出会えたりとか話せたりとか。

第8章　スチューデント・サポート・フェイス（佐賀県）　169

あと、学校とは距離を置いて、マイペースに自分が今できることを徐々に
やっていけたことが、今となっては大きかったと思います。本当に自分のペ
ースで行けました。本当にきついときはこっちに来なかったりとか、勝手に
自分ひとりでなんか読んで。いわゆる逃げ場がたくさんあったから。逃げ場
が学校だったらないんですよね。

　弱みというか、自分の痛みを理解してくれる人がこちらには多いというう
か。やはり、（学校の）友達でも病気持ってるってわかってても、表面的に
なにか作ってるような感じがするときもあるんですけど、こちらの（サポス
テで会う）人は僕と同じ病気の人はいないと思うんですけど、一時期学校に
行けない時期があったとか、今は大学目指して頑張ってるとか、高卒認定の
試験受けたよとか、学校行ってないときはきつかったよねとか。

第5節　S.S.Fの支援における「学習支援」の位置づけとその意味

　対象者の年齢によっても違うが、学齢期に不登校に陥っている子どもに関わ
る場合、S.S.Fはまず「家で勉強しよう」と呼びかける。「心の支援」より「学
習支援」のほうが、対象者に受け入れられやすい。しかし、それは入り口であ
って、実際の支援は100％が「学習支援」ではない。ヨシトのように音楽の話
を聴き、共に語り合う場合もある。人によっては、それがゲームであったりア
ニメであったりするだろう。子どもの興味関心に徹底的に付き合うのが、S.S.F
の基本スタイルである。その後、共通の趣味の友達を見つけられるように、そ
れとなく導いていく。ギターやゲームもサポステでは禁止事項ではない。ヒロ
ツグもサポステで、自分と同じ状況の学校に行けない仲間と出会うことで、安
心感を得ている。ギターをしている人に出会い、ギターに夢中になった。

　人とつながるようになると、自分に自信が持てるようになり、自然と将来の
ことを考えるようになる。彼らが、本当の意味で自ら「学ぶ」ようになるの
は、その時期である。

　ヨシトもヒロツグも、自ら進路のことを考え、そのために自ら学ぶ姿勢が出
てきたのは、サポステのスタッフや仲間との関係で「自分に自信を持つこと」

170　　第Ⅱ部　実践の諸相

ができ、そこで得られた自己肯定感が将来展望につながったからである。

彼らにとっての学びは、いったん学校の学びから離れて後に、自ら掴み取ったものといえよう。大学は、次の将来に向けたワンステップだが、そこでの新たな仲間との出会いによって、さらに広い世界に一歩踏み出したと言える。S.S.Fの支援は、入り口としての「学習支援」と、トータルな支援の結果としての「学習支援」との二つの意味を内在している。

ヨシトもヒロツグも、学校との連携がうまくいったケースである。それがなければ早期の支援は難しかっただろう。現在、佐賀市内の小・中学校の約半数の学校には、S.S.F派遣の相談員が配置されている。ヨシトのように相談員からの連絡があり、登校時には相談員が付き添えるようなサポート体制がある。ヒロツグの場合は母親からの相談だが、学校の先生も認知していることがうかがえる。

不登校になっても早い段階でサポートが受けられ、しかもそれがアウトリーチという訪問支援であることは、本人やその家族にとって心強いだろう。

その訪問支援の質は、学校とは違うアプローチである。なぜなら、不登校の子どもに対して、学校の教員も家庭訪問をするし、スクールソーシャルワーカーもいる。しかし、学校関係者であれば、学校復帰に向けての支援策を練る。学習プリントの用意であったり、学校の状況を伝えたり、本人の悩みを聞く。教員によっては、足しげく家庭訪問をする者もいるだろう。しかし学校からのアプローチは、対象者には、結果として「学校に行かねばならない」というプレッシャーを少なからず与えるだろうし、「学校に行けない」自分に対する否定的な評価はぬぐえない。

音楽やゲーム、アニメの世界にハマって、自分の「内的世界」にいる若者や、勉強も野球もできなくなってしまって自己に価値を見いだせないで苦しんでいる若者にとって、いきなり、「学校には行くべき」という学校的価値を体現する教員から「外の世界」に復帰するよう促されることは、ますます自分の「内的世界」を侵食されると感じるだろう。しかし、学校関係者ではないS.S.Fのスタッフならば、安心して自分の「内的世界」に居続けることができる。その子どもの「内的世界」を認めるからこそ、子どもたちは、自己の存在価値を改めて感じられる。「内的世界」を全面的に肯定的に認め、少しずつ広げてい

第8章　スチューデント・サポート・フェイス（佐賀県）　171

くのが、S.S.Fのスタッフの役割でもある。子どもたちはやがて、自らその扉を一枚ずつこじ開け、自ら「外の世界」に羽ばたく。そのチャンスを捉え、選択肢を与えるのもS.S.Fの役割だ。

　学校と連携しつつ、学校とは違うアプローチをとる支援機関の存在意義は大きい。

　また、S.S.Fの支援期間が学齢期だけで終わらないということも重要である。学校や児童相談所、教育委員会設置の適応教室の支援は学齢期対象である。子どもの卒業と同時に支援が途切れてしまうケースがある。その点、S.S.Fの支援は、学校復帰や進学だけなく、社会的自立をゴールとしている。S.S.Fは、本人の社会参加・自立まで責任を持って長期に関わり、見届けるシステムを重層的ネットワークとして構築した。ヨシトやヒロツグの場合も4〜5年間関わり、大学進学までのサポートを行った。

　社会的自立とは、進学や就労だけを指すものではない。疾患を持っている人や障がいのある人は福祉や医療、介護を生涯必要とする場合もある。S.S.Fのサポートがなくても、その人が福祉や医療、介護を必要としながらも社会生活を送るようになることが、社会的自立として捉えられている。それが、S.S.Fの支援のゴールである。

◇ 第Ⅲ部 ◇
課題と展望

　最後にこの第Ⅲ部では、第Ⅰ部・第Ⅱ部の論述を踏まえ、社会的困難を生きる若者の学習支援をめぐる今後の課題と展望について、以下の3つのポイントから考察を加える。

　まず第一のポイントは「支援の届いていない層」へのアプローチである。第Ⅱ部では、実際に若者の支援を行っている組織や団体の事例を詳細に検討したが、実は困難を抱えながら、このような組織や団体の活動に参加できていない若者も少なくないと予想される。ここでは、ある高校の中退者を対象とする追跡調査の結果から、その実態の一端に迫ってみたい（第9章）。

　次に第二のポイントは、先のポイント（「支援の届いていない層」へのアプローチ）をも踏まえた、若者学習支援の「制度化」の問題である。第Ⅱ部で取り上げたような重要な活動を、できるだけ多くの地域で継続的に実施していくためには、国レベルの制度化が必要不可欠であろう。ここでは、すでに青少年施策の分野で制度化が進んでいる韓国の状況（第10章）、及び「成人基礎教育（adult basic education）」の制度が整備されている欧米の状況を踏まえ、日本における制度化に向けた課題について検討を加える（第11章）。なお、この制度化を考えるにあたって留意しておくべきことがある。すなわち制度化することによって、第Ⅱ部で取り上げたような先進的な取り組みの特長が損なわれる可能性があるということだ。この「制度化のジレンマ」については、あるフリースクールの事例を通して具体的に考えてみたい（第12章）。

　最後に第三のポイントは、学校教育の課題である。本書の焦点は、主として学校外の取り組みにあるが、今回の現地調査、とりわけ当事者の若者に対するインタビューの中で、期せずして現在の学校教育の問題点が浮き彫りになった。彼・彼女らを学校から遠ざけてしまった要因は何か。彼・彼女らの語りから、現在の学校教育が抱えている問題点を検討するとともに、今後の課題についても提起してみたい（第13章）。

第9章

若年者向けリテラシー支援の困難と課題
―― 〈ヤンチャな子ら〉への追跡調査から ――

知念 渉

はじめに

　本書（特に第Ⅱ部）では、「リテラシー」という観点から社会的困難を生きる若者に対する支援のあり方を紹介・分析してきた。しかし当然ではあるが、職業生活を過ごす中で、リテラシーに課題を抱えているにもかかわらず、これまで紹介してきたような支援施設に関わらない若者たちも存在する。というよりも、むしろ、それが多数派であろう。そうであるとすれば、そのような若者たちはどのように職業生活を送っているのだろうか。また、そうした若者たちが職業生活を維持できているとすれば、そこに問題はないのだろうか。本章では、これまでの章とは対照的に、支援施設に関わっていない若者たちに対する調査から、それらの問いについて考えていきたい。

　これから述べていくように、本章に登場する若者たちは特定の支援施設と関わりを持っていないが、他の章で登場する若者たちとの間には共通点が多い。リテラシーに課題を抱えているし、生育歴や家庭背景もかなり厳しい。にもかかわらず、彼らは支援施設に通うことなく、どうにかして職業生活をやり過ごしているのである。彼らの職業生活を分析することで、支援施設へアプローチする方法では見えてこない、若者に対するリテラシー支援策の今後の課題を提示することが本章のねらいである。

第1節　本章に登場する若者たち

　本章に登場する若者たちは、2009年から筆者自身が行ってきたX高校（仮名）における調査の対象者である。筆者は、2009年から2012年頃まで関西圏にあるX高校でフィールドワーク調査を行った。X高校は学校ランクで低位に位置づく普通科総合選択制の学校である。入学してくる生徒の中には、小学校低学年段階の学習内容でつまずいている者も少なくなく、その点からすれば、他の章で登場してきた若者たちと共通している。

　この調査を進めるにあたり、筆者は、X高校の中でも学校の規範から逸脱した行動をとる〈ヤンチャな子ら〉（15名ほどの男子生徒集団）に調査の焦点を合わせた[(1)]。具体的には週に1回程度、X高校に通って、朝から放課後まで彼らとともに過ごしたのである。彼らの中にはX高校を中退した者も、卒業した者もいる。筆者は、彼らがX高校に在学している間は基本的に彼らと高校生活を過ごして情報を収集し、彼らがX高校を去った後は個別に連絡を取って直接会い、インタビューを行ってきた。その中から、本章では、コウジ、ダイ、カズヤの3名を取り上げて、彼らの生育歴や学校生活、職業への移行プロセスを紹介したい[(2)]。なお、ここで紹介する事例は、2014年12月現在までのことであり、学校名・個人名は仮名である。

第2節　〈ヤンチャな子ら〉3名の生活史

　それでは、3名の若者の生活史を紹介していこう。これらの生活史から明らかになることは、彼ら全員が社会関係を通じて職に就き、生活を維持しているということだ。そのため、彼らにとって、リテラシーに課題を抱えていることは、現時点では問題にならない。支援施設に通う必要性も感じない。しかし、そのような職業生活は、いつまで続けられるか分からない。また、彼らが就いている現場仕事や夜シゴトは、年齢を重ねるにつれて続けるのが難しくなって

いくだろう。そうであるとすれば、彼らのリテラシーの課題は、職業生活が維持できているからといって克服できているものではなく、高齢になるにつれて顕在化してくるものだと考えられる。要するに、彼らはリテラシーの課題を「先送り」しているのである。若者に対するリテラシーの支援は、若者たちが「先送り」する傾向にあることを踏まえて展開しなければならないことが示唆される。

2.1　コウジ ── 居酒屋、現場、そして夜シゴトへ

コウジは「小学校1年生のときにオカンが出て行って、オトンと俺らきょうだい3人と暮らす」ことになったが、その数年後に父親が自死してしまう。それ以来、母親と暮らしているが、母親が精神的な病を患って働ける状態になかったため、生活保護を受けてきた。コウジが中学生の頃は、「食べる物もないし電気もガスも切られている」ような状況が、慢性的に続いていた。

このような家庭の状況もあり、コウジは小学校からあまり学校に通っていなかった。また、居住地を転々としていたことや「貧乏」だったことから、中学校1年生の頃は、「いじめられっこ」だったという。だが、学級担任や友人からの呼びかけを受けて中学校に通うようになり、「いじめっ子」をいじめていた子らと仲良くなることでいじめられることもなくなり、友だちもできた。

そして、高校に進学することもできた。とはいえ、小学校の頃から不登校状態であったために、筆者が出会った高校段階でも、コウジの学力は厳しいものであった。「中学んとき、勉強ついていかれへんかってん。英語はほんまABCから分からんしな。数学も算数から（分からんし）」というコウジ自身の語りに表れているように、四則計算やアルファベットのレベルで課題を抱えている。

学力に課題を抱えながらも、X高校の教師たちはコウジに働きかけ、なんとか学校に通うことができていたし、一度、留年したものの、なんとか高校入学3年目には2年生に進級することもできた。しかし、仲の良い友人が中退したり、家庭の状況が以前よりも悪化したりする等の様々な要因が重なって、進級した直後にX高校から足が遠のいてしまう[(3)]。

ちょうどその頃、現場仕事をしている兄から「そうやってプータローになる

んやったら、速攻働いた方が絶対金になるから頑張りや言われて」、現場仕事
を探すサイトを紹介してもらった。そうして、コウジは現場仕事をはじめた。
現場仕事にはやりがいも感じていた。

　なんか、人が絶対みーひんとことか塗るやん。分かる？ こんなとこ（壁
　を指しながら）とかみんなみーひんやん。でもそこをめっちゃきれいにする
　とこやねんや。そこ、かっこええな思って。そこの自分のあれがあるから。
　で、いうたら自分が塗ったとこがあれになるんや、いつかは友達んとこ塗っ
　たらさー、おれが塗ったとこやでって紹介できるしとか思うし。だからそう
　いうのもあるから、楽しいなここ、とか思って。（2014年12月4日インタ
　ビュー）

だが、コウジは現場仕事に就いてしばらくして、居酒屋でも働きはじめる。
自分の店を出したいという「自分の夢、追いかけたい」と思ったからだ。居酒
屋で働くようになったきっかけは、現場仕事を終えて同僚と飲みに行った居酒
屋で、そこの店長と意気投合したことにある。

　「ぼく、ほんま言うたら居酒屋だしたいんですよね、夢が」って言うて。
　「ああ、そうなんですか。じゃあ、ぼくのところで働きます？」みたいな。
　「個人店やから、ぼくのところやったら、ちょくちょく来ても大丈夫なん
　で、みたいな。そのかわり、ぼく厳しいんで」「全然いいんで、叩いてくだ
　さい」（って言うて）、で、共通なりました、みたいな感じ。（2014年12月
　4日インタビュー）

こうしてコウジは、昼は現場仕事、夜は居酒屋で働きはじめる。現場仕事を
している兄からは「現場一本でいけ」「そんなあまい気持ちでやんなよ」と言わ
れていたらしいが、コウジは自分の夢のために、居酒屋を辞めることはでき
なかった。
　ところが、最後に会った日から約1か月後、突然コウジと連絡が取れなくな
った。どうやら居酒屋も現場仕事も辞めたらしい。筆者が最後に会った日、コ

ウジは、夜シゴトをしている「好きな子がおる」と言っていたが、そのつながりからキャッチになったようだ。とはいえ最終的には、人間関係上のトラブルを起こし、地元の友だちも連絡が取れない音信不通状態になったため、現在のコウジが何をしているのか、筆者には知る術がない。

2.2　ダイ ── 就職、離職、再就職

　ダイが小学校低学年の頃に、両親は離婚した。ダイは母親に引き取られたが、離婚直後に母親が病気になり仕事ができなくなった。それ以来、生活保護を受けて生活している。小・中学校時代は、酒の入った母親に「おもくそ（思いっきり）蹴られたりとか」「寝るとき顔面踏まれたりとか」していた。

　また「小5から中2くらいまでいじめられて」いて、その理由についてダイは次のように語る。

　　ほんまに理由は全然分からへん。まず、なんか、小5のときにクラス全体にいじめられて、その理由もほんまに意味わからんかってん。なんでなんやろうな。髪の毛伸ばしてたからかしらんねんけど。髪の毛オカンが切っててんけど、オカンが切る髪型がいややって、ずっと伸ばした状態やってん。それでなんか、おちょくられたかしらんけど、ほんまクラス全体やってん。
　　（2012年10月2日インタビュー）

　いじめは中学2年まで断続的に続いたが、「中2のときに、なんか、そのいじめてきたヤツをしばいて、普通になった」。ただ、それ以降も「それのなごりかしらんけど、いじられキャラみたいになって、周りはまあいじるのが結構多かった」という。

　X高校には、1年間の浪人をして入学した。そして、3年間で無事に高校を卒業。「家を出たい」という思いから、寮付の仕事を探して、学校経由で就職した。しかし、就職してしばらく経った頃に、「社長も工場長も、めっちゃいい人やって、けどなんか、仕事の内容自体がおもんなかった」し、残業時間が長かったりしたことから、「なんで働いてんねやろうとか、なんか、よう分か

らんようになってきて」「頭おかしなって」、自殺未遂をして入院することになる。その後1か月の入院生活を経て、薬を飲みながらではあるが、再び母親と同居して暮らしていた。

しかし、やはり家を出たいという思いと、当時付き合っていた彼女に「働いてないとかホンマ無理とか、クズやんとか」と言われ続けたため、「地元の先輩やけどなんで仲良くなったか知らん」先輩から紹介してもらい、新聞の拡張員をしはじめる。しかし、知人に聞いたよりも仕事がきつく、2～3か月で辞めてしまう。その後、また知人の紹介で新しい「グレーな」仕事に就くものの、紹介した知人が給料を「ピンハネ」していたし、歩合制でなかなか儲からないこともあり、その仕事を辞める。

現在は、「飲み屋で知り合った」「あんまプライベートは知らん」知人に紹介してもらった仕事をしている。現在の仕事内容は、「電話の受付とか、あと書類の整理とか、部屋片付けたりとか」する仕事である。ただ、「社会保険は入っていないな、そのバイトで知り合いの紹介で入っただけやから、社員じゃないし、ちゃんと雇ってもらってるとはなって」いないような状態である。

現在の仕事に就いてしばらく経った頃、その仕事を紹介してもらった人に「（家を）出たいって話をしたら、んじゃ、なんかその知り合いの人がルームシェアでいいんやったら住んでもいいよみたいな」流れで、「この仕事を紹介してもらった人のまたその友だちみたいな」人とルームシェアをすることになる。「ルールは、部屋をきれいにする、家をきれいにするぐらい」で、家賃は「全部払ってくれてた」。そこで4か月ほど過ごした後に、「家借りるときの資金とかもあるし、給料少なかったときの支払いとかで生活費ちょっと借りたりとか、急用でとかで」知人から借りた70～80万円で、現在は一人暮らしをしている。

2.3　カズヤ —— 地元で育ち、地元で働く

カズヤは生まれた頃からX地区に住んでいる。父母弟と一緒に住んでおり、父親もX地区で育ってきたため、祖父母や父親の友人も近隣に多くいる。父親はひとり親方で、経済的にそれほど恵まれているわけではないが、と

きに旅行に連れて行ったりしてくれた。また、父親は地元の「ちびっ子の野球の監督」をしており、カズヤ自身、小学生時代は、そのチームで活躍していた。

中学校時代、色々とヤンチャなことをくり返して、中学を卒業後はX高校に進学する。だが、高校2年生のときに留年して、さらに当時付き合っていた女性との間に「子どもできたから」、X高校を中退する（ただし、「子どもできたから辞めたけど、流産してしまって、そんまま別れた」）。

中退後は3か月間ハローワークに通ったり求人情報誌を見て仕事を探すものの、年齢や学歴のせいで仕事は見つからなかった。

　6月から9月までの間、真剣に仕事探したけど、中卒、全部断られた。で、あんとき、当時17（歳）やったから、18（歳）からじゃないと無理とか。（2014年6月29日インタビュー）

そうした中で、地元の友人の母親から仕事を紹介してもらうことになる。

　最初、ハローワーク行って、なんやしてるときに、地元のツレのオカンが偉いさんで、「たまたま入れてあげる」って言って、で、社長と専務だけで面接して、合格っていうのは決まってて面接して入ったって感じ。（2014年6月29日インタビュー）

2014年12月現在も、その工場で働いており、すでに3年以上、続いている。幼なじみ（「マンション一緒やって、で、その子のお母さんと俺の親父が同級生で、中学校一緒で仲良かって、もうちっちゃい時から一緒」）をカズヤが紹介して工場に入社させたのだが、経験が浅い幼なじみと基本給が同じということで、「上に立っている者に対しては、腹立っている」が、30代になっても、この仕事で「一応、いこうとは思うな」という程度の見通しをもちながら仕事を続けている。

　その、今の、前の工場長がもう定年で降りて、今の工場長が35、6歳や

第9章　若年者向けリテラシー支援の困難と課題　181

ねんけど、もうそれの下っていったら、30歳から60何歳までの間で20代が俺しかおらんかったやんか。で、歴積んでて、もう若手っていったら、ぼくしかいてないから、次になると、工場長ってなると、ぼくしかいないんですよ。今の工場。長いスタンスで見たら、続けてる方が将来的には絶対安定っていうか、良い給料もらって、良い生活できるかなと思って。今、それ見てがんばってるかな。（2014年6月29日インタビュー）

第3節　職業生活の安定／不安定を分かつもの

　さて、ここまで3名の生活史を主に学校経験と学校から仕事への移行プロセスに焦点を当ててみてきた。それでは、これらの事例から何が言えるのだろうか。

　まず指摘できることは、彼らが、多くの場合、インフォーマルな社会関係を通じて仕事に就いていたことである。コウジの場合は、兄に紹介してもらったサイト、たまたま行った居酒屋の店長、好きになった女性のツテであった。ダイは学校経由で就職するものの、それを辞めた後は、「地元の先輩」や「飲み屋で知り合った人」の紹介で仕事を転々としている。そしてカズヤは、高校中退後、仕事探しに苦労するが、結果的には、「地元のツレのオカン」に紹介してもらって工場で勤めることになった。小・中学校段階から学力が低かったり高校卒業資格を持っていなかったりすることから労働市場で不利な立場におかれがちな彼らが頼りにしているのは、インフォーマルな社会関係なのである。

　そして、さらに重要なことは、3名ともインフォーマルな社会関係を通じて就職しているが、コウジとダイが不安定な仕事に就いているのに対して、カズヤは相対的に安定した仕事に就いていることである。とくにダイの場合に顕著だが、ダイは「地元の先輩やけど、なんで仲良くなったか知らん」人や「飲み屋で知り合った」「プライベートはあんま知らん」知り合いを通じて、「ピンハネ」されるような「グレー」な仕事や福利厚生がない仕事といった、きわめて不安定な仕事を転々としている。それに対して、カズヤは「地元のツレのオカン」に紹介してもらい、30歳を超えても働けるだろうという見通しを持てる仕事に就くことができている。つまり、コウジやダイが場当たり的な人間関係

の中から不安定な仕事に就いていく一方で、カズヤは生育環境の中で時間をかけて蓄積してきた人間関係を通じて安定した仕事についているのである。

こうした対照的な状況の背景に、コウジやダイの不安定な家庭状況があることは間違いないだろう。コウジは両親の離婚や父親の自死などから住まいを転々とせざるを得ず、さらに、兄の制服のお下がりを着ていたことなどを理由にしたいじめの経験を持っている。ダイは住まいを転々としているわけではないものの、親に髪を切ってもらうのがイヤで伸ばし続けたりしたことからいじめられた経験を持つ [4]。一方、カズヤは経済的にそれほど恵まれた環境ではなかったとはいえ、父親の代からX地区に住み、親世代の交友関係を土台に、自らも他者との親密な関係性を築くことに成功している。要するに、コウジやダイは、不安定な生育環境→不安定な人間関係→不安定な仕事という連鎖の中で生きており、それとは対照的に、カズヤの生活史の中からは、相対的に安定した生育環境→安定した人間関係→相対的に安定した仕事というプロセスが見いだせるのである。

ここで、ピエール・ブルデューの資本概念を手がかりに、これまでの議論を整理しよう。ブルデューの理論を紹介することが目的ではないが、ここでは議論を整理するために、2つのポイントだけ押さえておきたい。

第一のポイントは、ブルデューの資本概念は、経済資本とイコールではないということだ。資本といって通常思い浮かぶのは、貨幣価値を持つ財産や資産といった経済資本であろう。しかし、ブルデューの資本概念には、経済資本以外にも、文化資本、社会関係資本といった様々な形態がありうる。さらにブルデューは、文化資本を、次の3つの状態に分類している。すなわち、上品な口調や端正な身のこなし方といった「身体化された状態」、本や絵画のような「客体化された状態」、教育資格や学歴のように「制度化された状態」である（Bourdieu, 1986, p.282）。

そして第二のポイントは、「界」概念とセットで考えなければならないことである。たとえば、日本の貨幣は日本では交換価値を持つけれども、外国では現地の貨幣と換金しなければ価値を持たない。それと同様に、上述した文化資本も、学歴の価値を重視する労働市場のような界では「大学卒業資格」が資本たりえるかもしれないが、若者文化の界では「大学卒業資格」が人々を序列化

するように作用せず、資本たりえない。したがって、資本について論じる場合、どのような界を想定しているかが重要になる。

　以上のポイントを踏まえたうえで、ここまでの議論を整理するために、労働市場という界で機能する2つの資本を提案したい。一つは、リテラシー資本である。本書の第2章で述べられているようにリテラシーは多様であるが、労働市場という界の中で機能することを考えれば限定される。すなわち、仕事を遂行するうえで必要な読み書きを含む能力と、その能力を有していることを証明するための学歴や資格である。ここでは前者をブルデューの用語にならって、身体化されたリテラシー資本、後者を制度化されたリテラシー資本と呼んでおきたい。もう一つは、社会関係資本である。3名の生活史から明らかになったことは、社会関係が、職を得るうえで重要な機能を果たしているということであった。言いかえれば、3名は、労働市場という界の中で生き抜くために、社会関係を資本化していたと言えるだろう。

　以上の概念を使って、本章の事例の3名の労働市場でのそれぞれの資本量を示すと、表9-1のようになる。コウジは、小学校段階から学習につまずいており、高校中退という学歴、カズヤに比べると社会関係も豊富ではない。ダイは、高校を卒業しているし、中学校レベルの計算や読み書きもできるが、社会関係はそれほど豊かとはいえない。一方、カズヤは高校を中退しているものの、小学校段階の学習につまずいている様子は観察されず、少なくともダイと同程度には身体化されたリテラシー資本を有していると考えられる。社会関係については、親世代からX地区に住んでおり、幼なじみや仲の良い友人も多い。

表9-1　3名のリテラシー資本・社会関係資本の差異

	身体化された リテラシー資本	制度化された リテラシー資本	社会関係資本
コウジ	−	−	−
ダイ	＋	＋	−
カズヤ	＋	−	＋

　このように整理してみたとき、ダイよりカズヤの方が安定した職業生活を送っていることが興味深い。というのも、一般的に、労働市場において社会関係よりも学歴が重要な役割を果たしていそうだが、高卒であるダイよりも中卒の

184　第Ⅲ部　課題と展望

カズヤの方が安定した仕事に就いているからである。彼らの生きる労働市場においては、リテラシー資本よりも社会関係資本の方が決定的な役割を果たしているのである。

　こうした分析結果を踏まえて、はじめに示した問いに対して次のように答えられるだろう。まず、リテラシーに課題を抱えながらも支援施設に通わない若者たちはどのように職業生活を送っているのだろうかという問いに対しては、社会関係資本を駆使して職業生活を送っていると答えることができる。社会的困難を生きる若者たちは、現時点で労働市場を生き抜くためのリテラシー資本が乏しくとも、社会関係資本を活用しながら職業移行していく。とくにダイのように当座の生活を支えてくれる家族と離れたいとなると、現時点でとにかく生活費を稼がないといけない。そうした状況におかれた場合、時間をかけてリテラシー資本を獲得・蓄積しようとはならず、今ある社会関係資本を活用して、なるべく良い仕事に就いていく方が合理的であろう。

　それでは、そうした若者たちが職業生活を維持できているとすれば、そこに問題はないのだろうか。それが二つ目の問いであった。確かに、彼らは今のところ、（ギリギリラインではあるが）自分の生活を維持することはできている。しかし、社会関係資本を活用しながら仕事に就いているとはいえ、ダイやコウジの事例を踏まえると、将来性のある仕事に就けているわけではないし、リスキーな職業へと水路づけられる可能性も高い。さらに、コウジの事例からわかるように、社会関係を通じて就職すると、なんらかのトラブルが起きた場合に、これまでの人間関係を断たなければならない状況にまで追い込まれたりする。そもそも、彼らが就いていく労働は、建築業や夜シゴトといった身体を酷使するものが多いため、若いからこそ、できている部分が大きいとも言える。カズヤの場合は、3年間と比較的長期に渡って同じ職場で働き続けていることから、その経験や能力（それこそ、労働市場で必要とされている身体化されたリテラシー資本）を蓄積して、次のステップへとつなげていけるかもしれない。しかし、ダイやコウジのように、短期間で転々としている場合、現状のリテラシー能力を発達させる機会もなく、次の仕事へつながりにくい。そうであるとすれば、このような転職をくり返していくと、年を重ねるにつれ、徐々に生活が厳しくなっていくことは想像に難くないだろう。

つまり、社会関係を通じて若者たちが労働市場を生き抜いているからといって、彼らのリテラシーに関する課題は解消されているわけではない。ただだ、「先送り」されているだけである。若者のリテラシー支援を有効に展開していくためには、支援施設の中の支援内容を充実化させるだけでは不十分で、このように先送りしている若者たちをどのように支援へと巻き込んでいくのかが重要な課題となるのではないだろうか。

第4節　おわりに

はじめに述べたように、職業生活を過ごす中で、リテラシーに課題を抱えているにもかかわらず、本章で紹介してきたような支援施設に関わらない若者たちはかなりの数存在するはずである。そうであるとすれば、問題はまず、本章で紹介してきたダイやコウジのような若者たちをどのように支援に巻き込めるのかということになるだろう。とはいえ、支援の文脈に若者たちを取り込むという戦略はなかなか功を奏さないであろう。なぜなら、本書で述べてきたように、リテラシーに関する課題を先延ばしにして、当座の生活を生き抜いている若者たちに対して、リテラシー獲得の重要性を説くことは難しいと考えられるからである。また、彼らのような若者にとって仲間関係は社会とのつながりを維持していくうえで重要なものであるため（都島、2013）、支援の文脈に巻き込むことを目的にしているからといって、そうした関係性を否定することも得策ではない。

そうであるとすれば、むしろ重要なことは、彼らの文脈に合わせて支援を展開していくことになる。たとえば、地域の中に支援施設、すなわち、彼らのような若者が幼少期から通って、大人になっても気軽に立ち寄れるような場所をつくっていくことが考えられるだろう。新谷（2001）は、支援施設という場やその活動が自分に合うものかどうかを丁寧に吟味しながら、若者たちが徐々に組織的な活動へと参加していくプロセスのことを「漸次的参加」と呼んでいるが、そうした漸次的な参加が可能な場をつくり出していくことこそが必要なのである。しかし、現状の支援施設の多くは、そうした参加が可能な場になって

いるとは言い難いし、自立を早急に促そうとするような政策が展開していく昨今のような状況の中でそうした場を確保することはかなり難しい。逆説的ではあるが、早急に自立を強いずに漸次的な参加が保障された場がつくり出されたとき、より多くの若者へのリテラシー支援が行われることになり、結果的に数多くの若者の自立が促されていくことになるのではないだろうか。

注

(1) 調査の詳細については、知念（2012、2014）を参照。
(2) 調査協力者に被害が及ばないように、分析結果を呈示する際に、実際のデータに基づいて筆者が3名の人物の生活史を再構成した。その意味では、本稿で紹介する生活史はフィクションである。
(3) コウジは最終的には高校を中退してしまうが、高校を中退したことに対して「後悔するときもある」と語っていた。

　　だって、勉強するっていったら頭でおぼえたりとか、学校、テストあるかもしれへんけど、ほんなん、テストなんて頑張って覚えたら、簡単やん。今とか、おれ、居酒屋とか覚えてることめっちゃいっぱい書いているし。メモとか。そんなん（に比べたら学校ほど）、楽な、くさるほど楽なのないやん。「なんでいかんかってんやろ」って後悔するときもある。（2014年12月4日インタビュー）
(4) 兄の制服のお下がりを着ていることや母親に髪を切ってもらっていたことの背景には、経済的な困難があることは想像に難くない。

参考文献

新谷周平（2001）「『居場所』型施設における若者の関わり方―公的中高生施設『ゆう杉並』のエスノグラフィー」、東京大学大学院教育学研究科生涯教育計画講座社会教育学研究室編『生涯学習・社会教育学研究』第26号、21-30頁。

知念渉（2012）「〈ヤンチャな子ら〉の学校経験―学校文化への異化と同化のジレンマのなかで」、日本教育社会学会編『教育社会学研究』第91集、73-94頁。

―――（2014）「『貧困家族であること』のリアリティ―記述の実践に着目して」、日本家族社会学会編『家族社会学研究』第26巻第2号、102-113頁。

Bourdieu, P.（1986）"The Forms of Capital", trans. Richard Nice, chapter 9 in John G. Richardson（ed.）, *Handbook of Theory and Research for the Sociology of Education*, Greenwood Press, Westport, CN.

都島梨紗（2013）「少年院における非行少年の変容―少年院教育と非行仲間との連続性に着目して」、日本教育社会学会編『教育社会学研究』第92集、175-195頁。

第10章

韓国における「学校の外の青少年」への学習支援の現状と課題

金 侖貞

第1節　韓国の識字教育と青少年

　韓国では、2007年12月の平生教育法の改正において、平生教育[1]の定義（第2条）の中に新たに「成人文字解得教育」（文解教育）が入った。第2条第3項において、文字解得教育を「日常生活を営為するに必要な文字解得能力を含む社会的・文化的に要請される基礎生活能力等を身につけられるように組織化された教育プログラム」と規定、識字教育を法条文化している。韓国においては、すでに夜学[2]や市民団体による識字教室などの取り組みが存在していたが、1999年の社会教育法から平生教育法への全面改正以降の平生教育体制の整備に伴って国の政策化が進み、2006年からは成人識字教育支援プログラムが実施されはじめた。そして2014年1月の平生教育法改正においては、第39条「文解教育の実施等」で国と自治体が文解教育のために努力することが、また第40条「文解教育プログラムの教育課程等」には文解教育プログラムの履修者に対してそれに相当する学歴を認めることが規定された。

　しかしながら、子ども・青年の識字問題は識字教育の対象の一つには位置づけられていたものの、成人の識字教育ほどには社会的イシューとならなかった[3]。それは、義務教育の就学率がきわめて高く、大学進学率についても8割前後[4]という数字からわかるように、義務教育から逸脱する子ども・青年たちが圧倒的に少なかったからである。このような社会的背景から、子ども・青年に関しては、識字の観点からではなく、「学校」という枠組みの「外」にお

かれた若者たちの学習をどのように支援していくのかに、焦点が当てられてきた。

　日本と同じく、韓国でも不登校やひきこもりなど、学校に行かない、あるいは行けない子どもたちを指す用語は存在していたが、2010年以降になって、「学校の外の青少年」（학교밖 청소년）[5] という概念が、政策用語をはじめとして、より一般的かつ積極的に用いられている。例えば国は、2014年5月に「学校の外の青少年支援に関する法律」[6] を制定し、2015年5月の施行を受けて支援政策を発表するとともに、「学校の外の青少年」に対する積極的な社会的アクションを起こしている。

　このような韓国の政策的動きは、1990年代からの実践や研究から生まれたものであり、ソウル市などの自治体の施策の蓄積を踏まえたものでもあった。具体的な支援の諸相をみる前に、1990年代の韓国の子ども・青年をめぐる状況の変化をまずみることとしたい。

第2節　学校制度から逸脱していく青少年たちの登場

　日本に比べて大学進学率の高い韓国は、「学歴社会」ともいわれ、学校を中退するなどして学校制度という枠組みの「外」にいる青少年の問題に、長らく光が当てられることはなかった。韓国社会で学業を中断した青少年の問題が公論化され総合的な対策整備が考えられるようになるのは、2000年代初頭のことなのである[7]。しかしながら、学校を辞めていく青少年が増え、社会的関心が集中するようになるのは、1990年代からである。

2.1　「脱学校」や「非進学」を選ぶ／選ばざるを得ない青少年たちの台頭

　韓国社会では、いわゆる「教育熱」が高いうえ、高い学歴がよりよい社会的・経済的地位をもたらすという認識[8] が存在していたことから、高等教育機関への進学も「選択」ではなくなっていた。韓国の高等教育の入学定員は、1960年代から1970年代までには抑制傾向であったが、1980年代に大学定員制の自律化を受け、急速に高等教育の学生定員が増大していく。それに、大学の

190　　第Ⅲ部　課題と展望

設立も自由化されると、1990年代に大学進学率が急上昇し、2000年代以降は、ほとんどの高校生が大学に進学するという傾向を見せるのである（図10-1）。

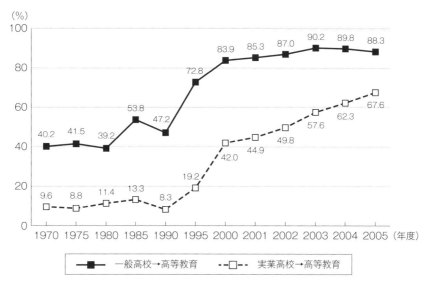

出典：教育人的資源部・韓国教育開発院『2005年教育統計分析資料案』2005年、32頁。

図10-1　高等教育への進学率（1970〜2005年）

　大学進学率は以前よりは下がってはいるものの、一般高校の場合、75％以上を維持してきている。高等教育への進学が一般的になり、中学校や高校への就学率や進学率も段々高くなっていくこと(9)を受け、ほとんどの青少年は学校の中にいることが「普通」となっていった。

　このような社会的背景から、韓国社会で学校に行かないことは、経済的な理由で辞めることはあっても非常に例外的に捉えられていて、基本的には個人的な逸脱行為とみなされていたが、1990年代以降に学校を辞めていく青少年が増加するにしたがって、ようやく社会的関心が払われるようになる(10)。そして、この時代にそれまでの「反学校」に対して、「脱学校」の現状が現れ、学校を辞めたり進学しない青少年たちを対象とした「ハジャ・センター」（ソウル市立青少年職業体験センター）が開館するのは、まさに、この時期の1999

年12月のことである。「ハジャ・センター」では、学校から離れた青少年たち
が自由に自分を表現できる能力を育むことが重要とされたため、「脱学校の学
習空間の象徴」ともみなされる。さらに、こういった「脱学校」に加え、1997
年のアジア通貨危機をきっかけに「非進学」という現象もみられるようになる [11]。

　それまで当たり前と考えられてきた「学校」という制度の中にいた青少年た
ちが「学校」制度以外にいることを選ぶ／選ばざるを得ない存在として浮き彫
りになる1990年代に、かれらに関する研究もみられはじめるようになるが、
かれらのことは、その後「学校の外の青少年」という概念をもって説明される
ようになる。

2.2　「学校の外の青少年」の現況

　学校制度から脱落していく青少年たちの存在が1990年代に注目されはじめ
ると、かれらをめぐる対策や実態調査がはじまり、当時の教育人的資源部 [12]
では、2001年に「学業中断青少年及び代案教育実態調査」と「中途脱落青少
年予防及び社会適応のための総合対策研究」を依頼している [13]。この調査や
研究の題名からわかるように、当時は「学業中断」や「中途脱落」といったこ
とばが用いられ、あくまでも「学業」が中心に捉えられているが、その後、か
れらは学校をやめただけで学びをやめたわけではないという主張が展開される
ことによって [14]、「学校の外の青少年」というより広い概念が2000年代初頭
に登場する。

　「学校の外の青少年」は、当時の韓国青少年相談院 [15] の2004年の研究によ
ると、「学業を中断した青少年のみならず、学校から離れたすべての青少年
——勤労青少年、無職青少年、非進学青少年など——を含む概念」だとい
う [16]。学校や学業という基準のみによる認識から、広義に学校の「外」に存
在する青少年全体を視野に入れることによって、この問題をより総合的かつ総
体的に捉えようとする動きが現れているのである。韓国青少年相談院は、2004
年から「学校の外の青少年支援センター・ヘミル」を3つの自治体の青少年総
合相談センター内に設置しはじめ、その地域の「学校の外の青少年」が地域社会
の中で守られ成長できるように、地域社会の様々な機関と連携し、学業や進路

指導、文化活動及び就業支援などの支援が受けられる取り組みを開始した[17]。そして、韓国青少年相談院による「学校の外の青少年支援センター・ヘミル」は他の自治体にも設置されるようになる。

　その後、2000年初めに現われた「学校の外の青少年」ということばがより一般的に広まるのは、このことばが行政用語として積極的に用いられたことに負うところが大きい。例えば、ソウル市が2012年に「ソウル特別市学校の外の青少年支援条例」を、さらに、国が2014年に「学校の外の青少年支援に関する法律」を制定したのである。この「学校の外の青少年」は、毎年7万人程度と言われているが、実際にどれぐらいの青少年が学校の「外」におかれているのか、その実態について少しみてみよう。

表10-1　全国及びソウル市の「学校の外の青少年」の現況　（単位：人）

区分		2013年	2012年	2011年	2010年	2009年	2008年
全国	在学生	6,481,492	6,721,176	6,986,847	7,236,248	7,447,159	7,617,796
	学校の外の青少年	65,487 (1.0%)	74,365 (1.1%)	76,589 (1.1%)	61,910 (0.9%)	71,769 (1.0%)	73,494 (1.0%)
ソウル市	在学生	1,107,766	1,161,632	1,219,799	1,274,028	1,322,427	1,361,007
	学校の外の青少年	16,126 (1.5%)	17,924 (1.5%)	18,578 (1.5%)	13,381 (1.1%)	16,255 (1.2%)	16,723 (1.2%)

出典：ソウル市学校の外の青少年支援センター『学校の外の青少年白書』2014年、15頁。

　表10-1からわかるように、毎年在学生の1％に当たる数の「学校の外の青少年」が存在している。教育部が2013年に過去3年間の学業中断青少年の現況を調べた結果においても、毎年7万人ほどの学生が学業を中断し、総学生の約1％を占めているという[18]。2015年5月に国が発表した「学校の外の青少年支援対策」によると、学校の外の青少年の数は約28万人と推測されている[19]。ソウル市の場合、全国に比べて「学校の外の青少年」の比率が高く、2011年には急増している。ソウル市が、「学校の外の青少年」施策に積極的に取り組む所以である。

第3節　ソウル市における「学校の外の青少年」施策の諸相

　ソウル市は、学校に行かない青少年の職業体験のための「ハジャ・センター」を全国で初めて設置するなどの先駆的な取り組みを展開してきたが、「学校の外の青少年」施策に対して他自治体や国よりいち早く取り組んだのも、ソウル市である。ソウル市は2012年に「学校の外の青少年総合支援対策」を自治体で初めて発表し、同年に「ソウル特別市学校の外の青少年支援条例」（以下、「条例」と表記する）を制定すると、それまでの「代案教育センター」を「学校の外の青少年支援センター」へと改編する。これによって、長期的な視点でより総合的な施策が展開できるようになる。

3.1　これまでの「学校の外の青少年」に対するソウル市の支援

　1999年に設置された「ハジャ・センター」は、ソウル市立青少年職業体験センターという名称からもわかるように、多様な職業を体験して青少年の進路を模索することを支援する施設であったが、この「ハジャ・センター」とともに、当時のソウル市の「学校の外の青少年」事業は、かれらの受け皿として機能していた代案学校[20]を支援することも重視していた。

　1990年代に学校を辞めていく青少年たちが増加すると、そういう学校から離れた青少年にも持続的な学びの機会を提供しようとする運動が展開され、かれらを対象とした代案学校が地方で設立されはじめる。その代案学校が2000年代に入ってからはソウル市などの都市部にも設立されるが、このような流れを受けて、ソウル市は、2001年に「ソウル市代案教育センター」（延世大学校との委託契約）を設立し、同年から「代案教育プログラム運営事業」を皮切りに支援事業を開始した[21]。

　ソウル市は、市予算で支援している未認可の代案学校を「都市型代案学校」と称し、2001年に8校170人への支援からはじまり、2011年には15校596人までに支援対象は拡大する一方であった。各代案学校では、青少年たちの入学理

194　第Ⅲ部　課題と展望

由が各自異なるだけに、それぞれの適性や特技を大切にする体験中心の教育プログラムとともに、学歴認定のための検定考試（卒業程度資格試験）の準備も並行して提供していた[22]。つまり、「青少年は問題ではなく資源である」「住んでいる場所はどこでも学びの場」という観点から、空間と人とプログラムなどの多様な学習資源を「学校の外の青少年」につなげていたのである[23]。「代案教育プログラム運営事業」の支援を受けるのは、市立と区立の青少年修練施設[24]が運営する学校と、社団法人・財団法人・非営利民間団体が運営する学校とに区分できるが、その主なプログラムは、体験活動、進路探索、国際ボランティア及び文化交流から、公演芸術、旅行学習、人文学、外国語に至るまで、実に多様である[25]。

　そして、この代案教育センターが、2012年に「学校の外の青少年支援センター」としてソウル市の「学校の外の青少年」に対する施策を展開する拠点に変わる。そのはじまりは、2012年の支援対策からであった。

3.2　「学校の外の青少年」への総合的取り組みの開始

　ソウル市は、当時1万2,000人の「学校の外の青少年」のための学習空間と支援が不十分であることを踏まえ、支援対象となる青少年を早期に発見して各自に合わせた支援を行うことで健康な市民と自立できる環境を醸成することを目的に、2012年5月に全国で初めて「学校の外の青少年総合支援対策」を打ち出した。総合支援対策の政策課題と主な内容は、表10-2のとおりである。

　表10-2の支援内容からわかるように、支援対象をさらに拡大してソウル市のすべての「学校の外の青少年」を対象とし、内容においても職業体験や代案学校支援から早期発見システム構築など、幅広く複合的かつ総合的に支援できるようにしている。この対策が出された後に、対策の内容にも明示されていた条例が同年7月30日に制定される。

　章末の資料①に示したとおり、条例は14の条文で構成され、市長の責務をはじめ、総合支援計画や「学校の外の青少年」支援委員会の設置、地域社会協力体系の構築などを定めている。まず、「学校の外の青少年」を「学業中断青少年と非進学青少年、勤労青少年等、正規学校の教育を受けていないすべての

青少年」と定義し（第2条）、この条例が、「学校の外の青少年に対する代案教育等教育及び自立支援等を通して学校の外の青少年が健康な社会構成員に成長するように支援する」ことが目的であることを明確にしている。

表10-2 2012年「学校の外の青少年総合支援対策」の政策課題と内容

政策課題	主な内容
早期発見及び相談強化－さまよう「学校の外の青少年」に居場所を提供する	－「移動の憩いの場サービス」「アウトリーチ事業」の拡大を通して「学校の外の青少年」の早期発見システムの構築 －ソウル市教育庁と協力して学校不適応又は学業中断危機の青少年を助ける「早期発見システム」の構築
代案教育支援－学校から離れただけで、学びを辞めたわけではない	－多様な形の学習を進める代案学校の支援 2011年17校→2014年40校に拡大 －学校の形ではないけれど自分の関心分野が学べる「飛び石プロジェクト」を拡大 －ソウル市代案教育センターをソウル市学校の外の青少年支援センターに拡大改編、One-stopサービス試行
自立支援―職業体験空間「Do Dream Zone」拡大、養護施設退所青少年への家賃資金の支援など	－「Do Dream Zone」の拡大運営 －第2の職業体験センターの新設 －青少年インターンシップの拡大（2011年20人→2014年100人） －児童養護施設退所青少年対象の「家賃資金支援事業」の施行 －夜学青少年の夜食費拡大支援 －「学校の外の青少年支援に関する条例」制定

出典：ソウル市学校の外の青少年支援センター『学校の外の青少年白書』2014年、41-42頁。

　そして、第11条には「学校の外の青少年センターの設置等」を規定、センターの機能を、「①学校の外の青少年の成功事例の発掘・広報、②相談及び保護支援、③学校の外の青少年の人権・差別実態調査、④代案教育プログラムの開発及び普及、⑤進路教育、⑥就業支援プログラムの運営、⑦学校の外の青少年支援方策研究、⑧支援ネットワークの構築及び管理、⑨代案教育機関に対する支援、⑩潜在的学業中断青少年予防事業の支援、⑪学校の外の青少年復学支援プログラムの運営、⑫その他市長が推進する学校の外の青少年支援事業に必要な事項」と定め、それまでの「ソウル市代案教育センター」を「ソウル市学校の外の青少年支援センター」（以下、「センター」と表記する）とした。センターは、それまでの代案教育の取り組みだけでなく、地域や行政などと連携しながら様々な取り組みを展開している。

3.3 「学校の外の青少年支援センター」の取り組み

　ソウル市は、2012年に開始した総合支援対策を、学校から逸脱する青少年が増加しつづける現状や現場のニーズに相応しい支援体系の必要性などから、2014年に改める。

　2014年の総合対策においては、官民協力ガバナンスを通したコミュニケーションと参加支援、現場のニーズを反映した安定的な場の整備推進、共有空間を活用した多様な体験プログラムの提供、増えつつある代案教育に対する需要に対応した支援体系の整備、青少年の悩み解決のための専門的な相談体系の確立を新たな推進方向とし、2012年に比べてより具体的な対策へのアプローチが図られた。

　また、2013年からセンターの運営が韓国カトリックサルレシオ会になり、2015年現在、4つの事業を柱に取り組みを展開している[26]。

　まず、第一の学校の外の学び場支援事業においては、①学校の外の学び場へのコンサルティング（代案教育機関の堅実な運営の土台整備、代案教育機関の実態点検及び評価を通した公正で正直な教育文化の定着、個別機関の特性を反映したコンサルティング支援）、②学校の外の学び場の懇談会及び再協約（学校の外の学び場の代表教師の懇談会開催を通した「学校の外の青少年」支援事業の協力的モデル構築や事業効率性の強化、代案教育事業の運営に関する協約書の締結を通した学校の外の学び場の責務性の強化）、③学校の外の学び場への財政支援（「学校の外の青少年」の持続的な学びと成長を支援する福祉モデルの創出や学校の外の学び場の教師の人件費と事業費支援）、④学校の外の学び場への給食費支援（学校の外の学び場の青少年の福祉向上のための段階別給食支援）を行っている。

　第二の教育支援事業では、①代案教育コンテンツ開発及び運営（代案的教科の安定的運営及び優秀事例の発掘、研究活動支援を通した学校の外の学び場プログラムの多様性の確保など）、②対象別の道しるべ教師教育（学校の外の学び場の予備道しるべ教師の養成課程、学校の外の学び場在職の道しるべ教師の教育課程）、③「学校の外の青少年」インターンシップ、④「学校の外の青少

第10章　韓国における「学校の外の青少年」への学習支援の現状と課題　　197

年」支援、⑤「学校の外の青少年」連合行事（地域の学校の外の学び場と青少年関連機関や団体、施設とのネットワーク形成、学校の外の学び場の活動プログラムへの参加機会の拡大など）を実施している。

　第三の教育研究事業では、①「学校の外の青少年」政策動向調査（社会的イシューの発掘と動向把握、専門関連機関との研究的協力）、②「学校の外の青少年」支援方策研究（実態調査の推進、関連研究報告書の制作）、③学校の外の学び場の評価及びガイドライン研究（代案教育機関のガイドライン制作配布、代案教育機関の評価指標開発）、④「学校の外の青少年」シンポジウム、に取り組んでいる。

　最後の第四の広報及び対外協力事業では、①オンライン・コンテンツ開発及び広報（関連プログラム・募集・行事・便りなどの共有、青少年記者団の運営で関連コンテンツの生産と拡散、ホームページ運営及びニュースレターの発送を通した「学校の外の青少年」の優秀事例の共有及び社会認識の喚起）、②オフライン広報（センター紹介及び学校の外の学び場案内（センター訪問の日）など）、③社会資源ネットワーク事業（MOU [27] 及び関連機関の連携を通した支援発掘及びパートナーシップ構築）、④文化芸術観覧支援プロジェクトを進めている。

　上記4本柱の事業の内容からもわかるように、代案教育を中心とした取り組みから、地域社会や関連機関、行政などと連携しつつ、多様で多面的な支援を行うための仕組みが設けられている。

　このようなソウル市の動きは、全国的に「学校の外の青少年」への支援を広めるきっかけとなった。例えば、京畿道は、2012年に「京畿道学校の外の青少年支援に関する条例」を制定、青少年支援チームの設置や心理及び情緒支援と学習、体験活動を支援する代案教育プログラムを開始し [28]、ソウル市の自治区の中でも独自的な施策を開始しているところがみられる。以上のように、関連政策を整える自治体が現れる一方で、2013年には教育部や女性家族部などにも支援政策を樹立するなどの動きがみられるようになる [29]。

第4節　国の「学校の外の青少年」政策

　自治体を中心に「学校の外の青少年」対象の施策が確立される中で、国として も政策を樹立せざるを得なくなり、2014年には中央政府機関による取り組みが開始される。

　2014年5月に「学校の外の青少年支援に関する法律」（以下、「法律」と表記する）が制定されると、翌年2015年の2月には主管機関である女性家族部に「学校の外の青少年」支援課が新設され、同年5月13日に女性家族部を中心とする関連政府部署合同の「学校の外の青少年支援対策」が発表される。本格的な対応が2015年から始動しているのである。

4.1　「学校の外の青少年」をめぐる国の政策

　これまで中央政府機関による「学校の外の青少年」への取り組みがまったくなかったわけではない。まず、女性家族部では、「青少年福祉支援法」に基づき、社会的・経済的支援の必要な青少年に生活や健康、学業、自立、相談などを支援する「青少年特別支援事業」と、「地域社会青少年統合支援体系」（CYS-Net: Community Youth Safety Net）が存在していた。この「統合支援体系」は、危機青少年の支援のために多様な機関との連携ネットワークを構成し、当該危機青少年を支援するものである。そして、学業を中断した後に学業の復帰と自立を支援する「Do Dream・ヘミル事業」などを実施している[30]。

　また、教育部は「学校中途脱落者予防総合対策」を樹立し、脱学校の現象を予防して学校に戻れるように支援する政策を実施していた。例えば、2004年から全国の市道教育庁（広域自治体の教育委員会）を中心に登校中断を予防するための委託教育に関する教育規則を制定したり[31]、2012年6月からは学業を中断しようとする高校生が最終的な選択をする前に専門家の相談を受けて学業の中断を熟慮する「学業中断熟慮制」（2週間以上熟慮する期間を持つ制度）を実施している[32]。その他、学校－教育庁－地域社会の協力で危機学生

第10章　韓国における「学校の外の青少年」への学習支援の現状と課題　199

の予防と総合的支援体制を備える学校の安全網構築事業である「Weeプロジェクト」や、学業中断学生の教育施設を支援することで教育疎外者の学習権を保障する「教育支援事業」などもある⁽³³⁾。

他にも、犯罪を犯して学業を中断した青少年に対しても学業と職業能力の増進のためのサービスを法務部が提供していたり、学業中断青少年の就業支援を雇用労働部が行ったり、保健福祉部では青少年自活支援館や非就学青少年の健康診断事業を実施している⁽³⁴⁾。

このような取り組みは、それぞれの中央政府機関によって推し進められてきたが、より総合的に連携したものとなるのは、2014年5月に「法律」が制定され、翌年に関連部署による「学校の外の青少年支援対策」が出されてからのことである。

4.2　「学校の外の青少年」政策の内容

ソウル市の条例制定から2年後の2014年に「学校の外の青少年」に関する国の法律が制定されるが、それをもって、国の政策が本格的に動き始める。

章末の資料②に示したとおり、「法律」は、21の条文で構成され、「学校の外の青少年支援に関する事項を規定することによって、学校の外の青少年が健康な社会構成員に成長できるようにすること」を目的としている。この法律において、「学校の外の青少年」とは、3か月以上の長期欠席者や除籍・退学処分を受けた者、非進学者を指し、「学校の外の青少年支援プログラム」を「学校の外の青少年の個人的特性と需要を考慮した相談支援、教育支援、職業体験及び就業支援、自立支援等のプログラム」と定義したうえで（第2条）、第3条において国や自治体の責務を明確にしている。それ以外にも、支援計画の樹立や実態調査の実施、支援委員会の設置、学校の外の青少年支援センターの設置・運営から、相談支援や自立支援などの各支援についても明記している。

「法律」は制定から1年後の2015年5月から施行されているが、この法律の施行を受けて関係部署合同の支援対策が発表される。同年5月12日に明示された「学校の外の青少年支援対策」は、青少年の夢と才能を育む社会の構築をビジョンに、学業中断予防及び「学校の外の青少年」の自立力量の強化を目標に

掲げている。対策において出された5つの重点推進課題と18の細部推進課題は、表10-3に示したとおりである。

表10-3 「学校の外の青少年支援対策」の推進課題

重点課題	細部推進課題
1. 学業中断の事前予防強化	・学業中断熟慮制の内実化 ・多様な代案教育プログラムの強化 ・家族及びピア等をとおした心理・情緒的治癒支援 ・義務教育段階の公的保護の強化
2. 「学校の外の青少年」の発掘強化	・実態調査等をとおした緻密な支援基盤の整備 ・学業中断青少年の情報提供及び連携強化 ・「学校の外の青少年」発見時の連携強化
3. 類型別の進路指導	・「学校の外の青少年」支援体系の構築 ・(学業型) 学歴取得のための個別進路指導 ・(職業型) 実効性のある職業教育及び安定的な仕事との連携 ・(集中型) 出前サービスで自立の動機付与
4. 綿密な医療・保護・福祉支援	・「学校の外の青少年」の健康な成長支援 ・保護の必要な「学校の外の青少年」の支援強化 ・危機状況に置かれた家出青少年の支援 ・前向きな思考形成のための活動支援
5. 地域社会の協業体系構築	・需要者中心の循環システムの整備 ・全中央部署・地域・民間の協業体系の構築 ・「学校の外の青少年」に対する社会的認識の改善

出典：関係部署合同『学業中断予防及び学校の外の青少年の自立力量強化－学校の外の青少年支援対策』(2015年5月12日)、4頁。

　この対策は、女性家族部を中心に「学校の外の青少年」に関する政策を体系化し、主に学業中断の危機学生は教育部と教育庁 (学校) が、また「学校の外の青少年」は女性家族部と「学校の外の青少年支援センター」が対応するという体制作りを図る。

　このような推進課題の中で、教育に関わる内容を取り上げると、「多様な代案教育プログラムの強化」においては、学校の中の代案教室の活性化を通じて公教育における代案教育の機会を増やすとともに、学業不適応の学生のための代案教育委託プログラムの提供機関を大学や職業訓練機関までに拡大し、代案学校のプログラムの質を高め優秀事例を広めることを支援することとしている[35]。また、類型別の進路指導においては、地域の「学校の外の青少年支援センター」を2014年の14か所から2015年のうちに200か所まで運営・指定するのに

第10章　韓国における「学校の外の青少年」への学習支援の現状と課題　　201

加えて、支援対象を類別化して支援を行うとしている。例えば、「学業型」に対しては、進学・高卒認定試験の履修支援及び上級学校の進学に対する情報提供とコンサルティングの実施を、「職業型」には、多様な職業教育訓練を雇用労働部と連携して提供するとともに、適性検査や職業探索、職業体験の機会提供を、「非行型」は、法務部と連携して自立意識を高める教育の提供を、「無業型」には、相談を行う一方で適性検査及び進路探索プログラムの支援を、「引きこもり型」には、専用担当者の配置と家族相談などの動機付与を行うことが発表された[36]。

　以上のようなソウル市や国による「学校の外の青少年」に関する動きからは、学びだけでなく生活に至るまでを視野に入れていることがわかるが、教育に限ってみた場合には、識字の問題として認識するよりも、進路に関わる取り組みや継続的な学びの機会提供、そして、「学校の外の青少年」になることを未然に防ぐことに重点がおかれているようにみえる。また、それまで制度の周辺におかれていた代案学校の存在をきちんと位置づけることによって、多様な教育・学習の機会が公的に認められたようにも思われる。1990年代にやっと学校制度から逸脱していく青少年の存在が社会的に認知されてから、ようやく制度の中に位置づくようになった「学校の外の青少年」対象の施策や政策は、まだ緒についたばかりで、今後どのような内実性を持つものとして機能するのか、これからも目を離すことはできない。

第5節　韓国の取り組みが示唆するもの

　就学率や進学率の高い韓国において、学校以外の場にいる青少年の存在が可視化し、自ら「学校の外」を選ぶ青少年も現れている中で、まだ「学校の外の青少年」に対する否定的な社会認識が完全に改善されているとは言い難い。しかしながら、制度という枠組みの中にきちんと位置づけられることによって、行財政的支援が受けられやすく、地域社会の協力が得られるようになったのは、この間の制度化の成果であるともいえよう。さらに、多様な学びの支援だけでなく、生活や就労までも視野に入れていることは、社会における青少年の

学習権や生存権の保障につながるであろう。

　韓国社会と同じような課題を抱える日本社会において、どのような制度的枠組みが今後設定されていくのか、これからの重要な課題の一つであるに違いない。

注

(1) 平生教育とは、日本の社会教育に該当する言葉である。

(2) 夜学は、学校に通えない人々のために夜に開かれた学びの場で、主に民間によって運営され、長く勤労青年の学習を支えてきた歴史を有する。

(3) 韓国の識字教育の動きにおいて、青少年は間接的な支援対象となっており（もちろん夜学の歴史はあるものの）、主な識字教育の対象は、オモニ（女性）たちや外国人労働者、外国人花嫁が中心となっている。

(4) 一般高校から大学への進学率は、2000年に83.9％、2005年には88.3％、2010年には81.5％のように、ほぼほとんどの生徒が大学に進学するという状況に達していた。それ以降進学率は8割を切ったものの、一般高校の大学進学率は75％以上である（教育統計サービスウェブ・ページ（http://kess.kedi.re.kr/）、2015年12月2日閲覧）。

(5) 韓国の「青少年基本法」によると、青少年とは「9歳から24歳以下の人」であるとされていることから、本稿における子ども・青年は、「青少年」と統一する。

(6) この法律は、「青少年基本法」第49条第4項に、青少年福祉の向上と精神的・身体的・経済的・社会的に特別な支援が必要な青少年の優先的配慮に関し別の法律を定めることになっていたことから、制定されたものである。今まで政策から疎外されていた「学校の外の青少年」を対象に、かれらの学習権や福祉に関する権利を保障するための国や自治体の責務を規定することによって、健康な社会構成員として成長できるように支援する基盤が整備されるようになった（キム・キウォン（2014）「学業中断青少年を支援する統合・調整機関の新設が必要である」、『福祉ジャーナル』第71号）。

(7) ゾ・アミ他（2013）『江東区学業中断予防及び学校の外の青少年総合実態調査』江東区、2頁。

(8) 有田伸は、韓国社会では「まず本人の教育達成如何がその後の社会経済的地位と大きく結びついており（学歴の持つ大きな社会経済的地位規定効果）、また出身階層にかかわらず本人の努力と能力が教育達成を規定しているため（公平な教育機会配分）、教育を通じた社会的上昇のチャンスが出身階層にかかわらず広く開かれている（世代間階層移動の容易さ）という社会イメージが一般的に有されている」と説明する（有田伸（2006）『韓国の教育と社会階層－「学歴社会」への実証的アプローチ』東京大学出版会、7頁）。

(9) 例えば、1980年の就学率は、中学校は73.3％、高校は48.8％であったが、1990年は中学校が91.6％、高校が79.4％となり、2000年には中学校95.0％、高校89.4％ではぼほとんどの青少年が中学校や高校に進学・就学していることがわかる（教育人的資源部報道資料、2006年8月24日）。2015年現在においても、就学率は中学校96.3％、高校93.5％で、進学率は小学校から中学校課程が99.9％、中学校から高等学校課程が99.7％である。そして、高等学校から高等教育機関への進学率は70.8％（一般校の場合は78.9％）である（教育統計サービスウェブ・ページ（http://kess.kedi.re.kr/index）、2015年12月2日閲覧）。

(10) ハジャ・センター（2014）『非進学青少年実態調査研究』、9頁。

(11) 学業を中断する「学業中断者」に対する関心が本格化するのも、1990年代後半のこと

であり、「中学校や高校への就学率が90％に達したときに、学校からドロップ・アウトしてしまう生徒」のことが問題となり、「この時期から学業中断者に関する研究も登場しはじめた」のである（46頁）（同上書、9-10頁）。

(12) 日本でいう「文部科学省」のことである。

(13) ユン・ヨガク他（2002）『学業中断青少年及び代案教育実態調査』韓国教育開発院、3-4頁。

(14) それに、中退生や中途脱落青少年が否定的で差別的な概念であること（ソウル市学校の外の青少年支援センター（2014）『学校の外の青少年白書』、2頁）からも、「学校の外の青少年」ということばを積極的に使用するようになったとみられる。

(15) 韓国青少年相談院は、1993年に財団法人「青少年対話の広場」として開院し、1999年に「韓国青少年相談院」へと名称が変更されたが、2012年に「韓国青少年相談福祉開発院」に名称を改め、今日に至っている。2015年には「学校の外の青少年支援センター」の中央支援機関として指定されるなど、青少年に関する政策の中心柱となっている。女性家族部傘下の公共機関として、全国の青少年相談福祉センターと学校の外の青少年支援センターを総括しながら、青少年に関する政策研究及びプログラム開発、専門人材の養成などに取り組んでいる（韓国青少年相談福祉開発院ウェブ・ページ（https://www.kyci.or.kr/user Site/index.asp）、2016年5月11日閲覧）。

(16) ハジャ・センター（2014）、前掲書、46頁。

(17) クム・ミョンジャ他（2005）『学校の外の青少年支援モデル評価と発展方向』韓国青少年相談院、3頁。

(18) ただ、小学生や中学生の学業中断の理由に海外出国が多いのに対して、高校生は学校の不適応か家庭問題による退学が最も多く、学校段階によって学業を中断する理由が違うことがわかる（ゾ・アミ他（2013）、前掲書、7頁）。

(19) 関係部署合同「学業中断予防及び学校の外の青少年の自立力量強化―学校の外の青少年支援対策」（2015年5月12日）、2頁。

(20) 代案学校は、1990年代以前は産業化とともに教育から疎外された階層を対象に実施されており、当時は民衆運動的な性格も有するものであった。それ以降は、公教育に対するオルタナティブとして変化する。この代案学校について本格的に議論しはじめたのも1990年代初頭で、90年代に急速な発展を遂げている。代案学校の運営は、国や自治体から独立し、教師と保護者による自立的な形をとっている（ゾ・ヨンゼ（2006）「代案学校と青少年団体」、『Youth today』、3-5頁）。

(21) ソウル市学校の外の青少年支援センター（2014）、前掲書、39-40頁。

(22) 代案教育センターが学校の外の青少年センターとなった後の2012年と2013年には、支援校と学生数がさらに拡大し、それぞれ28校770人、30校861人となっている（オ・スングン他（2013）『ソウル市都市型代案学校学生の実態調査研究報告書』ソウル市学校の外の青少年支援センター、19-20頁）。

(23) ソウル市学校の外の青少年支援センター（2014）、前掲書、40頁。

(24) 青少年修練施設とは「青少年活動振興法」第10条第1項において次の6つの施設を指す。①青少年修練館（多様な青少年修練活動が実施できる各種施設及び設備を備えた総合修練施設）、②青少年修練院（宿泊機能のある生活館と多様な青少年修練活動が実施できる各種施設と設備を備えた総合修練施設）、③青少年文化の家（簡単に青少年修練活動が実施できる施設及び設備を備えた情報・文化・芸術中心の修練施設）、④青少年特化施設（青少年の職業体験、文化芸術、科学情報、環境など特定目的の青少年活動が専門的に実施できる施設と設備を備えた修練施設）、⑤青少年キャンプ場（キャンプに適した施設と設備を整え、青少年修練活動またはキャンプの便宜を提供する修練施設）、⑥ユースホステル（「青少年活動振興法」国家法令情報センターウェブ・ページ

204　第Ⅲ部　課題と展望

（http://www.law.go.kr/lsSc.do?menuId=0&p1=&subMenu=1&nwYn=1&section=&tab
No=&query=%EC%B2%AD%EC%86%8C%EB%85%84%ED%99%9C%EB%8F%99%20
%EC%A7%84%ED%9D%A5%EB%B2%95#undefined）、2016年5月11日閲覧）。

(25) オ・スングン他（2013）、前掲書、20-21頁。

(26) ソウル市学校の外の青少年支援センターウェブ・ページ（https://seoulallnet.org:
45318/situation、2015年12月13日閲覧）より。

(27) MOUは了解覚書のことである。

(28) ゾ・アミ他（2013）、前掲書、23頁。

(29) ソウル市学校の外の青少年支援センター（2014）、前掲書、42頁。

(30) ゾ・アミ他（2013）、前掲書、15-17頁。

(31) オ・スングン他（2013）、前掲書、11頁。

(32) 2011年5月に京畿道教育庁が初めて実施していたものが全国的に広まった制度で、学校
の外へと出ていこうとする青少年を減らすために、当時の教育科学技術部と女性家族部
が実施したものである（ゾ・サンシク（2013）「学業中断熟慮制の安定的な定着方策」
『教育論壇』244号、23頁）。

(33) ゾ・アミ他（2013）、前掲書、18頁。

(34) 同上書、19-20頁。

(35) 関係部署合同『学業中断予防及び学校の外の青少年の自立力量強化―学校の外の青少
年支援対策』（2015年5月12日）、6頁。

(36) 女性家族部『報道資料』（2015年5月12日）、4-5頁。

資料①　ソウル特別市学校の外の青少年支援条例（2012年7月現在）

（ソウル特別市条例第5328号、2012年7月30日制定）

第1条（目的）この条例の目的は学校の外の青少年に対する代案教育等教育及び自立支援等
　を通して学校の外の青少年が健康な社会構成員に成長するように支援することにある。

第2条（定義）この条例で使用する用語の定義は次のとおりである。

　1. "学校の外の青少年"とは学業中断青少年と非進学青少年、勤労青少年等、正規学校
　　（「初・中等教育法」第2条の規定に基づく学校）の教育を受けていないすべての青少年
　　を言う。

　2. "代案教育"とは学校の外の青少年の要求に符合するように提供される人性及び適性中
　　心の教育と現場体験中心教育、そして進路教育等を言う。

　3. "代案教育機関"とは第2号の"代案教育"を行う機関として、「初・中等教育法」第4条
　　の規定に基づいた認可を受けてない機関を言う。

第3条（市長の責務）ソウル特別市長（以下"市長"とする）は学校の外の青少年が学校の外
　の空間においても自尊感情を回復して、未来の夢を実現できるように学校の外の青少年た
　ちを有害環境から保護して、かれらの要求に符合する支援政策を施行しなければならな
　い。

第4条（学校の外の青少年総合支援計画の樹立）①市長は学校の外の青少年に対する体系的
　で中断のない支援をするために毎年学校の外の青少年総合支援計画（以下"支援計画"とす
　る）を樹立・施行しなければならない。

②支援計画には次の各号の事業を遂行するために支援対象と規模及び方法等に関する事項が
　含まれなければならない。

　1. 学校の外の青少年に対する社会的認識改善事業

　2. 学校の外の青少年教育支援事業

　3. 学校の外の青少年自立支援事業

　4. その他に学校の外の青少年支援のために必要な事業

③市長は支援計画を樹立するために毎年学校の外の青少年に関する実態調査をして、前年度
　事業の成果を評価しなければならない。

④市長は支援計画を樹立したときにはそれを即時ソウル特別市所管常任委員会に報告すべき
　であり、支援計画に基づく必要経費を次年度予算に反映しなければならない。

第5条（学校の外の青少年支援委員会の設置）①市長は学校の外の青少年に対する支援施策
　を審議・諮問するためにソウル特別市学校の外の青少年支援委員会（以下"委員会"とす
　る）を置く。

②委員会は学校の外の青少年支援施策に対する次の各号の事項を審議・諮問する。

　1. 支援計画の樹立・変更に関する事項

　2. 非営利法人・民間団体の学校の外の青少年支援事業に対する財政支援に関する事項

　3. 学校の外の青少年関係機関のネットワーク及び地域社会協力体系の構築に関する事項

　4. 学校の外の青少年の人権侵害及び差別事例に対する関係機関の陳情及び改善要求に関す
　　る事項

　5. 第11条のソウル特別市学校の外の青少年支援センターの運営に関して重要な事項

　6. その他に学校の外の青少年支援に関して市長が会議に付す事項

第6条（委員会の構成等）①委員会は委員長1名を含む15名以内の委員で構成して行政1副
　市長を委員長とする。但し、やむを得ない事由があった場合には女性家族政策室長に委任
　することができる。また、民間委員中1名を互選して共同委員長とすることができる。

②委員会の委員は次の各号のいずれかに該当する人の中で市長が委嘱するが、行政1副市
　長、女性家族政策室長、教育協力局長、ソウル教育庁生涯進路教育局長は当然職（充て

206　第Ⅲ部　課題と展望

職）の委員となる。

1. ソウル特別市議会議長が推薦した議員2名
2. 青少年関連専門家又は専攻大学教授
3. ソウル特別市管内警察庁及び少年分類審査員、保護観察所等矯正機関の青少年業務担当責任者
4. ソウル市管内雇用センター、職業専門学校等技術及び職業訓練機関の青少年業務担当責任者
5. 青少年関連事業を施行する非営利法人・民間団体の代表
6. 学校の外の青少年の保護者代表
7. その他に青少年の教育、福祉に関する学識と経験が豊富な者

③委嘱委員の任期は2年とするが、再任することができる。但し、補欠委員の任期は前任者の残った任期とする。

④委員会の運営に必要な事項は規則で定める。

第7条（代案教育機関支援）市長は代案教育機関が学校の外の青少年支援事業を推進する場合、必要な費用の全部又は一部を予算の範囲内で支援することができる。

第8条（共有財産の無償貸付等）①市長は代案教育機関の設立・運営のために必要なときには「ソウル特別市共有財産及び物品管理条例」に基づき共有財産を無償貸付するか優先賃貸又は使用料軽減等をすることができる。但し、無償貸付、使用料軽減はソウル市が代案教育機関を直営又は委託する場合に限る。

②市長は不用物品等を代案教育機関に無償譲与することができる。

第9条（公共施設利用権）市長は代案教育機関の学習者が市が管理する公共施設を利用しようとするときには「初・中等教育法」に基づく学生と同等な権利と便宜を保障しなければならない。

第10条（地域社会協力体系構築）市長は学校の外の青少年の教育及び自立支援のために教育庁、警察庁等関係機関と青少年支援機関及び関連社会団体等と緊密に協力しなければならない。

第11条（学校の外の青少年支援センターの設置等）①市長は学校の外の青少年支援事業を効率的に推進するためにソウル特別市学校の外の青少年支援センター（以下"支援センター"とする）を設置することができる。

②支援センターの機能は次の各号のとおりである。

1. 学校の外の青少年の成功事例の発掘・広報
2. 学校の外の青少年の相談及び保護支援
3. 学校の外の青少年の人権・差別実態調査
4. 代案教育プログラムの開発及び普及
5. 学校の外の青少年の進路教育
6. 学校の外の青少年の就業支援プログラムの運営
7. 学校の外の青少年支援方策研究
8. 学校の外の青少年支援ネットワークの構築及び管理
9. 代案教育機関に対する支援
10. 潜在的学業中断青少年予防事業の支援
11. 学校の外の青少年復学支援プログラムの運営
12. その他市長が推進する学校の外の青少年支援事業に必要な事項

③支援センターの組織等運営に関して必要な事項は市長が定める。

第12条（支援センターの委託）①市長は支援センターを効率的に運営するために青少年関連事業を施行する非営利法人・民間団体等に委託することができる。この場合、委託方法や支援等に必要な事項は「ソウル特別市行政事務の民間委託に関する条例」を準用する。

第13条（支援センターの指導・点検）①市長は監督上必要だと認めたときには支援センターの運営と財産に関して必要な報告または資料の提出を求めることができ、関係公務員が関係書類や施設などを検査することができる。
②支援センターの長は指導・点検時に指摘された事項はすみやかに是正措置しなければならない。
第14条（施行規則）この条例の施行に関して必要な事項は規則で定める。

附則（第5328号、2012年7月30日）
第1条（施行日）この条例は公布した日から施行する。
第2条（委託運営に伴う経過措置）この条例の施行当時委託運営中であるソウル特別市代案教育センターはこの条例に基づくソウル特別市学校の外の青少年支援センターとみなす。

出典：国家法令情報センター（http://www.law.go.kr/ordinInfoP.do?ordinSeq=541661&chrClsCd=010202&gubun=KLAW&nwYn=N&conDatGubunCd=0）、翻訳は筆者。

資料②　学校の外の青少年支援に関する法律（2014年5月現在）
（法律第12700号 新規制定2014年5月28日）

第1条（目的）この法は「青少年基本法」第49条第4項に基づき学校の外の青少年支援に関する事項を規定することによって、学校の外の青少年が健康な社会構成員に成長できるようにすることを目的とする。
第2条（定義）この法で使用する用語は次のとおりである。
　1. "青少年"とは「青少年基本法」第3条第1項の本文に該当する者を言う。
　2. "学校の外の青少年"とは次の各項のいずれかに該当する青少年を言う。
　　ア.「初・中等教育法」第2条の小学校・中学校又はそれに同一の課程を教育する学校に入学した後3か月以上欠席するか、同法第14条第1項に基づき就学義務を猶予した青少年
　　イ.「初・中等教育法」第2条の高等学校又はそれに同一の課程を教育する学校で同法第18条に基づき除籍・退学処分を受けたか自主退学した青少年
　　ウ.「初・中等教育法」第2条の高等学校又はそれと同一の課程を教育する学校に進学しなかった青少年
　3. "学校の外の青少年支援プログラム"とは学校の外の青少年の個人的特性と需要を考慮した相談支援、教育支援、職業体験及び就業支援、自立支援等のプログラムを言う。
第3条（国と地方自治体の責務）①国と地方自治体は学校の外の青少年に対する社会的差別及び偏見を予防して学校の外の青少年を尊重して理解できるように調査・研究・教育及び広報等必要な措置を行わなければならない。
②国と地方自治体は学校の外の青少年支援プログラムを整えるために必要な施策を樹立・施行しなければならない。
③国と地方自治体は第1項及び第2項に基づく責務を果たすために学校の外の青少年支援に必要な行政的・財政的支援方策を整えなければならない。
第4条（他の法律との関係）学校の外の青少年支援に関して他の法律に特別な規定がある場合を除いてはこの法に従う。
第5条（学校の外の青少年支援計画）①国と地方自治体は「青少年基本法」第14条に基づき

年度別施行計画を樹立する場合、次の各号の事項を含めなければならない。

1. 学校の外の青少年に対する社会的偏見と差別予防及び社会的認識改善に関する事項
2. 学校の外の青少年支援プログラムの開発及び支援に関する事項
3. 学校の外の青少年支援のための関連機関間の協力体系及び地域社会中心の支援体系構築・運営に関する事項
4. 学校の外の青少年支援のための調査・研究・教育・広報及び制度改善に関する事項
5.「青少年福祉支援法」第14条の危機青少年特別支援等社会的支援方策
6. 学校の外の青少年支援のための財源確保及び配分に関する事項
7. その他学校の外の青少年支援のために必要な事項

②学校の外の青少年支援計画の樹立・施行等に必要な事項は大統領令で定める。

第6条（実態調査）①女性家族部長官は学校の外の青少年の現況及び実態把握と学校の外の青少年支援政策樹立のための基礎資料として活用するために3年毎に学校の外の青少年に関する実態調査を実施してその結果を公表しなければならない。

②女性家族部長官は第1項に基づく実態調査の中の学業中断現況に関する調査は教育部長官と協議して実施する。

③女性家族部長官は第1項に基づく実態調査で必要な場合、関係中央行政機関の長、地方自治体の長又は「公共機関の運営に関する法律」に基づく公共機関の長、その他の関連法人・団体に対して必要な資料提出又は意見陳述を要請することができる。その場合、要請を受けた者は正当な事由がなければそれに協力しなければならない。

④第1項に基づく実態調査の内容と方法等に必要な事項は女性家族部令で定める。

第7条（学校の外の青少年支援委員会）①学校の外の青少年支援に関する次の各号の事項を審議するために女性家族部所属の学校の外の青少年支援委員会（以下"支援委員会"とする）を置く。

1. 学校の外の青少年支援政策の目標及び基本方向に関する事項
2. 学校の外の青少年支援のための法令及び制度の改善に関する事項
3. 学校の外の青少年支援計画の樹立に関する事項
4. 関連機関間の協力体系及び地域社会中心の支援体系の構築に関する事項
5. その他に学校の外の青少年支援に関して協議が必要な事項

②支援委員会は委員長1名と副委員長1名を含む15名以内の委員で構成して、委員は当然職（充て職）委員と委嘱職委員で構成する。

③支援委員会の組織・構成及び運営等に必要な事項は大統領令で定める。

第8条（相談支援）①国と地方自治体は学校の外の青少年に対して効率的で適した支援ができるように心理相談、進路相談、家族相談等、相談を提供することができる。

②第1項に基づく相談の方法と内容等に必要な事項は女性家族部令で定める。

第9条（教育支援）①国と地方自治体は学校の外の青少年が学業に復帰して自立できるように次の各号の事項を支援することができる。

1.「初・中等教育法」第2条の初等学校・中学校への再就学又は高等学校への再入学
2.「初・中等教育法」第60条の3の代案学校への進学
3.「初・中等教育法」第27条の2に基づき初等学校・中学校又は高等学校を卒業した者と同等な学歴が認められる試験の準備
4. その他に学校の外の青少年支援のために必要な事項

②第1項に基づく教育支援の方法及び手続等に必要な事項は女性家族部令で定める。

第10条（職業体験及び就業支援）①国と地方自治体は学校の外の青少年が自分の適性と能力に合う職業の体験と訓練ができるように次の各号の事項を支援することができる。

1. 職業適性検査及び進路相談プログラム
2. 職業体験及び訓練プログラム

3. 職業紹介及び管理

4. その他に学校の外の青少年の職業体験及び訓練に必要な事項

②国と地方自治体は学校の外の青少年を対象に就業及び職務遂行に必要な知識・技術及び態度を取得・向上するように職業教育訓練を実施することができる。

③第1項に基づく支援と第2項の職業教育訓練内容及び方法に必要な事項は女性家族部令で定める。

第11条（自立支援）①国と地方自治体は大統領令で定めるところにより学校の外の青少年の自立に必要な生活支援、文化空間支援、医療支援、情緒支援等を提供することができる。

②国と地方自治体は経済教育、法律教育、文化教育等学校の外の青少年の自立に必要な教育を支援することができる。

③国と地方自治体は第1項に基づく支援が必要な学校の外の青少年に「青少年福祉支援法」第14条に基づく危機青少年特別支援を優先的に提供することができる。

第12条（学校の外の青少年支援センター）国と地方自治体は学校の外の青少年支援のために必要な場合、学校の外の青少年支援センター（以下"支援センター"とする）を設置するか、次の各号に該当する機関或いは団体を支援センターに指定することができる。

1. 「青少年福祉支援法」第29条の青少年相談福祉センター

2. 「青少年基本法」第3条第8号の青少年団体

3. 学校の外の青少年を支援するために必要な専門人材と施設を備える機関又は団体

②支援センターは次の各号の業務を遂行する。

1. 第8条から第11条までの学校の外の青少年支援

2. 学校の外の青少年支援のための地域社会資源の発掘及び連携・協力

3. 学校の外の青少年支援プログラムの開発及び普及

4. 学校の外の青少年支援プログラムに対する情報提供及び広報

5. 学校の外の青少年支援優秀事例の発掘及び拡散

6. 学校の外の青少年に対する社会的認識改善

7. その他に学校の外の青少年支援のために必要な事業

③支援センターには学校の外の青少年支援業務を遂行するために関連分野に対する学識と経験を有する専門人材を置かなければならない。

④国及び地方自治体の長は第2項の各号の業務遂行に必要な費用を支援することができる。

⑤第1項の支援センターの設置基準及び指定基準、指定期間、指定手続、第3項の専門人材の基準等に必要な事項は大統領令で定める。

第13条（支援センターの指定取消等）①国と地方自治体の長は支援センターが次の各号のいずれかに該当する場合には6か月の範囲で業務の全部又は一部を停止するかその指定を取り消すことができる。但し、第1号に該当する場合には指定を取り消さなければならない。

1. 虚偽又はその他の不正な方法で指定を受けた場合

2. 指定された事項を違反して業務を行った場合

3. 第12条第5項に基づく指定基準等に適合しなかった場合

②国及び地方自治体の長は第1項に基づき支援センターの指定を取り消すには聴聞を行わなければならない。

③第1項に基づく指定取消、業務停止の基準及び手続等に必要な事項は大統領令で定める。

第14条（地域社会青少年統合支援体系との連携）支援センターは学校の外の青少年支援業務を遂行するにあたって「青少年支援福祉法」第9条の地域社会青少年統合支援体系を構成する機関と連携及び協力しなければならない。

第15条（支援センターとの連携）①「初・中等教育法」第2条の各級学校の長（以下この条では"学校長"とする）は所属学校の学生が学校の外の青少年になった場合には該当青少年に学校の外の青少年支援プログラムを案内して支援センターと連携しなければならない。

②「青少年福祉支援法」第9条に基づく地域社会青少年統合支援体系に含まれた機関又は団体の長（以下この条では"団体長"とする）は支援の必要な学校の外の青少年を発見した場合にはすみやかに該当青少年に学校の外の青少年支援プログラムを案内して支援センターと連携しなければならない。

③第1項及び第2項に基づき学校の外の青少年を支援センターに連携した場合、学校長、団体長及び支援センターの長は該当青少年に情報の収集・利用目的・収集範囲、保有及び利用期間、破棄方法を告知して同意を得た後次の各号の個人情報を収集することができる。

　1. 学校の外の青少年の名前
　2. 学校の外の青少年の生年月日
　3. 学校の外の青少年の住所
　4. 学校の外の青少年の連絡先（電話番号・電子郵便住所等）

④第1項及び第2項に基づく学校の外の青少年支援プログラムの案内及び支援センターとの連携に必要な事項は女性家族部令で定める。

第16条（秘密維持義務）学校の外の青少年支援関連業務に従事するか従事した者はその職務上知り得た秘密を他の者に漏洩するか職務上の目的外の用途で利用してはならない。

第17条（関係機関の協調）女性家族部長官はこの法の目的を達成するために必要と認めた場合には大統領令で定める事項に対して関係中央行政機関の長又は地方自治体の長に必要な施策を整えるか措置することを要請することができる。この場合関係中央行政機関の長又は地方自治体の長は特別な事由がなければ協調しなければならない。

第18条（権限の委任と委託）①この法に基づく女性家族部長官の権限はその一部を大統領令で定めるところにより特別市長・広域市長・特別自治市長・道知事・特別自治道知事又は市長・郡首・区庁長（自治区の区庁長を言う）に委任することができる。

②女性家族部長官はこの法に基づく業務の一部を大統領令で定めるところによる法人又は団体等に委託することができる。

第19条（類似名称の使用禁止）この法に基づく支援センターでなければ学校の外の青少年支援センター又はこれと類似した名称を使用することができない。

第20条（罰則）第16条に違反して職務上知り得た秘密を漏洩したか職務上の目的外に利用した者は3年以下の懲役又は3千万ウォン以下の罰金に処する。

第21条（過料）①第19条を違反して支援センター又はこれと類似した名称を使用した者には300万ウォン以下の過料を科する。

②第1項に基づく過料は大統領令で定めるところにより女性家族部長官又は地方自治体の長が賦課・徴収する。

附則（2014年5月28日第12700号）

第1条（施行日）この法は公布後1年が経過した日から施行する。

第2条（他の法律の改正）青少年福祉支援法の一部を次のように改正する。

　第17条を削除する。

出典：国家法令情報センター（http://www.law.go.kr/lsInfoP.do?dlsiSeq=154300&ancYd=20140528&ancNo=12700&efYd=20150529&nwJoYnInfo=Y&efGubun=Y&chrClsCd=010202#0000）、翻訳は筆者。

第11章

成人基礎教育の制度化の現状と課題

上杉 孝實

第1節　成人基礎教育の意識化

　1970年代から欧米等で、成人基礎教育（adult basic education）としての捉え方が広がりを見せてきた。これは、学齢期を過ぎた若者も対象とするものである。アメリカのメリアムとカニンガムの編集した『成人・継続教育ハンドブック』（1989年発行）でも、成人基礎教育についてテイラーは次のように述べている。「基礎教育は、読むこと、書くこと、聞くこと、話すこと、数を処理することの基礎領域について言われるものである。これとともに、コミュニケーションやコンピュータ処理の基礎領域は、個人が自らの生活をコントロールし、絶えず変化する社会の要求に対応する力と自由を与えるものである。これらのスキルの提供によって、基礎教育の構築が可能となる」[1]。

　全英成人教育協会（NIAE、現在はNIACE）は、1980年にそれまでの成人識字部門（Adult Literacy Unit）を成人識字・基礎スキル部門（Adult Literacy and Basic Unit）に変え、その後基礎スキル局とした。成人基礎教育は、識字や計算能力だけでなく、様々な生活の必要に応じるスキルを身につける教育として捉えられるようになったのである。基礎スキル局では、基礎スキルを「仕事や社会で必要なレベルの英語（またはウェールズ語）の読み書き、会話能力、および数を扱う能力」[2]としている。

　基礎教育は、子ども期に初等学校や中等学校でなされるべきであるとしても、現実にその機会を持てなかった人や移民などの存在を考えるとき、また技

術革新や社会変動の激しさを視野に入れるとき、成人基礎教育の必要性が高まっているのである。その際、子どもと同じ学校教育が適しているかどうかが問題になる。生活経験が豊富な成人にふさわしく、実生活と関連した教育が構築されなければならない。同時に就業や社会生活を営む上で、その教育が初等教育あるいは中等教育修了として認定されることも求められるのである。アメリカのコミュニティカレッジ等において、成人中等教育（adult secondary education）として、義務教育後の中等教育を成人に保障する取り組みや、北欧の民衆大学における中等教育に相当する教育の提供などが例として挙げられる。

イギリスでも、職業上のみならず、あらゆる生活上必要な知識・技能を意味するスキルのレベルを設定することで、より高次のレベルに向けての教育に力を入れている。1992年の継続教育・高等教育法の制定によって、子どもの学校教育とは別の教育について規定し、成人教育を進める上で継続教育機関の位置付けを明確にした。さらに2007年には「イノベーション・大学・スキル省」を設け、継続教育や高等教育を子どもの教育とは別に扱う省庁とした。継続教育カレッジでは、16歳で社会に出た、19歳に達するまでの若者に対する一般教育及び職業教育と、それ以上の成人に対する教育保障に大きな役割を果たしている。入門レベルから中等教育修了のレベル2、中等教育上級修了のレベル3までの資格を取得しようとする者が多く、高等教育修了に相当するレベル4以上を目指す者は少ない[3]。

雇用形態として、日本のように学卒一斉採用の形でなく、欠員に応じて職種別に募集があり、契約期間を定めて雇用されることの多い欧米にあっては、即戦力が求められ、それを示すものとして経験や資格取得が重要になる。その場合、経験や資格を持たない若者は採用され難く、失業者になりやすい。成人基礎教育は、若者にとっても切実なものとなるのである。

このように見てくると、成人基礎教育は、識字をベースとしながら、計算能力の獲得、母語を別に持つ人の現地言語の習得、コミュニケーション力の向上、さらにはコンピュータ処理能力の習得などを含むものであり、さらには、機能的識字などリテラシー概念の広がりとも関連して、生活上必要な次の知識・技術を身につけるものであるということができる。①衣食住の生活に関す

るもの、②健康保持に関わるもの、③社会生活を営む上で必要なもの、④職業保障に関わるもの、⑤育児・家事等家庭生活に関するもの。

これらは、義務教育として保障されるべきものであり、当初は初等教育と重ねて考えられたものであるが、しだいに前期中等教育と重ねて捉えられるようになり、その機会を持つことができなかった若者や成人に対して提供されなければならないものとして意識されるようになっているのである。

このように、成人基礎教育は、狭義には成人の識字、計算、母語とは別の当地の言語、さらにコンピュータなどを含めてのコミュニケーション能力の形成を意味するが、広義には成人として義務教育段階以上の学力を備え、人間らしい生活を営み、社会に働きかけ得る能力の獲得のための教育を意味するものとして捉えることができる。

第2節　成人基礎教育の制度化

アメリカでは、1991年に全米識字法が制定され、国立識字研究所や州立識字資源センターの創設がうたわれ、識字への投資や学習機会の提供が規定された。イギリスの場合、イングランドとウェールズに適用される1992年の継続教育・高等教育法では、付則として国の補助金の対象となる教育内容を規定したが、そこでは職業教育や資格取得の教育に重点がおかれ、非職業教育が除外されていて、社会問題への取り組みを軽視するものとして成人教育関係者から批判を受けた。しかし、さすがに、基礎的な識字や計算についての教育、英語を母語としない人への英語教育、ウェールズの人たちのためのウェールズ語の教育、学習困難者の自立生活とコミュニケーションのスキル獲得のための教育については、補助の対象から外すことはなかった。

1998年には「新たな出発（A Fresh Start）」と題するクラウス・モザーを長とするワーキンググループの報告書が政府に出され、イングランドで約700万人の成人が読み書きに困難を抱えていることが示された。これに対して、1999年に政府は「より良い基礎スキル―成人識字と計算能力の向上（Better Basic Skills-Improving adult literacy and numeracy）」を出して、国家識字・計算

第11章　成人基礎教育の制度化の現状と課題　　215

戦略として、レベル1と2の国家試験の導入、カリキュラムの開発、教師の訓練、継続教育カレッジや地域、職場での取り組みなどを提示した[4]。

　1999年から2000年にかけてのロンドンの人文学院（City Literary Institute）では、基礎・キースキルの科目群として、コミュニケーション、計算、コンピュータ、ガイダンス等の入門とレベル1の科目（月曜日と金曜日10時半〜12時半、60回）、中等教育修了前の英語（月曜日13時〜15時、12回）、中等教育修了前の数学（火曜日14時〜16時、12回）、苦手の人のための数学（火曜日10時半〜12時半、8回）などが開講されている[5]。

　1970年代以前には、イギリスにあっても、識字学習はボランティアに依拠するところが大きかった[6]が、1980年代以後は国の補助による地方教育当局の取り組みも強化され、1990年代には地方教育当局から独立して国の影響力の強まった継続教育機関での成人基礎教育が目立つようになったのである。

　2000年末には、政府は「生活のためのスキル─成人識字と計算能力の向上のための国家戦略（Skills for Life; National strategy for improving adult literacy and numeracy）」を発表し、2011年にかけてコメントを求め、戦略の確定を行った。成人基礎スキル戦略部門及び内閣委員会の創設はその具体的現れである。独立機関として全英成人識字・計算能力研究開発センター（National Research and Development Centre for Adult Literacy and Numeracy）も公費によって創設された。2003年度には識字・計算能力発展のための資金の増額を行った。低スキルの労働者の多い地域に住む人への援助や、刑務所に収監されている人のための基礎スキルに関連した教育の改善などにも力が入れられた。基礎スキルの定義が不明確であるなどの批判はあった[7]が、この政策の下で、政府資金による各種機関・団体での教育機会の提供が、計画的に進められてきたのである。

　これらの背景には、イギリスがOECD諸国の中でも成人リテラシーの値がきわめて低い位置にあること、このことが産業発展にも影響があり、失業状態にある若者などの社会的排除ともなって社会不安が広がっていることがある。イギリスのみならず、20世紀末の経済停滞と関連した失業の増大するヨーロッパ諸国で、安価な労働力となってきた移民に対する風当たりも強くなり、在留を続けるには資格やその国の言語の習得を要求する動きが強まってくる。こ

の時期右翼政権の成立したオーストリアなどで典型的に見られた政策であり、語学教室が多く開かれるようになったのである。韓国でも、2007年に平生教育法（生涯教育法）が改正され、識字教育が位置づけられて、成人を対象とした文解（識字）教育を受けることによって、小・中学校卒業資格を得る道が開かれるようになっている。

　このような教育機関による学習の広がりは、成人教育ということへの配慮はあっても、カリキュラムの整備や、国家による学習者の資格設定などにより、試験制度の導入がなされ、訓練を受けた教師による教育を伴って、きわめて学校型の基礎教育の展開となっている。ボランティアなどが中心となっていたころには、かなり柔軟なやり方で多様性が見られたが、到達レベルの明確化が求められ、効率的な目標達成が促されるようになって、フォーマルなコースのウエイトが増しているのである。財政的な裏付けも行われているが、成果の査定によって、コースの存廃が決まるので、テストに合わせた教育になりやすいのである。これに対して、ローカルなリテラシーとして、支配的・画一的なリテラシー観を打破して、多様な地域や人々の生活に即してリテラシーを考える動きも見られる[8]。

　1997年にハンブルクで開かれたユネスコ主催国際成人教育会議での「未来へのアジェンダ（課題）」のテーマ3として、「識字と基礎教育への普遍的権利の保障」が掲げられた。そこでは、「識字と、学習者の社会的、文化的、経済的発展へのアスピレーションとを結合すること。伝統的でマイノリティのものである知識と文化との結合によって、識字プログラムの質を高めること」とある。また、国連識字の10年の計画でも、「『万人のための識字』は、識字に対する刷新された見方を必要とするもので、それは、文化的アイデンティティ、民主的参加と市民権、寛容と他者に対する尊敬、社会開発、平和、進歩を育むといったものである」とし、男女平等の観点に立ち、多言語・多文化教育の推進と関連づけることを示している。この観点に立つならば、成人基礎教育は、もっぱら効率主義、成果主義に立つのでなく、学習者主体の運営参画と仲間づくり、社会改革への取り組みとの接合を重視することが課題となるのである。

第11章　成人基礎教育の制度化の現状と課題　217

第3節　学習者

　イギリスでも、実質的に成人基礎教育に相当するものとして、これまで教育機会の少なかった失業者や労働者階級の女性のためのコースが、成人教育機関によって提供されてきた。1980年前後は失業が目立って多かった時期であり、「新しい社会学」の影響もあって、成人教育においても、被抑圧者への取り組みを進めるコミュニティ教育の動きが強まってきた[9]。失業者が生活に困難を抱えるだけでなく、自分自身を否定的に捉えがちになることに対して、学習者が相互に職業技術を交換し合うだけでなく、そのことを通じて自信を取り戻し、社会について学ぶことによって、失業が社会構造によってもたらされていることに気づき、変革のためのエンパワメントの機会を得るのである。このような教育は、失業者のための立ち寄り施設（drop-in centre）とともに地域の成人教育センターで試みられた[10]。リーズ大学の成人教育部のように、パイオニアワークとして先鞭をつけ、そこで開発された教育を他の機関に渡すことに大学でのこの種の取り組みの意義を見いだした例もある[11]。

　労働者階級の女性に重点をおいた活動には、セカンドチャンス・コースとして展開されたものがある。そこでは、女性が新たに職を得るための力をつけるだけでなく、自らが社会的に規定されていることを意識化することによって、自信と連帯でもって、問題に立ち向かうことを目指すのである。サザンプトン大学成人教育部にいたトンプソンが開いたコースでは、午前に、家庭生活、雇用と経済、福祉政策、選挙権獲得闘争、階級・人種・性差による抑圧に対応した、不平等の下にある女性などの学習が討論方式で進められ、午後には、学習者の決めたテーマについて演習形式で学習が行われた[12]。1980年代前後には、他の欧米諸国でも、新たにまたは再び教育機関に入ったり職に就くための準備コースが、成人教育機関によって設けられることが多くなってくる。

　子ども時代に学校で十分学ぶことのできなかった成人に対し、夜間学ぶ機会を提供する事業が、成人教育センター事業として地方教育当局等によって進められてきたが、その科目は多様であって、基礎教育に限定されたものではない。

218　第Ⅲ部　課題と展望

義務教育を終えた後でも、職に就けず、教育や職業訓練の機会を持たない若者の少なくないことが、20世紀の末以来いわゆるNEETの問題として取り上げられてきた。1999年に当時の教育・雇用省が出した白書「成功するための学習（Learning to Succeed）」でも、16歳から18歳までの若者の11人に1人がこの状態にあること、19歳の74％だけがレベル2の資格を持っていることを示している(13)。このことから、コネクションと呼ぶ戦略を立て、19歳までの若者が教育を継続するようにし、13歳を超えた段階から19歳までの若者への助言と支援の総合的システムの構築をうたった。現代社会にあっては、義務教育期間在籍しただけでは、必ずしも社会で活動することにつながらないのである。

　10歳代の若者を主対象としたユースサービスでは、ユースクラブやユースセンターでの集団活動から地域での活動の促進に重点を移し、NEETなど困難を抱える若者の相談に乗ったり、地域の商工業者と連携しての職業訓練の機会提供などに努めてきた。これらの若者の少なくない部分が学校文化とは距離のある文化状況にあり、学習文化も彼らに即したものとして新たに構築される必要がある。

第4節　日本の成人基礎教育

　日本では、夜間中学校（中学校夜間学級）の存在が注目される。様々な事情で昼間学ぶことができない子どもを対象として設けられたいきさつがあり、国は、長い間、中学校は学齢期の子どもの就学の場として捉え、該当する子どもの数の減少を理由として1966年には行政管理庁が廃止勧告を出すということがあった。その結果、1950年代半ばには全国で90校近くあった公立夜間中学校は、2015年には31校になり、そのうちの11校が大阪府にあるというように地域的に偏りがあり、ほとんどの県で皆無である。この間しだいに義務教育を受けることのできなかった成人が入学するようになったが、これに対しても、国は、成人は社会教育機関で学ぶべきだとしていたのである。貧困、差別、病気、障がいなどによって義務教育も受けることができなかった成人にとって、

基礎教育の場として、夜間中学校はきわめて重要な存在であるが、政府は長い間子どものための中学校との捉え方の下で、学齢期でない人や中学校卒業者は受け入れず、在籍年限も限られ、基本的には教育内容も子どもを対象としたものであった。

　リテラシーを身につける場が学校であろうと学校外であろうと、生活に活かす上では変わりはないと考えられるが、就職やその他社会的処遇が学歴によるところが大きい日本では、学校卒業であることの意味が大きい。そのため、夜間中学存続の努力が関係者によって続けられ、全国夜間中学校研究会の申し立てを受けて日本弁護士連合会は2006年に「学齢期に修学することのできなかった人々の教育を受ける権利の保障に関する意見書」を出した。そこでは、義務教育未修了者の教育権を保障するため、国は実態調査を実施し、財政的措置を行って、夜間中学校の設置促進に当たるべきことが提言されている[14]。このような夜間中学校の働きかけは国会議員も動かし、義務教育の機会の多様化として法制化が図られ、文部科学省も2015年度予算で夜間中学校設置促進の調査費を計上した。また、実質的に学力を身につけられないままに形式的に卒業させられた者もここで学び直すことを可能とする通達が出された。

　そのような過程で、教師や生徒は、成人にふさわしい内容・方法を探ってきたのであるが、制度と現実のギャップは大きい。成人が学ぶ場合、子どもと同じように定まった期間しか在籍できないのでは、基礎的な力を十分つけることができないこともある。何よりも、夜間中学校の数が少ないことによって、学ぶことのできない成人が圧倒的に多いことが問題になる。成人の学ぶ機関としての質量ともの整備が課題となっているのである。

　近年、非正規労働が増え、この状態にある若者が目立つようになり、とくに教育機会に恵まれなかった者の多くが失業や不安定労働で、生活設計の困難に直面している。さらに、引きこもりや不登校も増え、学齢期を超えての学び直しが必要となっている。背景にある社会構造のひずみにも目を向け、自信を取り戻す学習も重要になる。

　歴史的に見ても、学校教育から疎外された人々へのアプローチは社会教育において見られる。文部省にあっても、貧困や障がい等によって学校教育から除外されてきた人々への教育予算要求を始めたのは、大正期に新設された社会教

育課である。学校教育の代位としての機能を社会教育が果たすことには、学校の充実を抜きにしての安上りの教育の提供になりかねないことから、とくに第二次世界大戦後の社会教育関係者から批判的に捉えられてきた。1953年の青年学級の法制化への批判もこの観点からもなされたのであり、日本青年団協議会は、生産学習としての青年学級を学校教育の代位とすることに反対し、学校教育としては定時制高校の拡充を求めたのである。社会教育においては共同学習が提唱された。ただし、現実に教育の機会から外れた状態にある人を放置するのでなく、何らかの手立てを講じることは必要であり、社会教育においてこそ、学習者主体の柔軟な取り組みを可能とする面のあることも否定できないのである。

　このような観点からも、若者も含めて成人期に基礎教育を保障する手立ては、学校教育の拡充とともに社会教育においても必要であり、成人基礎教育の概念の導入が課題となっているのであるが、まだその普及は十分でない。第二次世界大戦後の法制でも、学界の見解でも、社会教育の本質は、人々が自ら展開する学習活動に見いだされ、国や地方公共団体の役割は、その援助とみなされてきた。この観点からは、人々が生活を切り拓き展望をもたらす学習が重要となるのであり、生活課題への取り組みと連動した学習が重視されねばならないのであって、そこからも成人基礎教育の位置づけが求められるのである。

　日本では、明治期の末頃には、ほとんどの子どもが就学していて、義務教育の普及が著しかったと言われるが、実際には中退や形式的卒業が少なくなく、第二次世界大戦後も、被差別部落などで多くの長欠や不就学があり、在日コリアンの中にも教育から疎外された人々が少なくなく、1979年まで、障がいなどで就学猶予又は免除とされた人も存在したのである。

　識字に関しても、1955年に文部省が東北地方と関東地方の15～24歳の青年を対象として実施した標本調査があり、「読み書き能力がなく、日常生活に支障があると明らかに認められるもの」が、東北で15.7％、関東で9.5％見られた (15)。しかし、その後識字調査は行われないままで、あたかもこの問題がないかのような政策がとられてきたのである。しかし、今日でも、全国で実質義務教育未修了者は百数十万人に上ると推定されていて、1985年の国会議員に対する政府答弁書でも70万人は義務教育未修了と推定されている。2009年の

PISA調査でも、日本では読解力の習熟度レベル1以下の子どもが13.6％と、韓国や香港より多い。2012年のPIAAC調査では、読解力習熟度レベル1以下の成人が4.9％で、全体の平均は高くても、読み書きに困難を抱えている成人が少なくないことを示している[16]。

識字への取り組みは、被差別部落の中から展開されてきた。1953年頃には、大阪の矢田地区の青年たちが、生計のために自動車運転免許を取得するにあたって、識字を必要とすることから、その学習に取り組んだことが知られている。1963年から福岡県行橋で、女性たちが開拓学校として識字学習を展開したことなどから、各地に識字運動が広がったことも周知のことである。部落解放運動の高まりの中で、識字運動は公的保障を求めて、西日本の自治体等で社会教育行政が中心となって、補助を行ったり、隣保館等で学級を開設するところが現れるようになる。

その内容は、生活に必要な読み書きだけでなく、その学習を通じて自らの人生を振り返り、社会的規定に目を向けて、水平社宣言などに目を通して、解放の展望を拓くものであった。そこでは、グループ・マン・ツー・マンとして、個別的な指導関係だけでなく、集団学習や共同活動を組み込むことによって、連帯の強化が図られ、支援者も学習者の人生から学ぶことによって、相互教育が促進された。学級運営でも学習者の参画が重視された。このような取り組みは、在日コリアン等も含めての識字学級の広がり、さらに新たに渡日した外国人等の日本語教室の開設を促してきた。それらは、成人基礎教育としての性格を帯びたものである。

成人実用基礎教育を掲げて1991年につくられた施設としてA'ワーク創造館（大阪地域職業訓練センター）があり、基礎的な知識・技能の不足から就業が困難になっている人のために、アルファベットの学習を含めてパソコンの操作や、数の処理の仕方を身につける機会の提供を行ってきた。「体験！『これから学級』」「おとなのための計算はじめ」「はじめての『ABC』」「はじめましてJAPAN（日本語会話）」「『よみかた・かきかた』はじめ」「スタディツアー仕事探しはじめ」などの教室を開いてきた。「体験！『これから学級』」では、今世紀になると若年者が中高年をしのぐ参加を示すようになった。そこには、人間関係でのつまずきや自己肯定感が低いことが作用しているといわれる。この学

級で基礎基本の学習に加えて人間関係の基本、コミュニケーションの取りかたなどを学び、進路相談を経験し、求職活動に入っている。さらに「スタディツアー仕事探しはじめ」によって、その動きに弾みをつけてきた[17]。大阪府や大阪市の補助を得て、財団法人大阪生涯職業教育振興協会が運営に当たり、成人実用基礎教育研究会も立ち上げて、社会的弱者の立場に置かれた成人の教育と若年者支援に努めてきたが、2009年の府の財政改革で、府市の補助金が打ち切られてからは、有限責任事業組合大阪職業協働機構が運営している。

　学校としての名前を冠しているが、自主夜間中学も社会教育の営みととることもできる。学習者の主体性重視の下に成人の必要に合った柔軟な取り組みを行い、実践と結びついて成果を上げているものが少なくない[18]。とくに学校からの疎外状況にある若者の場合、通常の学校モデルではなじみにくい。多様なリテラシーを手がかりに、社会で生きる力を育むのに、様々な分野の機関・団体とも連携しながらの活動が求められるのである。

　中学校を名乗る以上、卒業資格が望まれる面があり、中等教育修了試験など欧米のような資格試験で学習機関を問わず同等の認定が行われるのも一方法であるが、試験による評価そのものが妥当かどうかも問題になる。学校教育機関でもあり社会教育機関でもあるといった性格によって、学習者の選択によって学び方を決め、必要な要件を満たせば卒業資格を付与することも考えられる。子どもたちと同様の教科中心のカリキュラムというより、生活場面に沿って、総合的な学習が行われるカリキュラムの創造が求められる。

　別の角度から見れば、社会教育でも、自由大学や労働学校の例にも見られるように体系的な学習を保障できる仕組みを整える必要がある。社会教育にあっては、制度的な保障が弱く、条件整備が不十分であることが、大学等の成人教育部門も含めて成人教育機関を持つ欧米に比べて、日本の成人教育の充実を遅らせている。その中でも、公民館は、戦後社会教育の中枢的な機関として、一時は全国で2万近い館数を示したこともあり、それらすべてで成人基礎教育が展開されれば、その影響は大きなものであったであろう。そのような取り組みを行った公民館もあるが、全国的には専任職員も1館当たり平均1人程度であり、兼任職員が多い状況で、利用が限られたところも見られ、財政的理由や新自由主義の政策によって、2011年には1万5,399と館数が減っている。それで

も、最も身近な地域学習センターとして、国際的にも注目されている施設であり、成人基礎教育を必須としてこそ、公立社会教育施設の意義が明確になるのである。

　基礎教育を進める支援者についても課題が多い。識字の支援者としては学校教員とくに同和地区を含む小学校の教員が目立ったが、今日では日本語学習とともに、ボランティアの関わりが増えている。支援者と学習者の相互教育として、学校教員のみに依拠するのでなく、多様な支援者がいることの意味はあるが、その養成・研修機会の拡充とともに、それらを支える専門的力量を備えた職員配置の必要性は無視できない。たとえば、大阪市における識字・日本語学習に社会教育主事の果たした役割は小さくない。この点、イギリス等において、成人基礎教育を進める教育者の養成・研修に力が注がれていることを想起しなければならない。そのためにも、成人基礎教育支援機関の存在が注目される。2002年設置のおおさか識字・日本語センターは、識字・日本語学習の推進のために、啓発資料の作製・提供、情報の収集・提供・発信、相談活動、教材の作成・提供、調査研究とその成果の活用、人材の養成、ネットワーク化の推進にあたってきたが、大阪府の財政改革により、府や府内の政令指定都市からの補助金がなくなって、運営が困難になっている。人権としての教育を保障することが国や自治体の責務であるにもかかわらず、後退現象が見られるのであり、その是正が緊急の課題となっている。

　孤立状況にある若者が目立つなかで、社会教育における若者の居場所づくりも課題となっている。社会教育では集団活動を重視してきたが、すぐにそこに進むには困難を抱えている若者も少なくなく、支援者が寄り添いながらの関係づくりから出発し、コミュニケーション・リテラシーの発展を図ることが必要な部分がある。青少年活動センターの中には、そのような取り組みを行うところも増えてきている [19]。アウトリーチの機能も持ちながらの社会教育施設の必要性は高まっているのである。

第5節　学校化をめぐる問題

　リテラシーを身につけるうえで、学校教育が重要であるとしても、イリイチが示すように[20]、学校そのものが目的化して、学校教育と生活との乖離が生じ、リテラシーの習得もレベルが上がれば上がるほど、その文脈の中で学習者にとっての意味が見失われることも多くなっている。また、リテラシーの程度が評価競争として用いられると、そのストレスから競争を降りる方向を指向して、リテラシーの学習が避けられることも生じる。一斉授業が中心になり、集団での適応が強調されるところでは、それに個々のペースを合わせることができなかったり、生徒相互あるいは教師―生徒などの人間関係におけるつまずきが、学業継続を困難にさせる。生育家族において、経済的文化的に不利な状況にある若者の場合、個別的対応を欠いた形での学校文化への適応には、ハードルが高いものがある。

　これらのことから、リテラシーの習得が不十分なままの若者の学び直しをするうえで、既存の学校とは異なった場を必要とすることが多い。それはこれまでの調査からも見られるように、信頼する人間関係の上に立った個別的な対応のあるところで、オルタナティブな学校と言われるフリースクールや塾的な場である。それらは学習の場以前に、居場所として心の休まる場として機能して、学校とは異なった雰囲気がある。その中でリテラシーの習得は、若者が必要を感じたときになされるのである。そのきっかけとして、社会的自立への意向が強まり、就職や進学を求めることであることが多い。

　そのような学習の場がときには少年院であることもある。ここでは、学習者の自発性でなく、強制が働いているが、その中でも矯正官としてよりも通常の教師―生徒に近い関係で、しかも個別的な関係を重視することによって、学習を支えることができるのである[21]。

　更生保護施設である福岡県田川の「ふれ愛義塾」は、若者に寄り添う指導者が、彼らや彼女らが社会に復帰するための共同生活の場を提供していて、仕事への関わりから学習に向かう姿が見受けられる。

日本の中学校の場合、実際に習得したリテラシーの程度にかかわらず卒業自体が重要になるので、親の要望もあって学力が不十分なままにでも形式的に卒業させることがまれでない。夜間中学校で学ぶことによって、リテラシーを習得するだけでなく、学歴を取得できるのであるが、学習の年限が定められることによって、多様な生徒が、それぞれに応じて長期にも学ぶことが難しいといったことや、形式的には子どもと同じ教育内容が課せられるといった問題もある。

　他の国々にあっては、資格試験等によって力を測定し、就職等においても、そのことが意味を持つことが多い。中等学校に例をとっても、学校で修了年限を迎えるよりも、イギリスのGCSE、フランスのバカロレア、ドイツのアビツーアなど資格試験に合格することが就職や進学など社会的効果につながるのであり、そのルートとして学校が位置づくのであって、他のルートもありうるのである。イギリスの継続教育カレッジや北欧・ドイツ・オーストリアの民衆大学、アメリカのコミュニティカレッジなどの継続教育機関、ノンフォーマルな教育の場が、資格取得の学習を支えるのである。したがって、リテラシーを十分身につけさせずに卒業させた学校は、非難や訴訟の対象となり、留年させても学力保障をすることが求められるのである。

　このことは、資格制度に問題がないということを意味するものではない。日本にあっても、1980年代の臨時教育審議会にみられるように、学歴社会から学習社会への名の下に資格社会化を促す動きもあったが、そこでは学歴に加えて学習歴を推奨するといったいわば第二の学歴社会とも考えられる動きがあったのであり、1972年のユネスコのフォールレポートが提唱したLearning to Be [22] とは異なったものが見られたのである。本来資格制度は、学校が就職あっせん機関化するのでなく、広く一般を対象に職種に応じて応募と適否判断がなされる雇用システムと連動しているのであって、日本社会での雇用慣行と必ずしも一致しない面がある。イギリスのリテラシー学習でも、試験制度がとられ、到達度が明確にされることによって、通常の学校外の教育機関でも、型にはまった教育が多くなってくる。リテラシー教育の成果を高めるために、それに関わる教員の研修が重視されているが、成果によってコースの評価がなされ、財政的支援のあるコースの存廃が左右されるので、テストを意識した教育

226　第Ⅲ部　課題と展望

内容になり、柔軟な取り組みが容易ではなくなるのである。

　学校で学ぶことの意味としては、単に資格を取得するだけでなく、幅のある学習によって視野を広げることが可能になることがある。先に見たように、青年教育において、戦前の青年学校など簡易な学校を制度化したり、戦後の青年学級等社会教育機関を学校の代用化する動きがあったが、それは中等教育の拡充の代わりの安上がり教育政策であり、青年期教育の二重構造と言われたように、格差の固定化になりかねないことから批判を招いた。

　それでも、現実には、リテラシーを十分習得することなく学校を出された人たちや学校になじめない若者を放置することはできないのであり、オルタナティブな学校や、学校とは異なる学習の場が必要になる。また、そのような場によって、既存の学校教育に欠落しがちな、生活と結びついた教育やローカルな文化の発展、社会を見直す批判的リテラシーの獲得をなしうることが考えられる。

　学校で疎外された若者も、異なった世代の人間的交流の中で生活感あふれる生きざまと生活を拓く学習意欲に刺激を受けて、学びを展開していく姿が見られる。2015年に大阪府教育委員会が行った調査でも、府内の識字、及び識字・日本語教室91か所で学ぶ人のうち、日本国籍の398人の4.3%は30歳未満であり、30歳代も加えると12.8%を占める[23]。識字の支援者は、当初小学校教員が多かったが、しだいにボランティアの比重が増していて、イギリス等と逆の動きと見ることもできる。大阪での識字・日本語学習における学習者と支援者の関係が相互教育の理念に基づき、支援者も教師としてでなくパートナーとして、学習者の歴史や生活から学ぶような関係にあっては、ボランティアの関わる意味が大きい。もとよりその場合でも支援者としての研修が重要であるとともに、その適切な配置を進めるコーディネーターの役割が大きいのである。

　夜間中学校でも、既成の教材だけでは、学習者の実態に即しないことから、カリキュラム編成や教育内容の創造に力が注がれてきた。生活基本漢字の取り組みはその例である。これらの拡充と制度的保障が必要となっているのである。公立夜間中学校が限られている現状で、自主夜間中学の取り組みが注目されるが、その公立化が課題となる一方、自主教育機関であるがゆえに、自由な発想で、学習者中心に内容を構成し、運営することができるのであり、財政的

支援や公的位置づけが求められるのである。

　日本でも、子ども・若者の困難に対する支援策が問われるようになり、居場所づくりやジョブカフェなど就職への道づくりなどが展開されているが、その中でリテラシーについての支援は必ずしも十分見えるものになっていない。それでも、そこで信頼関係を得たり、就職への展望が拓かれるとき、リテラシーの習得への意欲も高まり、それに対する支援も求められるようになるのである。

　生活上の困難があり、日常の学習に関心が持てない生徒が少なくない学校でも、地域の中で仕事を経験することと学習を重ねることによって、自信をつけていく例も見られるのである (24)。

注

(1) Taylor, M.C.（1989）"Adult Basic Education", Merriam, S. B. and Cunningham, P. M., *Handbook of Adult and Continuing Education*, Jossey-Bass Publishers, San Francisco, p.465.

(2) NIAE（1980）*Year Book of Adult Education,* 1980-81, NIAE, Leicester, p.6.

(3) 上杉孝實（2007）「イギリスの教育改革における生涯学習の動向」、大桃敏行・上杉孝實・井ノ口淳三・植田健男編『教育改革の国際比較』ミネルヴァ書房、221頁。

(4) http://www.lifelonglearning.co.uk/mosergroup/front.htom, 1999.

(5) The City Literary Institute（1999）*The City Lit: Courses for adults 1999/2000*, p.41.

(6) Elsey, B. and Gibbs, M.（1981）*Voluntary Tutors in Adult Literacy*, Department of Adult Education, University of Nottingham, Nottingham, pp.9-14.

(7) Clary, H.（2001）"Skills for Life", *Adults Learning,* Vol.12, No.6, pp.10-11.

(8) 岩槻知也（2006）「批判的リテラシー研究の動向とその意義」、『京都女子大学発達教育学紀要』第2号、1-10頁。

(9) Lovett, T., Clarke, C. and Kilmurray, A.（1983）*Adult Education and Community Action,* Croom Helm, London.

(10) Cann, R., Haughton, R. and Melville, N.（eds.）（1985）*Adult Options,* The Weavers Press, Kent.

(11) Ward, K. and Taylor, R.（eds.）（1986）*Adult Education and Working Class,* Croom Helm, London.

(12) Thompson, J.L.（1983）*Learning Liberation,* Croom Helm, London, pp.148-195.

(13) Department of Education and Employment（1999）*Learning to Succeed: A New framework for post-16 learning,* The Stationery Office, London, p.49.

(14) 全国夜間中学校研究会人権救済申立専門委員会（2008）『全国への公立夜間中学校開設を目指した人権救済申立の記録』。

(15) 文部省（1961）『日本人の読み書き能力』、4頁。

(16) この観点からの分析をしたものとして、森実（2014）「日本における識字の実相」、識

字・日本語研究会編『まなぶ つながる うごきだす―国内の識字・日本語をめぐる状況と課題』、5-16頁。

(17) 森田俊彦（2007）「A'ワーク創造館 これから学級シリーズ 成人実用基礎教育の変遷とこれから」、『2007年度成人実用基礎教育研究会実施報告書』A'ワーク創造館。

(18) 添田祥史（2013）「現代の貧困と成人基礎教育」、松田武雄編『現代の社会教育と生涯学習』九州大学出版会、79-99頁。

(19) 京都市青少年活動センターの活動など（日本社会教育学会第37回関西研究集会、2013年における横江美佐子による報告から）。

(20) Illich, I.（1970）*Deschooling Society,* Penguin, Harper & Row（東洋・小澤周三訳『脱学校の社会』東京創元社、1977年）。

(21) Tett, L. *et al.*（2012）"Learning,Rehabilitation and the Arts in Prisons: a Scottish Case Study", *Studies in the Education of Adults,* Vol.44, No.2, pp.171-185.

(22) UNESCO（1972）*Learning to Be: The World of Education Today and Tomorrow,* UNESCO（国立教育研究所内フォール報告書検討委員会訳『未来の学習』第一法規、1975年）。

(23) 大阪府教育委員会事務局市町村教育室地域教育振興課（2014）『大阪の識字・日本語：平成25年度識字・日本語教室活動状況調査報告書』、13頁。

(24) 第26回現代生涯学習研究セミナー運営委員会（2014）『子ども・若者の困難に向き合う社会教育』。

第12章

制度の外で活動する学びの場を制度化する上でのジレンマ
──フリースクールのローカルなリテラシー実践から──

藤根 雅之

第1節　フリースクールの制度化の動き

　第2次安倍内閣において開かれた教育再生実行会議は、2014年7月に『今後の学制等の在り方について（第五次提言）』をとりまとめた。そこには、「国は、小学校及び中学校における不登校の児童生徒が学んでいるフリースクールや、国際化に対応した教育を行うインターナショナルスクールなどの学校外の教育機会の現状を踏まえ、その位置づけについて、就学義務や公費負担の在り方を含め検討する。また、義務教育未修了者の就学機会の確保に重要な役割を果たしているいわゆる夜間中学について、その設置を促進する」と記され、フリースクール等学校外での学びの場に対する国からの支援が検討されている。同年11月24日には、日本国内のフリースクール等の関係者を対象とした「文部科学省全国フリースクール等フォーラム」が文部科学省によって開催され、427名の参加があった[1]。また翌年1月には、文部科学省に「フリースクールに対してどんな支援をすべきか」[2]を検討する「フリースクール等に関する検討会議」が設置され、その検討会議委員に数名のフリースクール等の活動に関わっている人物が選出されている[3]。

　また、フリースクール独自の活動においても、政策提言など、その活動を法的に位置づけることを求めた運動が展開されている。2012年7月に、フリースクール、シュタイナー学校、サドベリースクール、ブラジル学校、インターナショナルスクール等の活動団体やネットワークが連携し、「オルタナティブ教

育法を実現する会」を発足させた。同会は、ロビー活動や2014年6月に結成された超党派の「フリースクール等議員連盟」等を通じ、一条校（学校教育法第1条で定められる学校）以外の場での学習権保障を目的とする「子どもの多様な学びの機会を保障する法律」の立案を提言している。国家による制度化だけでなく、フリースクール独自もその活動を法制度上位置づけるよう働きかけを行ってきている。そしてその議員連盟は、「夜間中学等義務教育拡充議員連盟」と合流し、「多様な教育機会確保法」の立法を目指した活動が展開された[4]。

　このように、これまで学校教育制度の外部で活動を展開してきたフリースクールを制度の中に位置づけようという動きが活発になってきている。しかし、フリースクール等の国家による教育制度の外部で展開する教育活動が制度化されることによって生じる課題についての指摘はこれまでいくつかなされている。公教育の教育改革における競争原理に基づく「多様化」言説のもとフリースクールが公教育化されると、フリースクールが醸成してきた多様性が「規格化」されるという指摘[5]や、公的支援を受けることと引き換えに規制や評価の対象となり、教育実践において自ら内的な規制を課すといった組織内部の意識に変化が生じるケースの報告[6]がある。これらは、国家の制度外で展開してきた学び・教育の活動が制度化されることによって、法的位置づけや財政的支援を得ることと引き換えに、国家によるコントロールに組み込まれていくという、フリースクール等のオルタナティブな活動が直面するジレンマを指摘している。

　ではいったい、制度化つまり国家によるコントロールに組み込まれることによって、具体的にフリースクールの活動のどの部分が脅かされうるのであろうか。本稿では、フリースクールでの日常的な実践をリテラシー実践の観点からエスノグラフィックに描くことによって、それを明らかにする。

第2節　「不登校」への支援に関する2つのリテラシー実践

　フリースクールが制度化されようとする際に生じるジレンマについて考察するために、リテラシー実践の観点から、行政や学校教育による不登校対策とフ

リースクールが行ってきた不登校との関わりとの違いを整理する。ここでは、2つの関わりに共通していると言える「居場所」と「子どもの活動への参加」という2つの側面を見ていく。

　学校教育での不登校対策において、「居場所」とは、「心の居場所」と表され、「自己の存在感を実感し精神的に安心していられる場所」[7] や「自己が大事にされている、認められている等の存在感が実感でき、かつ精神的な充実感の得られる」[8] 場所として定義されている。また、「活動への参加」は、不登校対策においては、「体験活動」や「集団活動」といった言葉で表され、それによって不登校の子どもが「自らの生き方や将来に対する夢や目的意識について考えるなどのきっかけ」[9] を得られることが目論まれている。つまり、学校教育における不登校対策とは、不登校の子どもがその傷ついた心を「心の居場所」で受けとめられることで癒され、集団での体験活動を通じて社会性を取り戻し、学校や社会に復帰していくための活動と言える。リテラシー実践という観点から捉えると、学校教育における不登校対策は、学校に行けない、社会に出られないという、リテラシーの「欠如」した子どもに、社会に通用するリテラシーを身につけさせることを目的した活動である。フリースクールを制度的に位置づけるということは、その不登校対策を行うツールとして、フリースクールを位置づけるという考え方とも言える。

　しかし、リテラシー研究においては、以上のような均一なスキルとしてのリテラシーを、それが「欠如」した者に身につけさせるという理論的観点に対して批判がなされている。1980年代から始まった「新しいリテラシー研究（New Literacy Studies）」は、リテラシーが支配層からそれが「欠如」した存在に一方的に与えられる均一なものではなく、多様であり、状況に埋め込まれた、社会的な実践であるということを、エスノグラフィーの手法を中心に用いて明らかにしてきた。支配層の視点からはリテラシー（Dominant Literacy）が「欠如」していると見なされる存在にも、それぞれの状況に埋め込まれた「ローカル・リテラシー（Local Literacies）」が存在するというスタンスに立つ実証研究がなされてきた。

　フリースクールでのエスノグラフィーを行った朝倉は、フリースクールにおける不登校への関わりと学校教育での不登校対策の違いとして、多くのフリー

スクールは「学校復帰を目的としていない」という点を挙げている[10]。そのような視点に立つとき、フリースクールの「居場所」の側面は「強制がない」という言葉で、また「活動への参加」の側面は「やりたことができる」という言葉で表される[11]。そのような状況のもとで、子どもたちはミーティングで話し合いをし、自分たちで企画した活動を自分たちで行ったりしている。この朝倉によるエスノグラフィーから、これまでの学校教育における不登校対策で言われてきたような、子どもの心の傷が癒される「心の居場所」としてではなく、また社会性や自己肯定感が養われるような「体験活動」の場としてでもなく、子ども・若者が他者と自らの意見を交渉し活動を企画・運営していくというリテラシー実践の場としてのフリースクール像を見いだすことができるだろう。このようなフリースクールの日常は、学校復帰を目的とする支配的な視点からのリテラシーの観点からは見落とされる、フリースクールという状況に即したローカルなリテラシー実践であるといえる。

　学校教育における不登校対策とは、不登校の子どもに能力を身につけさせ学校復帰・社会復帰させるという支配的なリテラシーであり、それに対し、学校復帰を目的としないという価値観のもと実践を行うフリースクールの活動は、ローカルなリテラシーであるといえるだろう。国によるフリースクールの制度化とは、このような支配的なリテラシーがローカルなリテラシーと接触するということを意味する。途上国におけるリテラシーやその開発に関する研究を概観したロジャースは、ローカルなリテラシーが支配的なリテラシーに接触するときに、ローカルなリテラシーを守ろうとしたりあるいは支配的なリテラシーを部分的に取り入れるといった様々な反応が引き起こされると指摘する[12]。それらの反応は、ローカルなリテラシーを生きる人々にとってのジレンマの現れだろう。現在フリースクールがおかれている政治的、社会的状況はそのようなジレンマの上にあると言える。

　本稿では、フリースクールのローカルな状況に即した観点からその実践を記述し、分析することで、それを支配的な価値観である不登校対策という制度に位置づけようという力学の上に生じるジレンマについて考察していく。

第3節　フリースクールAについて

　本稿で取り上げるのはフリースクールA（仮名）の活動である[13]。フリースクールAは、関西の大都市中心部にあるビルの1フロアを拠点に、2000年代初頭から現在も活動を続けているフリースクールである。フリースクールはNPO法人の展開する事業の一つとして行われている。フリースクール以外のNPOの事業として、18歳以上の年齢を対象とする若者の居場所、親の相談窓口、社会問題等を考える一般に公開した講座などを展開している。フリースクールの基本的な開設時間は平日の10時から16時、通う子ども・若者（「メンバー」あるいは「会員」と呼ばれる。本稿では「メンバー」と表記する）の対象年齢は6歳から19歳である。2014年11月時点での会員数は16人（週5会員、週4会員、月1会員といった形態の違いがある）であり、12 〜 14歳が比較的多く、最年少は8歳、最年長は16歳である。会費は月額で週5会員が27,000円、月1会員が12,960円である[14]。

　フリースクールAの特徴として挙げられるのが、「居場所」であるということを最も重視する点である。フリースクールAの代表理事は、活動の意味について尋ねた質問に次のように答えている。

　他の団体が色んな所がお金になる、例えば資格が取れますよとかっているような事をやってるけれど、本当に中々お金になりにくくみんながあんまり手を付けてないのがただの「居場所」みたいなとこかなと思っていて（中略）とりあえずまあ改善はしにくいかもしれないけど、「まあ今日ちょっと一緒に御飯食べて落ち着こか」ぐらいができるような所があったらいいのかなっていうので意味を今私は感じているんですけど。（代表理事：2013年4月12日）

　しかし、フリースクールAでの活動は、そこに通う子ども・若者がただ「受容・共感」され、心が癒やされるためだけに存在するという場所ではな

い。子ども・若者が安心できる「居場所」であるということが大切にされた上
で、彼ら彼女らは様々なイベントを自らの手で企画・実施し展開している。具
体的に2014年にフリースクールＡで展開された主なイベント等をまとめる
と、スキー旅行、全国のフリースクールや親の会のネットワークが主催する全
国フェスティバル等への参加、青春18切符を使った九州への鉄道旅行、親の
会やOB・OG、ボランティアを巻き込んだお祭り、フィールドアスレチッ
ク、みかん狩り、ハロウィンイベント、クリスマスパーティー、近隣のフリー
スクールとの合同の文化祭等が挙げられる。これらイベントについて特徴的な
ことは、スタッフ等の大人が前もって準備した企画に子ども・若者が参加する
のではなく、子ども・若者が自分たちのやりたいことを提案し、企画・準備
し、実施するという点である。フリースクールＡは「居場所」を大切に活動
をしているが、そこで子ども・若者はただ安心感等を「与えられる」のではな
く、自分たちの考えのもと、フリースクールＡでの活動に自ら「参画してい
る」と言えるだろう。

　政府・行政の不登校対策による将来の学校復帰・社会復帰を目的とする活動
と比較すると、フリースクールＡの実践は、子ども・若者が安心できかつ自
らの手で活動を行うという「現在を『過ごす』ことが大切にされた実践」であ
ると言えるだろう。本稿では、その子ども・若者が「過ごす」ということの過
程を描くために、その活動の中心となるフリースクールＡでのミーティング
に注目する。

第4節　フリースクールのミーティング

　フリースクールＡでは、主に2種類のミーティングが行われている。1つめ
は「企画ミーティング」である。月2回、月曜か金曜の午後に行われる。予
算、時間・空間の使い方、今後やりたいイベントの提案など、フリースクール
Ａ全体に関わることが話される。ミーティングで話される議題は、メンバー・
スタッフ両方から提出される。議題の出し方は、フリースクールＡ内に設置
されているホワイトボード（図12-1、図12-2）の「議題欄」にメンバーやス

図12-1

図12-2

タッフそれぞれが前もって書いておくという手順が取られる。そのホワイトボードを囲んでメンバーやスタッフが座り（カーペット敷きの床に座る者も椅子に座る者もいる）ミーティングが行われる。ミーティングを始める際には、司会と書記2人（ホワイトボード書記とノート書記）が決められる。基本的にメンバーによる立候補制であるが、立候補者がいないときにはスタッフやボランティアが司会や書記を担当することもある。もう1つのミーティングは、「企画ミーティング」で決まったイベントでさらに細かく取り決めが必要なイベント（遠足へ行く、お泊まり会をする、何かを作って販売するなど）についてのミーティングである。それには、そのイベントに関係するメンバーのみが参加する。進め方等に関しては「企画ミーティング」と基本的に同じである。イベントに関したミーティングでは、ミーティングの最中に費用や日程などを調べる必要のあることが多いため、スタッフがノートパソコンを出しておくことが多い。

　フリースクールAにおいて、このミーティングはどのような位置づけにあるのだろうか。スタッフや代表理事の語りからは、フリースクールAにおけるミーティングは、メンバーが自分たちの意見を話し合う場であり、スタッフはなるだけそのサポートをするという意味づけがうかがえた。あるスタッフは、スタッフも発言権はあるが、ミーティングでは「極力黙ってたいなと思ってます」（スタッフc：2014年11月17日）と語り、できるだけメンバーが自分たちの意見を出し合ってミーティングに参加することを望んでいる。また別のスタッフは、フリースクールAの活動に参加するにあたって、メンバーに対して「お客さんじゃないですよ。（中略）企画立てた一員である意識はしとい

第12章　制度の外で活動する学びの場を制度化する上でのジレンマ　　237

てほしいなって」（スタッフb：2014年12月18日）といった考えを持っており、フリースクールAの活動へは、メンバーが主体的に参画するという点を重視していることがわかる。

　しかし、メンバーのミーティングへの参加は決して義務ではない。スタッフは、メンバーになるだけ参加はして欲しいと語るが、「参加しないからといって強制的に引っ張り込むとかはしてなくて、その子の過ごし方を尊重する」（スタッフd：2014年11月2日）というように、参加に強制はしていない。事実、ミーティングを行う際に、スタッフはまずそれぞれ好きなことをしているメンバーにミーティングが始まると呼びかけるが、それぞれのやっていることを中断させてまで参加させようとはしない。その日のミーティングで全員の過ごし方に関わるような「重要」なことが議題として上がっている場合は、スタッフは、メンバーに対しその議題がその子にとって重要であると説明し、なるべく参加するように交渉することになる。

　また、ミーティングの形式も緩やかである。ミーティングの途中で抜けて別のことをしたり、途中から参加したり、ミーティングで話されている内容が聞こえるぐらい距離を取ったところで漫画を読むなど別のことをしながら参加するメンバーもいる。

　そのような形をとるミーティングにおけるメンバー同士のやり取りは、メンバーそれぞれが「自分が参画して、自分の事と自分たちの事を自分たちで決めるって言うことをやるっていう、決めれなくても自分たちで話し合って考えて」（代表理事：2014年11月5日）いくという考えのもとで展開される。そのやり取りは、メンバー自らがフリースクールAの活動を形成していくという過程である。そのような過程を経て、メンバーは、フリースクールAで他者と共に「過ごして」いる。以下、そのメンバーがフリースクールAの活動を形成する過程を、メンバーやスタッフによる「交渉」「記録」という観点から捉え、描いていく。

4.1　ミーティングにおける「交渉」

　ミーティングでは、参加しているメンバーやスタッフが、お互いが「過ご

す」ために、それぞれ自分の意見を出し合い、「交渉」が行われる。その「交渉」は、外部の情報との「交渉」、メンバー間での「交渉」、メンバーとスタッフとの「交渉」の3つに整理できる。

4.1.1 外部の情報との「交渉」

フリースクールにおいてメンバーが「やりたいことをやる」ということは、決して好き勝手に出来るというわけではない。何かをやるためにはそのための企画や準備がもちろん必要となる。フリースクールにおいてはその企画や準備は、それをやりたいと言ったメンバー自身の手でなされている。

まず、「やりたいこと」の提案は、「企画ミーティング」で発案される。そして、「企画ミーティング」で決まったイベントで、日程や予算などさらに細かく決めていかなければならない場合、そのイベントに関したミーティングが行われる。その例として、海水浴やみかん狩りといった外出や、他のフリースクール等との交流等における費用や日程、場所などの取り決めが挙げられる。そのようなイベントに関したミーティングでは、メンバーは、フリースクールAの外部の情報等を集め、調べたり、外部の人と連絡をとるといったことが行われる。その際、その外部の情報と自分たちの希望や条件などをすり合わせるかたちでの「交渉」が行われることとなる。

みかん狩りに行くために行われた「みかん狩りミーティング」において、みかん狩りを行う農園をどこにするか選ぶ過程を見てみよう。このミーティングでは、インターネットにつながったノートパソコンを使いながら、参加するメンバーが希望する条件にあった農園を探していくという「交渉」が行われた。

ホワイトボードの前のテーブルにノートPCが置かれ、メンバーAが操作し、他のメンバーがその周りを囲む感じで立っていたり椅子に座ったりしている。スタッフbがホワイトボードのマーカーを持ち、調べたこと等をホワイトボードに書いていく形でミーティングが進められる。

メンバーAがノートPCでインターネットブラウザを開き、Googleで「大阪　みかん」と検索し、旅行サイトのみかん農園のリストを表示させる。リストを表示させたはいいが、メンバーAはそこからどうすればいい

かわからない様で「で、これどうしたらいいん」と言う。スタッフbが、「これはだめってのを消していくか、行けそうな所をあげていくか」と、そのリストから自分達の希望に合う農園を選ぶようアドバイスする。メンバーBが横で見ながら、「上から見ていったら」と言い、メンバーAは、リストの上に書かれている農園の開催期間を読み上げる。スタッフbは、その開催期間をホワイトボードに書きながら、「先ずは予定の日に期間が終わってないかが絶対」や「値段も高すぎるのとか条件悪いのは外していこう」と、どの情報を見ればいいかをアドバイスする。

　メンバーAが上から2つめの農園の情報を表示させた時、横からPCを覗きこんでいた他のメンバーが、その農園の開催期間が自分たちが行く予定日と外れている事に気づき、画面上の開催期間の所を指さす。メンバーAが「9月下旬まで」とその部分を読み上げ、スタッフbが「あーだめや」と反応する。それから、メンバーAは農園の情報ページを見る際に開催期間を先ず見て候補を絞り込んでいこうとする。（筆者フィールドノーツ（以下「FN」と表記）：2013年9月13日）

　メンバーは、自分たちの希望に最も近いみかん狩りが行える農園を探すために、インターネットを使い外部の情報を集め、取捨選択している。その際に、複数のメンバーで協力して情報を読み取ろうという試みがなされたり、スタッフがどの情報をどのように読み取ればいいかをアドバイスしたりして、ミーティングが展開している。自分たちがやりたいことは何なのか、そのためにどのような情報や判断が必要なのか。それがミーティングにおいてメンバー自らによって探られている。このような外部の情報との「交渉」を行いながら、メンバーのやりたいことが形作られ、活動が形成されていく。

4.1.2　メンバー間での「交渉」

　次に、メンバー間の「交渉」の事例を見ていく。「企画ミーティング」では、メンバーは、主に自分がフリースクールAでやりたいことを発題する。その発題は、もちろんフリースクールAでの過ごし方に関わる事柄なので、発題したメンバー1人の問題ではなく、他のメンバーの過ごし方にも影響を与

えることとなり、異なる意見を持つメンバー間において意見の対立等が起こりうる。その際、お互いの意見の擦り合わせを行う「交渉」が必要となる。

　ここで取り上げる事例は、先に取り上げた「みかん狩りミーティング」の続きである。ミカン狩りを行う農園を探す上で、農園の選定基準を巡ってメンバー間で意見が分かれた際の「交渉」を見てみよう。

　　インターネットでいくつかの農園の情報ページを見ていくうちに、メンバーAが、「弁当（持ち込み）不可」と書かれている農園がある事に気づき、「弁当不可や、弁当はいるやろ」と言う。それを受けてスタッフbが、「あー、弁当で決めるか？」と参加メンバーに、弁当の持ち込みの可否を選択の規準とするかどうか質問する。
　　メンバーBは、「弁当いらんし、（昼ご飯は）みかん食べたらええやん」と答えるが、その発言に対しメンバーAは「えー」と言い少し嫌そうな顔をする。スタッフbは、「いやいや、皆はどうか、弁当無いとちょっとって人」と、他のメンバーに弁当持ち込みの農園でないと嫌かどうかを聞く。2人のメンバーが手を挙げる。それを見てメンバーBは「ああー」とつぶやき残念そうな顔をするが、弁当持ち込み不可の農園を候補から外す事に同意する。(FN：2013年9月13日)

　フリースクールAの活動で何をやっていくのかという「交渉」が意見が異なるメンバー同士の間でなされている。それは、メンバー自身が考えや意見を出し合い、擦り合わせを行っていく過程である。スタッフは、そのお互いの意見を引き出したり、整理したりすることで、そのメンバー間の「交渉」を支える形でミーティングに参加している。このようなメンバー同士の「交渉」によって、フリースクールAの活動が作られていく。

4.1.3　メンバーとスタッフとの交渉

　以上のように、ミーティングにおいてメンバーは、様々な「交渉」を行っているが、「交渉」を行うのはメンバーだけではない。スタッフも、メンバーの「交渉」のサポートを行いながら、メンバーとの「交渉」を行っている。つま

り、ミーティングにおいて、スタッフが意見を発案することもある。フリースクールＡは、母体となるNPO法人の事業の1つとして運営されているため、他の事業との兼ね合いやスタッフの体制、予算など、メンバーの発案による活動に対して制約が生じることがある。また、メンバーから発題されたイベント等の準備を進めていくにあたって、準備が不十分な点があるなどしてそれが見過ごせないほどの問題を持つ場合、スタッフから確認の質問が出されたり修正案や代替案が出されることもある。スタッフらはなるべくメンバーの発案通りに進めようとするが、以上のような理由でそのメンバーの発案に制約や修正をかけなければならない状態となると、メンバーとスタッフとの間で「交渉」が行われることとなる。

　ここでは、「企画ミーティング」において、メンバーの間で室内ロッククライミングに行くという企画が進められているのに対して、スタッフが、スタッフの勤務体制や室内ロッククライミングに向けて事前に行うミーティングの日程の都合から、意見を述べる事例を取り上げてみよう。

　室内ロッククライミングの予算や場所について確認し、日程を決めている。その最中に、スタッフaが、「ちょっといい」と、手をあげて発言する。スタッフaは、「（参加）希望者多いやんか、危険もある事やし、子ども何人に対して大人何人とか考えないかんと思うんや」と発言し、室内ロッククライミングに行く際のスタッフの同伴体制を考える必要性を述べ、今後の大規模なイベントとの兼ね合いを考えて、「まず参加人数をハッキリ決めるべきやと思う締め切りを決めて」と申し出る。このスタッフaの申し出に基づいて、メンバーの室内ロッククライミングへの参加申込みの締め切り日を決める事となる。

　メンバーＡは、締め切り日を「4月に入れよう」と提案する。この提案は、5月半ばにフィールドアスレチックへ行く企画も提案されている事を踏まえて、それより前にロッククライミングを行えば良いと考えての提案だと思われる。それに対しスタッフaは、「6月の梅雨になる前にってアスレチックを早めにしたんや」と、野外であるアスレチックを梅雨前にもってきたと説明し、6月の予定が開いているという事を伝えようとする。しかしメン

242　第Ⅲ部　課題と展望

バーＡはそのスタッフａの意図に気づかないのか「でもクライミングは室内やから」と言い、ロッククライミングをアスレチックよりも先に行ってしまえばよいと言おうとした。それに対しスタッフａが「やから、6月に入ってでもいいんちゃうん」と返し、室内アスレチックは梅雨時でも影響を受けないため早くする必要はないという説明を行った。そのスタッフａの返しを聞いて、メンバーＡは「ああそうか」と納得したようだ。(FN：2014年4月11日)

　室内ロッククライミングに行きたいというメンバーの発案に対し、スタッフがスタッフ側の体制からその日程や参加者の取り決め方法へ意見を言っている。また、その後の「締め切りの決定」に関しても、メンバーが納得いくまでスタッフが自分の意見の説明を行っている。この事例からうかがえることは、メンバーのやりたいことが何でもすんなりと通るのではなく、またスタッフや運営者側の都合で一方的に決定されるのでもなく、メンバーとスタッフ両者の間での「交渉」によって、活動が形作られている点である。
　メンバーが主体であるミーティングにおいて、スタッフが発言を行うということは、スタッフにとっては非常に大きな葛藤を伴うものである。「大人の言うことの発言力って大きいんやなって思ったりします」(スタッフｄ：2014年11月12日)という語りからわかるように、スタッフは、メンバーから見て「権威」を持ってしまいやすい。そのため、スタッフの意見に対してメンバーからは「何言うてんねんってつっこみとかないですしね、納得されちゃうんですよ」(スタッフｃ：2014年11月17日)というように受けとめられ、メンバーよりもスタッフら「大人」の意見が通りやすくなってしまう。そのような力関係のもとでスタッフは、「権威じゃなくて、このスタッフは本気でそう思ってるんだっていうことを伝えたい」(スタッフａ：2014年11月18日)と語る。スタッフは、メンバーとの「交渉」において、ミーティングの一参加者として発言することと、大人の意見が通ってしまいやすいということの間で葛藤を抱えながら、ミーティングに参加している。
　メンバーが活動を作る主体ではあるが、それがすべてではない。様々な理由からスタッフもその活動の形成に関わっている。その際に、スタッフは「大

第12章　制度の外で活動する学びの場を制度化する上でのジレンマ　　243

人」が権威となって活動の形成に影響を与えることをなるべく避け、かつ、組織として現実的な活動を行えるようにするという葛藤を抱いている。ミーティングの場を通じて、メンバーは、このような葛藤を抱えながら共に過ごすスタッフと「交渉」を行いながら、フリースクールAの活動を作り上げている。

4.2　ミーティングにおける「記録」

　ミーティングでの「交渉」やその結果は、書記がホワイトボードと「ノート」にそれぞれ記録している。ホワイトボードは、ミーティングの最中にその議題等を可視化、整理するために使われる。「ノート」は、市販のB5サイズのノートが使われており、ミーティングで決められたこと、具体的には料理をしたときのレシピや材料費、旅行の企画のときの行程や費用等が記録され、蓄積される。「ノート」の書記になるのは、基本的にメンバーである。その「ノート」は、後日似たような企画や行事に関するミーティングの際に参照されたり、他の企画等の予定を立てる際に参照される。

　「ノート」が参照される場面を見てみよう。ある日の「企画ミーティング」では、チョコタルトを作るという企画が提案された際に、それにかかる費用が「ノート」に書かれた以前の料理企画を参照することで決定された。

　　ホワイトボードの企画欄に「チョコタルト作り」と書かれており、司会のメンバーBが「はい、じゃあ、お金はいくらかかる」と参加しているメンバーに向かって聞く。ホワイトボードにそれを書いたメンバーはすぐには答えられないようで、誰もメンバーBの問いに答えない。少しの間があり、スタッフcが、「前やったときいくらかかったっけ、誰か覚えてる?」とメンバーに聞くと、あるメンバーが「ノートに書いてない?」と答え、「ノート」が参照される事となる。メンバーBが「ノート」を取ってきて、前回チョコタルトを作った時の記録を見ながら、「一人100円かな、じゃあ100円で決定ですね」とかかるお金の額を決定する。(FN：2013年9月27日)

「ノート」には、これまでの活動を企画、準備したときの記録が記されてい

244　第Ⅲ部　課題と展望

る。メンバーは、ミーティングで新たに活動を企画、準備する際に、その「記録」を参照し、自分たちのやりたい活動を形成していく。そしてそのメンバーが行った活動は、また、「ノート」に記録され、後の活動において参照されることとなる。つまり、「ノート」は、フリースクールAでこれまでメンバーが行ってきた「交渉」の過程を記録しており、後に参照されるといった形で、メンバーによる活動の形成の一端を担っている。

4.3　「ミーティング」から見えてくる「過ごす」ということ

　フリースクールAでメンバーとスタッフが行う実践を、「ミーティング」の場面を中心に、「交渉」と「記録」の側面から見てきた。メンバーは、フリースクールAの活動において、いかに自分たちのやりたいことを行うかという観点から様々な「交渉」を繰り広げていた。自分たちのやりたいことができる場とは、ともすれば、ただ単にその場に受容されているだけの空間と理解されるかもしれない。しかし、「ミーティング」の過程を見ることで明らかになったように、メンバーは、自分たちのやりたいことをするために、様々な「交渉」を行っている。それは「受容される」という受動的な行動ではなく、自ら言葉を発し考え他者の言葉を受け止めるといった能動的な行動であると言えるだろう。

　そのメンバーの能動的な行動に対して、スタッフは強制をしていない。フリースクールAでの活動では、メンバーのやりたいことが最優先で行われている。しかし、スタッフも運営上の都合や一緒に活動する上で様々な意見を持ち、メンバーの考えに対して意見を出すこともある。その際にはスタッフは、大人が権威とならないよう葛藤を抱きながら、メンバーとの間で「交渉」を行うこととなる。強制がないと言うと、大人が子どもに対して何でも好き放題にさせている状態だと見なす人もいるかもしれない。しかし、フリースクールAの実践を見ることで明らかになったことは、強制がない中で、メンバーはスタッフと交渉を行っているということである。そのメンバーとスタッフの交渉においては、スタッフは自分たち大人の意見が権威とならないように葛藤を伴いながらその交渉が行われている。

第12章　制度の外で活動する学びの場を制度化する上でのジレンマ　　245

「ミーティング」での「交渉」と「記録」から見えてくることは、フリースクールで子どもたちは、ただ「居場所」で受容され好きなことをしているだけではなく、その場の中で、他のメンバーやスタッフといった他者と「交渉」し、一緒に「過ごす」ということを行っているということである。この他者と一緒に「過ごす」という実践こそが、フリースクールにおけるローカルなリテラシー実践であると言える。

第5節　制度化されることへのジレンマ

　フリースクールの日常的実践から描くと、その実践とは、いかに不登校の子ども・若者が他者と一緒に「過ごす」かという活動である。つまり、不登校の子どもの潜在的な能力を育成することが目的ではなく、いかにその子が、今現在を「過ごす」ことができるかという点が、フリースクールにおけるローカルなリテラシー実践である。

　一方で、国による不登校対策は、不登校の子どもが学校復帰・社会復帰をし、将来の役に立つ人材となるように開発するという、支配的な観点からの均一なスキルとしてのリテラシー支援といえる。フリースクールの制度化とは、このような支配的なリテラシー観をローカルなリテラシー実践を行っているフリースクールに適用することを意味する。どれだけそのフリースクールの実践を通じて不登校の子どもが「成長」したのか、社会に「復帰」したのか、将来の「役に立つ」のかという「効果」が問われることになる。つまり、リテラシーが「欠如」した不登校の子どもたちにどれだけリテラシーを与えられるのかといった視点からの支援が求められ、それに基づいた評価がフリースクールに対して打ち出されることになる。

　2014年10月に川崎市にある「フリースペースえん」を視察した下村文部科学大臣は、その後の記者会見で以下のように述べている。

　　10年くらい前までは、本当に、不登校で既存の学校に適応できない、ある意味では、ちょっとドロップアウトしてしまった、そういう子供たちが行

246　第Ⅲ部　課題と展望

かざるを得ない、その受皿としてフリースクールがあるという印象があったのですが、(中略) 逆に、そういう子供たちこそ、もしかしたら、これから、特に21世紀において、逆に、才能が輝くような、潜在的な能力を持った子がいるのではないかと。現地では「ダイヤモンドの原石」という言い方をしたのですけれども、(中略) 既存の学校にドロップアウトで仕方なく行っているというのではなくて、実はもう枠を超えてしまって、既存の公立の学校では収め切れないような、(中略) つまり潜在的にはものすごく能力を持った子が、実はそういうところで埋もれてしまっているのではないかというのを感じました[15]。

　この下村文科大臣の発言は、フリースクールを公的に"認める"こととして理解することもできるだろう。しかし、これまで述べたように、将来役に立つような人材育成という支配的なリテラシー観からフリースクールの実践を評価しようとする発言とも言える。そのような支配的なリテラシーにおける「効果」が問われた瞬間に、「過ごす」というフリースクールにおけるローカルなリテラシー実践が脅かされることとなりかねない。冒頭で述べた「フリースクール等フォーラム」では、プログラムの最後にフロアにいる参加者が挙手して発言する機会が設けられたが、その際に、参加者の一人であったフリースクールＡの事務局長から以下の旨の発言が行われた。

　　教育的な評価の眼差しのみで子どもが見られているのではと感じている、不登校はそういう眼差しからの撤退、フリースクールの意義はそういう眼差しから撤退する事を保障する事、それが「居場所」と呼ばれていた。(中略) 多様な能力を伸ばすと言っても、成果主義になると教育的眼差しを広げていくのではと疑念する。(FN：2014年11月24日)

　この発言から、フリースクールの活動を行う実践者たちは、下村文科大臣の「ダイヤモンドの原石」といった発言からうかがえる潜在的な能力を持つ子どもの開発（development）という考え方に対して、慎重な姿勢をとることもありうることがわかる。

第12章　制度の外で活動する学びの場を制度化する上でのジレンマ　247

ローカルなリテラシー実践を行ってきたフリースクールは、その活動の方向性について、支配的なリテラシー観を受け入れるのか、あるいはローカルなリテラシー実践を護持するのか、それとも支配的なリテラシーを部分的に取り入れ新しいローカルなリテラシー実践を生み出すのか、といったジレンマの上にあると言えよう。

注

(1) 文部科学省「下村博文文部科学大臣記者会見録（平成26年11月25日）」http://www.mext.go.jp/b_menu/daijin/detail/1353554.htm（2015/02/19最終アクセス）。

(2) 文部科学省「下村博文文部科学大臣記者会見録（平成26年9月16日）」http://www.mext.go.jp/b_menu/daijin/detail/1351736.htm（2015/02/19最終アクセス）。

(3) 不登校新聞「【公開】日本初の『フリースクール等検討会議』に奥地、西野の両氏選出」http://futoko.publishers.fm/article/7007/（2015/02/19最終アクセス）。

(4) 「学校外で義務教育、容認案 フリースクールや家庭学習 超党派、国会提出めざす」朝日新聞朝刊（2015年5月20日）。

(5) 土方由紀子（2011）「フリースクールの公教育化についての検討：「多様化」言説の陥穽」、『奈良女子大学社会学論集』第18号、197-211頁。

(6) 武井哲郎・金志英（2011）「公教育の担い手として認められるということ：日韓のオルタナティブ・スクールを事例として」、『東京大学大学院教育学研究科教育行政学論叢』第31号、41-56頁。

(7) 学校不適応対策調査研究協力者会議（1992）『登校拒否（不登校）問題について－児童生徒の「心の居場所」づくりをめざして』、18頁。

(8) 不登校問題に関する調査研究協力者会議（2003）『今後の不登校への対応の在り方について（報告）』、17頁。

(9) 文部科学省「不登校への対応について」http://www.mext.go.jp/a_menu/shotou/futoukou/main.htm。

(10) 朝倉景樹（1998）「［フリースクール］子ども・若者とスタッフ」、志水宏吉編著『教育のエスノグラフィー－学校現場のいま』嵯峨野書院、305頁。

(11) 朝倉景樹（1995）『登校拒否のエスノグラフィー』、128頁。

(12) Rogers, A. (2001) "Problematising literacy and development", Street, B.V. (ed.), *Literacy and Development Ethnographic Perspectives*, Routledge, pp.210-211.

(13) 本稿で用いるデータは、2012年5月から2014年7月まで、基本的に週1回のペースで行ったボランティアスタッフとしての参与観察と、スタッフ4名、代表理事、事務局長へそれぞれ2回行った半構造化インタビューから得られたものである。

(14) 2015年1月時点。

(15) 文部科学省「下村博文文部科学大臣記者会見録（平成26年10月31日）」http://www.mext.go.jp/b_menu/daijin/detail/1352989.htm（2015/02/19最終アクセス）。

第13章

学校から疎外された子どもの現状から考える公教育の課題

松下 一世

はじめに

　第Ⅱ部で取り上げた子ども・若者は、様々な事情によって、小学校からまたは中学校からほとんど学校に行かず、その結果、高校に進学する学力を身につけることができず、進学しても中退してしまうという負の連鎖に陥っていた。そこから抜け出し、社会との接点を持てたのは、支援機関の中で、信頼できる他者との出会いと、学び直しの機会を得たからであった。

　本章では、このように学校に行かない子ども、すなわち不就学や不登校、高校非進学、高校中退の子どもたちの全体像を、様々な統計データを読み解くことによって、社会的困難の視点から捉え直す。そして、NPO法人やフリースクールなどの様々な支援機関の存在意義を明らかにするとともに、学校教育の抱えている課題を明らかにする。

　折しも、2016年7月現在、国会で審議中の「多様な教育機会保障法案」は、今後の公教育のシステムを大きく転換するものである。子どもたちにとって、多様な教育機会を保障することが果たして展望となりうるのかどうか、考察する。

第1節　「高学力の日本」の不登校問題

　文部科学省「平成25年度学校基本調査」によれば、我が国は、高校進学率

98.4%。15歳児が対象のOECDのPISA調査では、2012年調査でも、数学的リテラシー、読解力、科学的リテラシーの3分野ともトップレベルであり、2011年の国際数学・理科教育動向調査（TIMSS）でも、トップ5位以内である。2011年に実施された16歳から65歳の成人を対象とした国際成人力調査（PIAAC）においても、「読解力」「数的思考力」「ITを活用した問題解決能力」のすべての分野で第一位であった。このような結果から、日本には、非識字者がほとんどいないと考えられがちだ。

しかし、本当にそうであろうか。上記の国際学力調査や全国学力調査においても、そもそも不就学や不登校の子どもたちは、調査の対象から除外されている。

それでは日本において、不登校の子どもたちは、いったいどのくらいいるのか。文部科学省では、不登校の定義を「年度間に連続または断続して30日以上欠席した児童生徒のうち不登校を理由とする者。不登校とは、何らかの心理的、情緒的、身体的、あるいは社会的要因・背景により、児童生徒が登校しないあるいはしたくてもできない状況にあること（ただし、病気や経済的理由によるものを除く）をいう」とした上で、以下のような調査結果を報告している。

「平成25年度問題行動等生徒指導上の諸問題に関する調査」によれば、全国で不登校児童生徒の人数は、119,617人。約12万人だ。調査対象は、国公私立のすべての小・中学校の児童生徒10,229,375人であり、不登校率は全児童生徒数の1.17%にあたる。

わずか1%にすぎない数値だが、小学校1年生から中学校3年生までの平均値が1%なのであり、学年ごとに見ると、学齢が上がるごとにその数値は増える。中学校では2.7%（37人に1人）、中学校3年生のみに絞ると、不登校は38,736人であり、これは3.3%（30人に1人）の比率にまで上がる（図13-1）。各学級に1人以上はいる割合になる。しかも、そのうちの61.4%が前年度からの継続である。

不登校といっても、30日と300日の欠席ではずいぶん状況が違うが、欠席扱いとはならないまでも、遅刻が多かったり、適応指導教室や別室登校、フリースクールでの出席も含めると、学校に行かない子どもの実数は、実際にはもっと多いだろう。

30人に1人が学校に行かなくなり、そのうちの6割が継続しているというこ

の状況は、決して看過できない。学校教育が保障すべき基礎学力を保障されていない子どもたちである。しかも、調査を開始した平成3年（1991年）以来上昇を続け、平成13年（2001年）あたりから横ばい状況であり、減少する兆しは見られない（図13-2）。

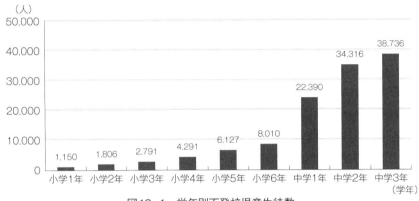

図13-1　学年別不登校児童生徒数

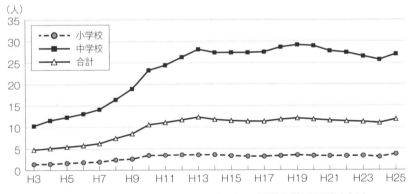

（注）調査対象：国公私立小・中学校（平成18年度より中学校には中等教育学校前期課程を含む）

図13-2　不登校児童生徒数の割合の推移（1,000人当たりの不登校児童生徒数）

（図13-1、図13-2　文部科学省「平成25年度問題行動等生徒指導上の諸問題に関する調査」より）

この比率は、不就学及び長期欠席（年間50日以上欠席）が問題になっていた頃の昭和28年（1953年）調査の数値に匹敵する。不就学・長期欠席児童生

徒は当時30万人を上回っていたが、比率にすると、小学校1.18%、中学校3.17%、平均1.79%である。この頃は、不就学の実態は未調査の部分もあり、「相当数に上るものと予想される」と記されている。

　経済的に生活基盤が安定してくるにつれ、高度経済成長期にあった1970年代以降、長期欠席は少しずつ減少するも、1980年代以降、新たな形で「学校ぎらい」「登校拒否」と呼ばれる経済的要因によらない新たな形での学校に行かない子どもたちが出現するようになる。1991年からは調査方法の欠席日数が年間50日から30日に変更され、さらに1992年からは、学校に行かないことは、ある特定の子どもにだけに見られる特別な現象ではなく、「誰にでも起こりうる」とされた。1998年より、「不登校」という用語と定義が決められ、病気や経済的理由は除かれた。その後、文部科学省は、様々な対策をとるも、その後も不登校は増加し続け、今も減少の兆しは見えない。

　不就学については、現在も同様に未調査の部分はある。居所不明児童生徒という「保護者が学齢児童生徒の住所地の変更中途退学や区域外就学等の場合の手続を怠り、または誤ったため不就学となっている児童生徒」や「戸籍面からの脱落、または居所不明等により不就学となっている児童生徒」の存在が、昨今ようやくクローズアップされつつある。2014年度の文部科学省の調査では、小・中学生の居所不明の子どもは397人と発表されているが、行政側の調査は完全ではないため、この数値の何倍もの数の不就学の子どもがいると推測される。

　また、小・中学校は、義務教育ではあっても、外国籍の子どもに対しての就学「義務」はなく、外国から来た子どもの不就学率の公的データはない。国連人種差別撤廃委員会から勧告を受けて実施した平成17・18年度（2005・2006年度）の文部科学省調査では、1県11市のみが対象であり、その調査では外国人児童生徒の1.1％の子どもが不就学となっているが、調査の範囲が限られたものであり、全国の実態を表しているとは言い難い。別の調査（田中、2011）によれば、2009年の在留外国人統計から小・中学校や外国人学校に通っている子どもの数を差し引くと、不就学の子どもは約35,000人である。これは外国人児童生徒総数（2009年時点で128,815人）の27％にもあたる。全児童生徒数（10,676,353人）中の0.3％である。母国と日本を移動する子どももいると思わ

れるが、かなりの人数の不就学児童生徒が存在すると推定される。

　このように見ると、理由や背景はどうであれ、これらの数値を含めて再計算すると、控えめに見積もっても、中学校卒業段階で学校に行っていない子どもは、3.6％（28人に1人）となる。

第2節　高校非進学率と高校中退率

　次に、高校の不登校率や中退率を見ていく。

　平成25（2013）年度の文科省調査によると、高校の不登校率は1.7％（55,657人）であるものの、中途退学率もまたほぼ同様の比率の1.7％（59,742人）である。つまり、不登校をやや上回る6万人近くの子どもが中途で退学していく。1.7％というと少ないと感じるかもしれないが、年間1.7％の子どもが学年が上がるごとに順次退学していくわけであり、高校の3年間では5.1％（20人に1人）の生徒が退学することになる。3年間では、人数にして約18万人の生徒が卒業しないままやめていく。高校に入学したときの一学級40人中2人は卒業しないことになる。

　非進学率1.6％と合わせると、6.6％である。

　さらに、外国籍の生徒については、公的な統計データがないため、高校進学率すら不明である。樋口直人の報告によれば、2010年の国勢調査を利用し、17歳の高校通学率を割り出すと、在日韓国・朝鮮人は、日本人とほぼ同じ進学率だが、中国人は約80％、フィリピンやブラジルに至っては60％しかないということである。2000年と比較すると格差は縮まったものの、出身国別の格差は大きい。居住期間だけではなく異文化の問題であると同様に、貧困も影響しているのではないかと樋口は指摘している[1]。

　公立の小・中学校に在籍する外国人児童生徒は2013年度で62,106人（私立は含まない）で、これは全児童生徒数のおよそ0.6％なので、そのおよそ3割の約0.2％が進学できないと仮定して、非進学率と高校中退率を合わせると6.8％になる。15人に1人が高校に行っていない、もしくは高校を卒業していない。

　高校進学率は高くても、15歳の子どもの3年後の高校卒業率は93.2％となる。

第13章　学校から疎外された子どもの現状から考える公教育の課題　　253

小・中学校時の不登校の子どもたちと、高校非進学や高校中退との連続性はどうであろうか。すべての不登校生が高校に進学しないわけでもない。第Ⅱ部でも見てきたように、その後の出会いと学び直しによって、通信制高校に進学し、大学進学をはたした子どももいる。しかし、中学校で不登校だった子どもたちを多く受け入れている定時制や通信制での中退率は、全日制と比較して突出して高い。全日制1.2%に対して、定時制11.5%、通信制5.2%である。定時制は、全日制の10倍である。

　定時制の4年間でどれほどの子どもが離脱していくかを計算すると、平均して11.5%とはいえ、学年別にみると1年生で23.7%、2年生で11.7%、3年生で6.6%、4年生で2.9%の子どもが中退している。総計すると44.9%であり、入学者のうちの半数近くが卒業までに中退していることになる。

　文部科学省が平成26（2014）年に報告した『不登校に関する実態調査～平成18年度不登校生に関する追跡調査報告書～』によると、不登校生で高校に進学した者は85.1%で、そのうち中退した者は14%（不登校生の11.9%）であり、前回調査と比較して高校進学率は増加、中退率は減少し、勉強が続けられる状態に好転しているとある。前回調査との比較から得られた数値は、確かに、不登校に対する各学校の取り組みの充実の結果であり、サポート校の増加なども効果を上げていると思われる。

　しかしながら、進学すらできない生徒が14.9%いて、進学しても中退せざるを得ない子どもの存在は11.9%で、総計26.8%である。中学校までの不登校体験者の4人に1人は高校卒業資格を得ていないということである。さらに言えば、この調査の有効回答は郵送での返信のあったものに限られているということで、進学率に関しては不登校全体の傾向より高めに出ていると思われる。したがって、中学校までの不登校と高校中退の連続性は決して否定できない。また、この追跡調査では、中学校までに適応指導教室やフリースクールでの学びの場を活用していた子どもが3割近く、中学校卒業後はサポステも含めると約1割となっている。7割以上の子どもたちは、学び直しのできる場に出会えていない。学ぶ場がないまま成人せざるを得ない子どもたちの存在は、実際はもっと多いであろうことが推測できる。

　以上の結果から、高校を卒業していない子どもの比率は、およそ15人に1人

であり、その中には、小・中学校から不登校の状態にある子どもも相当数いると思われる（図13-3）。不登校発生率の最も高い中学校1年から学校に通わないまま、高校に進学しない、もしくは、進学しても中退してしまう子どもにとっては、学びの場がほとんど初等教育だけに限られるということを表している。

　一つの学年に絞ってみると、高校に進学しない子どもが約2万人、高校中退者が年間約6万人で、合計8万人。このようにみてくると、小学校の高学年以降、ほとんど学ぶ機会のないまま大人になる子どもたちは、10年間で80万人にものぼるのである。

　PISA調査やPIAAC調査で世界トップレベルの成績をとっているといえども、公的調査では不就学率の正確な実態もつかめていないこと、また外国籍児童生徒は就学率や進学率に関する公的調査が存在しないこと、さらに不登校の子どもたちは学力調査の結果に含まれていないこと、このようなことから考えると、学力問題も別の視点から再検討する必要がある。

図13-3　小学校入学から高校卒業までの変化（2015年：筆者作成）

第3節　不登校は心の問題か、社会的排除の問題か

　今日においても、不登校は、心の問題を抱えた子どもの問題だと一般的には受け止められている。不登校の定義からも、経済的要因は外されている。しかし、本当にそうだろうか。

　貴戸（2004）は、「不登校は、大まかには、二つのナラティブ物語によって語られてきたと述べる。ひとつは、『子どもは学校に行くべきであり、周囲の大人は不登校者を学校に戻すために手を尽くすべき』とするもの、もう一つは

『子どもは学校に行かなくてもよく、学校の他にフリースクールなどの選択肢を認めるべき』とするものだ。前者は『病理・逸脱』の物語、後者は『選択』の物語である」としている。前者の論理から、学校は、不登校を一部の子どもの病理現象ではなく、「不登校はどの子どもにも起こりうる」と認め、その対策として、スクールカウンセラーの配置、適応指導教室や別室登校のシステム、保護者に対する支援など、様々な取り組みを展開した。一方、不登校の子どもたちが病理・逸脱の存在から選択、権利の主体として自己のアイデンティティを回復していくための理論と運動を率いてきた奥地（2005）らは、「全国親の会」を組織し、東京シューレを始めとするフリースクールやホームエデュケーションの普及に努めた。不登校という生き方を子どもの権利として認め、「学校」を選択肢の一つとして捉えた。

　しかし、貴戸は、はたして不登校の当事者にとって不登校は「選択」だったのかと問い直す。不登校を「肯定」するためには「学歴」を始めとする社会構造的な不平等としての「不登校によるマイナス」を「問題ではない」としなければならず、「心の問題」から「進路の問題」への転換が図られなければならないと指摘する。

　ところで、一人ひとりの不登校の原因は実に様々であり、いくつもの複数の要因が絡み合っている。ここではその要因の一つとして、低学力と経済面との相関関係を見ていきたい。

　全国学力テストが始まった当初から、地域別ランキングでは、低学力と就学援助率の高さの相関は、指摘されていた。また、加藤（2012）によれば、2010年の学校基本調査による東京都区部の結果から、「中学生の長期欠席率と不登校率の高い地域は、工業地帯や国勢調査でホワイトカラーの住民が少ない地域が中心である」ということを明らかにした。

　阿部（2008）の近年の子どもの貧困研究によると、貧困は子どもの成長に様々な影響を及ぼすことが指摘されている。貧困は、単にお金がないということだけでなく、家庭学習ができない、塾や習い事に行けない、部活動に参加できない、好きな物や必要な物を買ってもらえない、家族と十分なコミュニケーションがとれない、文化・スポーツ・旅行等の体験の幅が狭められるなど、家族関係や友人関係に影響を与え、学業にも支障が出る。勉強がわからなくな

り、学校に行かなくなる。家庭にも学校にも居場所がない子どもたちの中には、非行に走る子どもたちもいる。筆者が小学校教員をしていた頃も、ひとり親家庭で母親が深夜まで働いているため、子どもが学校を遅刻しがちになる家庭があった。教員が電話でその子どもを起こしたり、迎えに行ったりしていたが、しだいに学年が上がるにつれて休みがちになり、勉強についていけなくなり、中学校では不登校に陥ってしまった。また、生活保護世帯で、母親代わりに家事と弟妹の世話を担って、学校に行けなくなった子どもがいた。

　それでも、公的データでは、彼らの不登校の要因は「経済的理由」とはされずに「学業の不振」や「あそび・非行」「親子関係をめぐる問題」となってしまう。

　第Ⅱ部の事例に登場した子どもたちも、実に様々な理由やきっかけで学校に行かなくなっていたが、そこには「経済的貧困」「不安定な家族関係」「虐待」「いじめ」「非行」「低学力」などいくつもの要因が重複して表れていた。不登校は単純に心の問題としてひとくくりにできるものではなく、むしろ社会的文化的な問題でもある。

　高校進学率と貧困との相関関係は、より明確にデータに表れている。子どもの貧困率は、2012年現在で16.3％である。およそ6人に1人が貧困である。2013年の厚生労働省調査によると、生活保護世帯の子どもの高校進学率は90.8％であり、全国平均の98.4％に比べると、8ポイント近い格差が表れている。それ以前は長らく80％代が続いていた。様々な取り組みにより、格差は縮まったものの、まだかなりの格差がある。貧困家庭の子どもたちのほぼ1割は高校に進学していないということになる。都道府県格差もあるが、低い県では生活保護世帯の3割の子どもが高校に進学していない。

　先述したように筆者の計算では、高校卒業率が93.2％となった。上記の高校進学率に関するデータと、前項での外国籍の子どもの進学率を併せてグラフ化すると、図13-4のようになる。

　貧困家庭、外国籍の子どもなど不利な立場の子どもたちの高校進学率の格差は、それまでの不登校率や、入学後の高校中退とも、多く重なることが推察される。

　かつては、生活困窮のため、高校に行く学費がなく、家族のために中卒で働

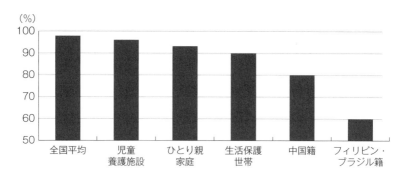

図13-4　高校進学率の比較（2015年：筆者作成）

かざるを得ない子どもたちが存在した。今は、様々な要因が複雑に絡み合い、学校に行かなくなった結果、高校に行くための学力が保障されないという間接的な形で高校進学や卒業資格を諦めざるを得ない。学校に行かないことは社会的排除につながるのである。

「不登校はどの子どもにも起こりうる」ことは事実であったとしても、その起こりうる確率には格差がある。

加藤（2012）は、「不登校研究はこれまで社会的な不平等の問題とは切り離されて議論されてきた。しかし学校教育制度自体が社会形成において担ってきた意味と位置づけを踏まえた場合、子どもたちが登校を忌避していく過程とその処遇とは、社会形成における排除と包摂の仕組みとも深く関わっている」としている。

「子どもの貧困対策の推進に関する法律」第8条の規定に基づき、「子供の貧困対策に関する大綱」が2014年に出されたが、それによると、「現実には、子供たちの将来がその生まれ育った家庭の事情等に左右されてしまう場合が少なくない。我が国の子供の貧困の状況が先進国の中でも厳しく、また、生活保護世帯の子供の高等学校等進学率も全体と比較して低い水準になっている」ことを挙げ、学校をプラットフォームと位置づけた総合的な子どもの貧困対策と支援が必要だと述べている。

この背景には、国連子どもの権利委員会より「困難を抱える子ども・若者についての調査と支援が必要」という勧告を受け、子ども・若者育成支援推進法

（2009年）の施行、翌年には「子ども・若者ビジョン」の策定があった。子どもの貧困対策推進法には、「子どもの将来がその生まれ育った環境によって左右されることのないよう、貧困の状況にある子どもが健やかに育成される環境を整備する」と述べられ、大綱には「全ての子供たちが夢と希望を持って成長していける社会の実現を目指して」とある。ようやくできた法律であり、理念を実効あるものにする具体的な方策の展開が、さらに望まれる。

第4節　1,000を超える支援機関

　それでは、以上のような困難を抱える子ども・若者の支援を行っている支援機関は、全国でどのくらいあるのだろうか。

　若者支援を行っている厚生労働事業のサポステは、前章で述べたように全国で150か所以上あり、その事業を委託されているのは、主にNPO法人である。さらに、サポステ事業に限らず、NPO法人全般について広げると、2012年度の内閣府調査によれば、714法人あることがわかっている。この調査は支援団体そのものが調査対象であり、その機関の名称に「ひきこもり」「引きこもり」「不登校」「高校中退」「若年の無業者」「ニート」「フリーター」「発達障害」「発達障がい」のいずれかの単語が含まれているものとしている。

　なお、「フリースクール全国ネットワーク」に加盟している団体は77団体であるが、そのうちNPO法人は30団体、一般社団法人が2団体である。約半分の45団体は、法人化していない。

　また通信制高校は、2014年時点で、全国で231校で、そのうち7割は私立であり、この10年で2倍以上に増えている（阿久澤、2015）。それに伴い、「サポート校」と呼ばれる学校も、近年、急増している。サポート校とは、通信制高校に通う生徒が3年間で卒業ができるよう、単位取得・進級などの支援を行う民間の教育施設である。インターネットの「通信制高校ナビ」には、両校併せて654校が掲載されている。したがってサポート校の数は、通信制高校のおよそ2倍以上となる。サポート校の運営は主に学習塾や予備校・専門学校などの教育関連の学校である。阿久澤によれば、「居場所機能、個への寄り添いによ

るエンパワメントを標榜するフリースクール系」だけでなく、「技能習得による職業教育というルートを担っていた高等専修学校による技能連携においても、生徒の個別心理的、家庭的な背景を考慮して、中退を防ぐ心理的支援が優先的になされている」と述べている。

　しかし、サポート校は基本的に、通信制高校とは別に学費が発生するので、貧困家庭の子どもにとっては活用することは難しい。

　重複したものもあると思われるので、単純に総計はできないが、子ども・若者の支援機関は、1,000を超えるであろう。不登校や高校中退問題は、そうした支援団体・施設の増加につながっている。しかし、先述したようにすべての子どもが、そのような支援機関を活用しているわけではなく、まだまだごく限られた子ども・若者たちの居場所、学び直しの場でしかないが、その意義は大きい。

　ここで、上記のような若者を支援している支援機関として、次の二つを紹介したい。一つは、「NPO法人さいたまユースサポートネット」である。ホームページによると「高校を中退、通信制高校生、不登校や引きこもりを経験、障害で生きづらさを感じている子ども・若者など、この社会に居場所がなかなか見つからない子ども・若者たちを無償で応援するNPOです」と紹介されている。

　代表理事の青砥恭によると、高校中退した若者100人を超える人数にインタビュー調査をした結果について、次のように述べている。

　　中退した子たちの調査をしていますと、子どものころからの本当に深刻な貧困がありました。その若者たちの貧困は親の代から続いて、不安定雇用や低賃金の貧困の連鎖からつくられたものでしたけれども、その中で幼児期からDVだとか、家庭崩壊、貧困に伴ってネグレクト、虐待が相当数見えました。それから10代の妊娠も少なくはないと思います。結局は家庭の経済資源のなさが、貧困が親の子育ての意欲のなさと相まって、子供たちの発達にものすごく大きな影響を与えている。それからその一番の問題はやはり学力形成に大きな影響を与えている。低学力のまま、中には九九ができないであるとか、繰り上がりの足し算ができない。小数、分数の計算ができないとい

う子は相当数。これは有名な事態になっておりますけれども、繰り上がりの
足し算すらできないという子どもたちも相当取り残されて放置されている。
それが結局学校に対する意欲を失わせ、それからその子どもたちが小学校や
中学で不登校を経験し、そして高校で中退をしていく。そして、そのまま貧
困の中に進んでいく。そして将来的には生活保護世帯へとなっていく。こう
いう悪循環が親の代から見えます [2]。

　もう一つは、「一般社団法人女子高生サポートセンター Colabo（コラボ）」
である。代表を務めるのは、かつては自身も「難民高校生」だったという仁藤
夢乃である。Colabo では、居場所や社会的なつながりを持たない「難民高校
生」や、性的搾取や人身取引の対象となり、「衣食住」と「関係性」を失った
少女の支援をしている。相談だけでなく、物資の支援や同行支援、宿泊支援、
食事提供など必要に応じて幅広い支援も行っている。活動報告によると、2014
年の相談者数は84名、年間の延べ相談件数は640件を超える。報告書には、次
のように述べられている。

　　……問題の背景には、「関係性の貧困」があります。私たちは、安心して
　眠ったり過ごせる家、帰りたいと思える家がない少女、誰かと食卓を囲む体
　験や、困ったときに頼れる関係性を持たない少女たちと出会っています。彼
　女たちに必要なのは、特別な支援ではなく「当たり前の日常」です [3]。
　　……混乱した生活の中、落ち着いて考えられる環境や、一緒にものごとを
　整理してくれる人との信頼関係や体験があって初めて、自分の状況を見つめ
　向き合うことができます [4]。

第5節　「多様な教育機会法案」で、子どもたちへの支援はどう変わるのか

　2015年5月、不登校の子どもたちが家庭やフリースクールで行う学習を義務
教育と認める法律の試案「多様な教育機会保障法案」が、国会に提出された。

学校外の義務教育を認める多様化路線である。しかし、2016年7月時点では、「不登校を助長するのではないか」などの異論が出され、引き続き、議論を継続している。その過程で、法案の修正がなされ、通称「フリースクール法案」から「不登校対策法案」となり、学校復帰を前提としたものとなった。

　しかし、学校に行けない子どもたちにとって、経済的にも精神的にも安心して学ぶ場が保障されることは、これまで不登校で苦しんできた当事者やその家族、関係者にとっては、学ぶ権利と同様、休養する権利、選択の権利が認められたことになる。フリースクールや夜間中学校で学んでいた子どもたちにとって、そのような学びが公的に認められることの意義は大きい。フリースクール全国ネットワークの奥地圭子は、これまで一貫して政策提言をしてきた側として、この法案は、「学校教育以外の教育を認める、戦後初で画期的な法案。名称に『多様な』という文言も入っており、学習の場に『自宅』が含まれたのも、すごいこと。法案の理念も、一人ひとりの子どもの学習の権利を保障しようというもの。支援は子どもや家庭が希望すれば受けられる。理想的とは言い切れないが、現在の学校中心主義を考えれば社会を変えていける法案」[5]と受け止める。

　しかし、子どもの権利条約に即した適切な運営を図ったり、営利企業の参入による競争主義的な教育に歯止めをかけるために教育委員会の役割を整備することが必要とし、運営面では多くの課題があることも指摘されている（喜多、2015）。

　一方、「多様性（ダイバーシティ）の導入」自体は、「子どもの権利」という観点から出てきたものではなく、グローバル化する時代への一つの適応のかたち」だとして警鐘を鳴らすのは、貴戸（2015a、2015b）である。「子どもたちのありのままの学び・育ちを認める」ためではなく、新自由主義的な教育の下では、「多様化」は容易に「市場化」へと横滑りし、学力テストの点数などのわかりやすい基準のもとに「成果」を測り、「消費者の選好」に任せて淘汰・効率化し、「個人の選択」を根拠に結果を自己責任に還元する、という形になると、不登校の支援や運動に携わってきた人びとが培ってきた「共同性」の側面が切り崩される恐れがあるとする。

　また「不登校・ひきこもりを考える当事者と親の会ネットワーク」は、本法

案が議論を尽くさないまま可決されることに反対し、「今のままではストップ」の声をかけている。障がい児の就学や発達障がいの問題に関わる人々によるインクルーシブ教育の観点からも、分離・排除が強まるという懸念が示されている。

まさに、公教育のあり方が問われる法案であり、慎重な議論が必要であろう。

第6節　公教育の今後

フリースクールやホームエデュケーションという選択肢が子どもたちに提示されたときに、学校はどう変わるのだろうか。

学校教育は、明治の学制以来、一貫して、「知・徳・体」の向上を目指して存在し続けている。上野（2008）は、学校的価値を「未来志向」と「ガンバリズム」そして「偏差値一元主義」と称している。「18年かけて同調型の人材をとことん絞り上げて作り上げる教育システム」であるとも述べる。このような学校的価値に対してなじめない子どもたちは、「生きづらさ」を抱え、不登校になった。その不登校の原因を社会的・文化的・経済的なものと捉えることなく、心の問題、不適応や逸脱の問題と捉え、子ども個人に学校への適応を求め、復帰させるための様々な取り組みをしてきた。適応指導教室や別室登校は、その延長線上にある。

しかし一方で、不登校の存在は、学校的価値を相対化する。例えば、子ども一人ひとりの葛藤やニーズに寄り添う努力がなされ、少人数指導によって自己回復した子どももいる。また、フリースクールやNPO法人などの支援団体との連携によって、無理にがんばらなくてもいいんだと安心した子どももいた。こうした場面に立ち会う教員は、学校的価値とは違うベクトルの考え方に触れ、教育のあり方を問い直す場面にも直面したであろう。学校的価値は不登校を生み出しつつ、一方、不登校の子どもの存在そのものが教育のあり方に疑問を投げかけてきた。不登校生に関わる教員たちの子ども観、学校観に変容を促してきたという側面を併せ持つのである。

学校教育が併せ持つ課題の矛盾を、次の言葉はうまく表している。先の法案のニュースを題材として、筆者のゼミで議論した際に出てきた、ある学生の発言である。

　　学校は、「みんな一緒」を強要する。みんなと一緒にできない子は「できない子」というレッテルを張られ、だんだん学校に来れなくなる。でも、私たちも先生も、「あの子の家に今度は誘いに行こう。体育祭だから、来れるかなあ。学校便りを持っていこう」とか言って、いろいろ働きかけてきた。今思うと、かえって、その子に学校に行かなきゃいけないというプレッシャーを与えてきたのかなあと気になるところもあるけど、その子がフリースクールに行ってしまうと、そんな友達の存在すら、いなくなるわけだから、気にすることもなくなる。たとえ近所にいたとしても、学校が違えば、気づかないから、存在しないことと一緒になる。障がいのある子が地域から離れた施設や学校に行くことによって、その存在に気づかないことになるのと同じように、不登校の友達も私たちの前からもいないことになる。それでいいのかなあ。

　障がいのある子どもにも、生きづらさを感じる子どもにも、社会的困難を抱える子どもにも出会わないまま、その存在にも気づかないまま、子ども時代を送った大人が、また教員になるとしたら、学校的価値を相対化することはできない。

　ところで、1970年代から2000年代にかけて、既存の学校的価値に対抗すべく、そのアンチテーゼとして反差別と解放の旗を掲げ、教育実践を繰り広げたのは、同和教育（解放教育）運動だった。同和教育は、従来の学校教育から排除されがちな被差別部落の子ども、在日コリアンの子ども、障がいのある子ども、貧困の子どもを中心にした教育実践である。子どもたちに、自らの存在を被差別の立場として社会的に自覚させ、立ち上がることを求めた。同時に、教員が自らの差別性を自覚し、差別する側からの脱却と解放をめざす教育運動でもあった。

　被差別の側の当事者の生活綴り方や語りを中心に同和教育教材が作成され、

学校、学級においては、反差別に連帯する仲間作りを推進した。学校で荒れる子には、どんな生活背景があるのか、荒れる子どもの保護者はどんな労働実態で働いているのか、貧困や差別が子どもにどのような影響を与えているのか、教員は家庭訪問をくり返し「差別の実態から学ぶ」をスローガンにして、「しんどい子ども」を学級の中心に位置づけた。

大阪の解放教育読本『にんげん』[6] では、「いっぺんどなったろか」（小学校4年生）という教材がある。「廊下を走らないようにしましょう」などというきれいごとばかり話し合う学級会を解体するところから仲間作りは始まる。「つらいことあるねんな」（小学校2年生）という教材では、学校で荒れざるを得ない子どもの厳しい生活背景が描かれている。「ミナコ逃げるな」（中学生）という教材では、荒れている子に対して他の子どもたちが真正面から対峙する中で、本音でつながる姿が描かれている。在日コリアンの子どもが本名を語り、車いすの子どもが学級で山登りに行く教材もある。差別と貧困によって学校に通えなかった人が60歳を過ぎて識字学校に通い、ひらがなを覚えて書いた詩が掲載されている。登場人物の誰もが、社会的マイノリティの大人や子どもである。

ここでは、「偏差値一元主義」も「同調型人材育成システム」もない。「知・徳・体」のガンバリズムともまったく違う位相がある。テストの点数だけでは測れない学力を「解放の学力」として模索し、学校に不適応や逸脱と捉えられがちな子どもたちを学校の中軸に位置づけることで、個人の変容を迫るのではなく、学校や教師のあり方の変容を促した。マイノリティの問題はマジョリティの側の問題という発想によって、既存の学校的価値そのものを反差別と解放の価値観で塗り替えようとした。

しかし、「人権教育のための国連10年」の取り組みの中で、同和教育から人権教育へと再構築され、法制化されたにもかかわらず、「人権尊重」はスローガンだけになり、学校的価値は、新自由主義教育によって、より一層強化された。最も不利な立場の子どもにこそ光を当て、学校文化を変革しようとしてきた教育実践は、一部の学校を除いて、残念ながらほとんど姿を消している。

しかも、子どもたちは学校的価値を何のためらいもなく内面化している。幼いころから学校だけでなく、塾や習い事、スポーツクラブや部活動で競争させ

られ序列化されることに慣れ、違和感を抱かない。子どもにとっても、勉強や
スポーツが苦手な子は「できない子」であり、教師の言うことに逆らい、秩序
を乱す子、コミュニケーションが苦手な子は、「迷惑な子」であると感じてし
まう。学校的価値に対して、対抗文化としての子ども文化があった時代は、学
業成績よりも遊びが上手な子が仲間の尊敬を勝ち取っていたが、それはもはや
昔である。学校的価値に不適応・逸脱している子どもは、子ども集団からも不
適応・逸脱とみなされてしまう。

　第Ⅱ部の事例、ヒロツグの語りにあるように、勉強にもスポーツにも頑張り
過ぎて、ちょっとした挫折に「存在価値がない」自分を感じ、そういう自分を
認めることができず、「人に相談するのは嫌でたまらなかった」と語る。ヨシ
トは「人の目を気にし過ぎ」て、誰にも認められていない自分にとって学校が
おもしろくないと感じた。こういった自己肯定できない子どもに対して、学校
はどれだけ対応してきたのか。たとえば、タクヤは、教員に父からの虐待の話
をしてもどうせわかってくれないと感じ、ひたすら現実から「逃げ」続け家出
を繰り返した。アヤカにとっては、「悪さをする」自分に対して、更生させよ
うとする教員が「うわべっだけっぽく見え」、自分のことを話しても「わかっ
てくれるのに時間がかかる」存在でしかなかったと語った。サヤカは、挫折し
て戻ってきた地元学校には自分の居場所はなく、痛みを共感してくれる友人も
いなかった。学校には、話を聴いてくれる大人も、相談できる友人もいなかっ
た。学校以外の場に居場所を見出して、「そこは逃げ場がたくさんあったから
よかった」というヒロツグの語りは、逃げ場のない学校のあり様を象徴してい
る。

　いじめ、不登校、貧困、虐待、非行等が重複して表れる子どもほど、学校か
らも社会からも切り離され、排除されていくという構造的な問題に対して、
1,000以上もあるという支援団体は、まだ一部の子どもしか救えていない。

　毎年、12万もの不登校を生み出す学校は危機に陥っている。学校は、多様
な課題をもつ子どもたちに対応しきれず、その限界に達しているといっても過
言ではない。

　文部科学省中央教育審議会答申（平成27年）では「チームとしての学校」
を提唱した。心理や福祉の専門家スタッフとの連携、警察や児童相談所との連

266　　第Ⅲ部　課題と展望

携、地域との連携を、校長のリーダーシップのもとマネジメント機能の強化によって推進していくというものである。また、新たな学校文化の形成として、主体的協同的な学びを中心とした授業改善に向けて教育課程そのものが大きく変わろうとしている。こうした大きな変化が子どもたちにどのような影響を与えるのか、今はまだ予測がつかない。しかし、この変化をチャンスと捉え、子どもたちの声に耳を傾け、公教育の果たす役割を今一度考え直さなければならない。

　学校外のさまざまな行政機関、民間機関との連携の必要性は言うまでもないが、連携のあり方が問われる。学校への不適応・逸脱とみなされた子どもの引き受け先としての専門家や他機関という関係になれば、不適応・逸脱の子どもを生み出す装置としての学校の役割は変わらない。今こそ、子どもの学ぶ権利という側面から、学校的価値を問い直す広範な議論が必要ではないか。

注

(1) 取り上げたデータは、2015年移住連全国フォーラム「外国にルーツをもつ子どもの教育と貧困の問題」分科会において、樋口直人氏が報告した「ニューカマーの子どもと進学―日本語適応を超えて」。調査は、移住連貧困プロジェクトによるものである。韓国・朝鮮籍の子どもたちは、日本の子どもたちとほぼ変わらない進学率だが、フィリピン、ペルー、ブラジル籍の進学率については2000年は半分にも満たなかったが、2010年のデータでは格差は縮小したとある。

(2) 文部科学省ホームページ「青砥恭氏（一般社団法人彩の国子ども・若者支援ネットワーク代表理事）意見発表」(http://www.mext.go.jp/a_menu/shotou/kaikaku/arikata/detail/1306653.htm)。

(3) 『一般社団法人Colabo 2014年活動報告書』、1頁。

(4) 同上書、4頁。

(5) 奥地圭子の記者会見での発言。2016年4月28日教育新聞ニュースより (https://www.kyobun.co.jp/news/20160428_01/)。2016年3月9日の記者会見でも同様に語っている。NPO法人フリースクール全国ネットワークのウェブサイトにも全文記載されている (http://freeschoolnetwork.jp/p-proposal/1794)。

(6) 大阪府の解放教育読本『にんげん』は、1970年6月に小学校4.5.6年版が、同年12月に中学校版が発行され、さらに1973年4月に小学校1.2.3年版が発行された。発行は明治図書出版だが、編集は、教育関係者の自主的な組織「解放教育研究会」であり、その後、（財）解放教育研究所となる。後に、何度も改訂され、教材も変わっていくが、ここで紹介した教材は、初版当時から2003年まで長らく愛用された教材である。

参考文献

青砥恭（2009）『ドキュメント高校中退―いま、貧困がうまれる場所』ちくま新書。

青砥恭（編集）・さいたまユースサポートネット（編集）（2015）『若者の貧困・居場所・セカンドチャンス』太郎次郎社エディタス。

阿久澤麻理子（研究代表者）（2015）「通信制高校の実態と実践例の研究―若者の総合的支援の場としての学校のあり方」科学研究費補助金基盤研究（C）研究成果報告書（http://co-existing.com/pdf/correspondence_highschool.pdf）。

阿部彩（2008）『子どもの貧困―日本の不公平を考える』岩波新書。

上野千鶴子（2008）『サヨナラ、学校化社会』ちくま文庫。

NPO法人さいたまユースサポートネット・ホームページ（http://www.saitamayouthnet.org/）。

奥地圭子（2005）『不登校という生き方』日本放送出版協会。

加藤美帆（2012）『不登校のポリティクス―社会統制と国家・学校・家族』勁草書房。

喜多明人（2015）「義務教育の段階に相当する普通教育の多様な機会の確保に関する法律」案（8月21日立法チーム提案、9月2日議連総会提出）法律案に関する論点別の解説―10の疑問に答える　2015年9月5日喜多明人（早稲田大学・多様な学び保障法を実現する会共同代表）（http://freeschoolnetwork.jp/wptest/wp-content/uploads/2015/09/kitaakito_rontenkaisetsu_20150905.pdf）。

貴戸理恵（2004）『不登校は終わらない―「選択」の物語から"当事者"の語りへ』新曜社。

貴戸理恵（2015a）「フリースクール法案を考える」、東京新聞「時代を読む」2015年11月掲載（2016年2月28日 http://bylines.news.yahoo.co.jp/kidorie/20160228-00054843/）。

貴戸理恵（2015b）「『多様な教育機会保障法案』、多様化で重要なのは、選択肢よりも共同性」（2015年6月10日 http://bylines.news.yahoo.co.jp/kidorie/20150610-00046508/）。

貴戸理恵・常野雄次郎（2005）『不登校、選んだわけじゃないんだぜ！（よりみちパン！セ）』イースト・プレス。

「義務教育の段階に相当する普通教育の多様な機会の確保に関する法律案」臨時国会上程に対する反対要望提出への賛同・協力のお願い（不登校・ひきこもりを考える当事者と親の会ネットワーク代表下村小夜子／子ども相談室「モモの部屋」主宰 内田良子）（http://ftk.blog.jp/archives/43846304.html）。

女子高校生サポートセンターcolabo・ホームページ（http://www.colabo-official.net/）。

田中宏（2011）「外国人の教育へ権利―外国人学校の現状を中心に」、財団法人アジア・太平洋人権情報センター編『外国にルーツをもつ子どもたち－思い・制度・展望』現代人文社。

内閣府「平成26年版 子ども・若者白書（全体版）」第3章 成育環境第1節 教育（http://www8.cao.go.jp/youth/whitepaper/h26honpen/b1_03_01.html）。

内閣府「子どもの貧困対策の推進に関する法律」（http://www8.cao.go.jp/kodomonohinkon/pdf/hinkon_law.pdf）。

内閣府「子供の貧困対策に関する大綱について（平成26年8月29日閣議決定）」（http://www8.cao.go.jp/kodomonohinkon/pdf/taikou.pdf）。

仁藤夢乃（2014）『女子高生の裏社会―「関係性の貧困」に生きる少女たち』光文社新書。

仁藤夢乃（2013）『難民高校生―絶望社会を生き抜く「私たち」のリアル』英治出版。

文部科学省 平成25年度「児童生徒の問題行動等生徒指導上の諸問題に関する調査」等結果について（http://www.mext.go.jp/b_menu/houdou/26/10/1351936.htm）。

文部科学省「学校基本調査－平成25年度（確定値）結果の概要－II調査結果の概要」（http://www.mext.go.jp/component/b_menu/other/__icsFiles/afieldfile/2013/12/20/1342607_2.pdf）。

まとめにかえて

　それでは最後に、これまでの記述を踏まえ、改めて「社会的困難を生きる若者にとっての学習支援」とは何かについて考察するとともに、今後の課題についても展望してみたい。

　まず第Ⅰ部では、先行研究や各種調査の結果に基づき、「社会的困難を生きる若者」のおかれている状況や支援施策の動向について把握するとともに、彼・彼女らの学習支援を考える際の視点として「リテラシー」という概念を採用することの意義について検討した。

　すでにヨーロッパ諸国においては、1970年代よりこのような「社会的困難を生きる若者」の問題が社会問題の一つとして重視されていたが、日本において同様の問題がクローズアップされたのは1990年代の後半になってからである。第1章では、その後日本において蓄積されてきたこのような若者を対象とする調査研究を概観したが、それらの結果によれば、調査対象となった若者の多くが、経済的な困難をはじめとする重層的・複合的な困難を抱える家庭に育ち、学齢期の比較的早い段階で学校教育から疎外されて低学歴の状態におかれているということが明らかになっている。

　以上のような困難な状況にある若者に対し、学校外における学習支援の取り組みができることは何なのか。それは、決して「学力向上」のみを目指すような、視野の狭い取り組みであってはならないはずである。第2章で検討した「リテラシー」の概念は、このような学校外における若者の学習支援の取り組みを、より幅広い視野に立って構想する際の重要な視点を提供してくれているように思われる。すなわちリテラシーの概念が重視しているのは、単なる読み書きの技能や知識ではなく、それらの技能や知識を用いて他者や自分自身と対話すること、自身の目標を達成すること、また主体的に社会に参加すること等、若者自身が社会の中で、つまり他の人との関係の中で生きていく際に必要となる能力なのである。したがってこのようなリテラシーの学習支援においては、学習者である若者自身の日々の暮らしや思い、関心、意欲、主体性等が最

大限に尊重されなければならないと考えられる。

　次に第Ⅱ部では、実際に全国各地で上記のような若者の支援を行う組織や団体の事例を、現地調査の結果に基づいて詳細に検討した。本書で事例として取り上げた組織や団体は、公立の夜間中学や自主夜間中学、更生保護施設や若者自立支援のNPOなど、その成り立ちや規模、活動内容等の特徴がきわめて多様である上に、必ずしも「学習支援」を前面に掲げて活動している組織ばかりではない。にもかかわらず、われわれはそれら多様な取り組みの間に、共通する「芯」のようなものがあることに気づかされた。ここでは、改めてそれぞれの実践事例を簡単に振り返りながら、これら支援の実践を貫く「芯」の内容について具体的に考えてみたい。

　まず第一の「芯」として挙げられるのは、「若者が安心できる居場所」の構築や若者との「人間関係」、「つながり」の形成を重要視しているということである。例えば田川ふれ愛義塾では、家庭や学校に居場所をなくした若者に対し、まずは彼・彼女らが安心できる居場所を提供する。「大家族のようなほのぼのとした雰囲気」に包まれて共同生活をおくりながら、若者たちはこれまでの生い立ちの中で見失ってきた基本的な生活習慣を取り戻していく。さらにある支援者は、幼少の頃から周囲に信頼できる大人の存在を欠き、大人に対する不信感を抱き続けてきた若者たちに対して、その支援を通して「おとなの信用を取り戻す」と語っている。「ちゃんとあなたのことを心配してるんよ、あなたの帰りを待ってるんよ」という思いを伝え続けることで、若者たちが「ほんとうにこの人は私のことを裏切らないんだ」ということを実感していく……そんな信頼関係をつくることが支援の要だという。また豊川識字・日本語教室の支援者は、「人間関係」が学習支援の場の「敷居の高さ」を低減すると語る。学齢期の早い段階で学校から疎外された若者たちにとって、「勉強するところ」は敷居の高い場である。しかしその場に、彼・彼女らのことを気にかけ、心配してくれる大人がいること（そこには近隣地域の大人や出身中学の教師も含まれている）で、その敷居は下がるというのである。若者が「その場に行きたい」「その場にいると安心できる」と感じられるような場を形成するのは、このような支援者との、信頼のおける「人間関係」なのだろう。以上のような

支援者の語りを聴いていると、学習のための「土台」、もしくは学習を育む「土壌」としての、基本的な生活習慣や信頼できる人間関係、つながりの重要性が改めて痛感される。

　次に第二の「芯」と考えられるのは、若者自身のおかれている状況やその思い、興味、関心を尊重するということである。例えばインタビューの中で、高槻富田ふれ愛義塾の支援者は、「若者が聞いてほしくないことは、できるだけ聞かない」ようにしていると語っていた。「上から目線で頭ごなし」に言うのはもちろんのこと、話を無理やり聞き出すということもしない。ただし若者が聞いてほしそうな時や若者自身が話し出してきた時には、その話をじっくりと聴き、思いや悩みを共有することに重点をおくという。またスチューデント・サポート・フェイスの支援者は、アウトリーチ（訪問支援）活動の中で、訪問先の若者のそれぞれの趣味に徹底してつきあい、「一緒に楽しい活動を共有する」ことが重要だと語っている。会っていきなり「学習」や「将来」の話をするのではなく、好きな音楽のことについてとことん話したり、ゲームや釣りを一緒に楽しむ……そのことが、ひきこもりの若者の心を開き、彼・彼女らとの関係を築いていくための重要な契機となるのである。このようにみてくると、若者の状況や思い、興味を尊重するということが、実は第一の「芯」である、若者との関係を築くための第一歩にもなっていることがわかる。

　そして第三の「芯」は、若者自身の意欲や主体性を育むということである。それぞれの実践事例をみていると、実はこのような意欲や主体性は、若者自身が持つ支援者や仲間、先輩等との人間関係の中で生まれ、育まれていることがよくわかる。例えば、小学5年生の時から家に引きこもり、不登校となったAさんは、東京の公立夜間中学入学時には、ほとんど誰とも喋ることがなかった。しかし喋らないAさんに、多国籍のクラスメートが「嫌な顔をするどころか、嫌というほど話しかけて」くれたという。そして「Aさんの声が聞きたい」と言ってくれたクラスメートや教員の期待に応えたいという意欲が芽生え、話す練習を重ねた結果、徐々に話ができるようになり、高校への進学をも実現させていく。また釧路「くるかい」の純くんも、小学3年生の頃から不登校の状態にあり、教室にやってきた時には「心も身体もがちがちに固まらせ」ていた。スタッフの誰が話しかけてもほとんど反応しなかったという当時の彼

まとめにかえて　　271

に対して、「仮面ライダー」の話題で話しかけ、関係を作り出していったのがボランティアの男子学生であった。この男子学生との関係が契機となって、純くんは自身の生活世界を広げ、自信を育み、学ぶ意欲を培っていく。そして他者や自分自身に対して語りかける文章を綴るまでに至るのである。また一方で、この二人の関係は、実は純くんだけでなく、男子学生にとっても極めて重要な意味を持つものであった。男子学生との関係の中でどんどんと自信をつけ、様々なことに挑戦していく純くんの姿を通して、当時悩みや迷いを抱えていた男子学生もまた、自らの存在意義を改めて実感することができたのではないか。このような若者と支援者の互恵的な関係が、若者だけでなく、支援者の側の意欲や主体性にも影響を及ぼし、両者の信頼関係をより一層強いものにしていくのであろう。

　以上がわれわれの見出した「芯」なるものの内容であるが、それぞれの支援の場においては、これらの「芯」が互いに密接に絡み合いながら、若者の学習を支える根本的な基盤となる環境を形成しているように思われる。また同時に、これら支援の場は、それぞれが単独で活動するだけでなく、他の関連する諸機関や組織とのネットワークを構築することによって、より重層的で継続的な支援を展開している。このような支援環境の中で、若者は、信頼できる他者や自分自身との対話を通して、自己を見つめ直し、将来の目標をも見出していく。そして、そのような目標（例えば進学や就職など）の達成に向けて、または他者や自分自身との対話のプロセスにおいて、それぞれの学習を、それぞれのペースで進めていくのである。第Ⅰ部で検討した「リテラシー」の概念に照らせば、まさにこのような学習のプロセスこそが、若者の中にリテラシーを育むための重要な基盤となっていることがわかるだろう。

　最後に第Ⅲ部では、第Ⅰ部・第Ⅱ部の論述を踏まえ、社会的困難を生きる若者の学習支援をめぐる今後の課題と展望について、3つのポイント——①「支援の届いていない層」へのアプローチ、②学習支援の「制度化」をめぐる問題、③学校教育の課題——から考察を加えた。

　まず第一のポイントは、第Ⅱ部で取り上げたような組織や団体に参加できていない、いわば「支援の届いていない層」へのアプローチである。第9章で

は、「学校ランクで低位に位置づく」ある普通科高校の中退者・卒業者の追跡調査に基づいて、いまだ支援の届いていない若者のおかれている状況が具体的に示されている。彼らは厳しい家庭環境の中で育ちながらも、自身の持つ人間関係のネットワークを通して、支援施設に参加することもなく何とか「職業生活をやり過ごしている」という。ただし彼らの中でも、「生育環境のなかで時間をかけて蓄積してきた人間関係」を持っている者は相対的に安定した職業生活を送っているのに対し、「場当たり的な人間関係」しか持たない者は、より不安定な職業生活を強いられている。ここでは、このようなより不安定な状況にある若者に支援を届けるために、一例として、若者自身の生活の文脈に即した「漸次的な参加」が可能な地域施設の設置が提案されている。幼少期から気軽に立ち寄ることができ、その場や活動の雰囲気が自分に合うかどうかを確認しながら徐々に参加していくことのできる身近な施設の存在が重要だということである。そしてそのような施設はまた、若者が決して「場当たり的」ではない、信頼のおける人間関係を構築していくことのできる場でなければならないだろう。このような施設の特徴から考えると、例えば第6章で取り上げた「豊川識字・日本語教室」のような場も、特定の小規模な地域に根づいた「漸次的参加」が可能な地域施設の具体的なモデルとして位置づけることができるように思われる。さらに、このような施設の存在に加えて、第8章で取り上げた「スチューデント・サポート・フェイス」が展開しているようなアウトリーチ、すなわち家庭訪問型の支援活動もまた、支援の届かない層へのアプローチとしては必要不可欠であろう。第一歩を踏み出すことの困難な若者に対して、施設の窓口でその来館を待っているだけでは、支援はなかなか届かないのである。

　次に第二のポイントは、これまでに見てきような若者に対する学習支援の「制度化」の問題である。第Ⅱ部で事例として取り上げた組織や団体の多くは民間の運営によるものであり、また公的な組織であっても制度的な基盤の脆弱なものが多い。若者学習支援の制度化は、このような質の高い支援活動を行う組織や団体の運営をより安定的なものにするだけでなく、同様の活動をより広く継続的に行うためにも必要不可欠である。第1章第2節でも述べたように、日本においても2000年代以降、困難を生きる若者の問題がクローズアップさ

れ、2009年には「子ども・若者育成支援推進法」が、また2013年には「子どもの貧困対策の推進に関する法律」及び「生活困窮者自立支援法」が制定されてきたが、このような法律制定の動向から考えると、日本もようやく若者学習支援の制度化のスタートラインに立つことができたと言えるのかもしれない。したがって今後は、これら法律の理念を実現させていくための具体的な制度のあり方を吟味していくことがきわめて重要となる。そこで本書では、第10章と第11章において、すでにそのような国レベルの支援制度を整備してきた韓国及びアメリカ・イギリスの事例を参照した。

　まず韓国については、1990年代に入って、学校制度から脱落する青少年の存在が社会的に注目されるようになり、2000年代の初頭には、これらの青少年が「学校の外の青少年」という名称で概念化され、研究や政策の対象として位置づけられていく。特にこのような青少年の増加が著しかったソウル市では、彼・彼女らの支援を専門的に行う施設（「学校の外の青少年支援センター」）を設置するとともに、国に先駆けて独自の条例を制定し、積極的な取り組みを展開した。そしてこのソウル市の後を追うかたちで、2014年には国が「学校の外の青少年支援に関する法律」を制定し、教育や福祉、労働等の関連部局の連携による総合的な施策の展開を可能にする制度を構築するに至っている。以上のような韓国の制度は、支援の対象を「学校の外の青少年」、すなわち学校から疎外された若者に特化しているという点で欧米の制度とも若干異なっており、日本の制度を検討する上でたいへん示唆に富むものである。今後、これらの制度が現実にどのように機能し、成果を挙げてきているのかといった点についての具体的な検証が待たれるところである。

　またアメリカやイギリスにおいては、それぞれ1960年代半ば及び2000年代の初頭から、国のイニシアチブによって「成人基礎教育（adult basic education）」の政策が強力に展開されてきた。この成人基礎教育とは、①16歳以上の成人を対象とする日常生活に必要な基礎的な読み書き（literacy）や計算（numeracy）の学習支援、及び②英語を第一言語（母語）としない成人に対する英語の学習支援の総称である。具体的な学習内容については、第11章でも述べられているとおり、「成人として人間らしい生活を営み、社会に働きかけ得る能力」、すなわち「リテラシー」の獲得を期した学習であると言っ

てよい。この取り組みの対象となる成人の属性はかなり多様であるが、失業等により社会的排除の状態におかれた若者にとっても、きわめて重要な学び直しの機会となっている。

　加えてイギリスにおいては、上記の成人基礎教育政策と並行して、「コネクションズ・サービス」と呼ばれる総合的な若者支援の政策が省庁横断的に展開されている。このサービスの目的は、13歳から19歳までのすべての若者のニーズに即して生活や就労、学習等に関する情報やアドバイスを与え、成人期へのスムーズな移行（transition）を支援するというものだが、特に対象として重点がおかれているのは、ここでも“NEET”や社会的に排除される危機に直面している若者である。さらにこのような若者の支援において中心的な役割を担っているのが「ユースワーカー」という国家資格を持つ専門職であることにも留意が必要であろう。イギリスにおいては、このような若者支援の取り組みが「ユースワーク」という名称で重視され、国の政策として展開されてきたのである。

　ちなみに日本においても、自治体レベルではユースワークを施策化している地域が存在する。今回の調査では対象とすることができなかったが、例えば京都市においては、1970年代から従来の対策的な発想に基づく青少年施策を転換し、イギリスにおけるユースサービスの理念を取り入れた青少年支援の体制を整備している。具体的には、市内に7か所の「青少年活動センター」を設置し、各施設にユースワーカーを配置することによって、若者自身が信頼に基づく人間関係を基盤として、関心や意欲、主体性を育むことのできるような支援が展開されている [1]。現在、この青少年活動センターを京都市からの委託により運営する公益財団法人「京都市ユースサービス協会」が、独自にユースワーカーの資格認定を行っているが、残念ながら本資格はいまだ国家資格とはなっていない。イギリスの例に倣うなら、日本でも早急にこのような若者支援の専門職制度を確立し、それらの人材を必要な場に適切に配置すべきであろう。

　最後に、以上のような「制度化」の取り組みには、より多くの若者に安定的に支援を届けるという「光」の部分とともに、「影」の部分が存在することにも注目しておかねばならない。第12章の記述は、フリースクールの事例に焦点を当てながら、その制度化の「影」の部分について検討を加えている。ここ

で事例として取り上げられているフリースクールでは、不登校の子どもや若者が他者と一緒に「過ごす」ことが重視されている。「過ごす」とは、他者に「受容される」ということにとどまらず、自ら言葉を発して考え、他者の言葉を受け止めるというきわめて能動的、主体的な行為を指しているのだが、制度化のプロセスが持つ「教育的な眼差し」からは、その効果が見えにくく、評価されることがない。学校や社会に「復帰」し、「役に立つ」人材となることを至上命題とするような制度化が画一的に進められるならば、この「過ごす」という行為の最も重要な部分がないがしろにされてしまう可能性は高い。本フリースクールや第Ⅱ部で事例として取り上げた組織・団体が大切にしている支援の質を損なわないような制度のあり方を丁寧に検討していく必要があるだろう。

　第Ⅲ部における考察の第三のポイントは、困難を生きる若者を対象とする今回の調査から見えてきた学校教育の課題である。先にも見たように、今回、われわれのインタビューに応じてくれた若者の多くは、学齢期の比較的早い段階で学校教育から疎外されていた。そのような疎外が生じた背景には、もちろん様々な要因が絡んでいると考えられるが、第13章の分析によれば、その要因の一つに「学校的価値」があるという。現在の学校は「未来志向」「ガンバリズム」「偏差値一元主義」の3点に集約される「学校的価値」に基づいて、「同調型の人材をとことん絞り上げて作り上げる教育システム」であり、このような学校教育システムにうまく適合しない子どもたちを疎外し続けてきたというのである。実際、今回のインタビューにおいても、多くの若者が学校時代の「疎外」の経験を具体的に語ってくれた。「居場所」や「逃げ場」のない学校をどのように変えていくのか。学校教育の側が、疎外されてきた若者の語りや思いをいま一度真摯に受け止め、「学校的価値」を相対化しながら、改革の方向性を探るべき時に来ているのかもしれない。

　これまでに示してきたとおり、今回、われわれは「社会的困難を生きる若者」の実態やその学習支援のあり方について、実際に支援に取り組んでいる組織や団体の事例調査を通して、具体的に考察を加えることができた。当事者である若者自身の経験や思い、そして支援者の語る「支援の真髄」のようなものに触れ、それぞれの若者が生きてきた「社会的困難」の具体的な内実を知ると

ともに、そのような若者の「学習を支援する」ということの意味について、深く再考を迫られたと言ってよい。

　周知のように、すでに「若者支援」の実践や研究については、生活や就労等の分野においてかなりの蓄積があるが、われわれは今回の調査研究を通して、改めてこの「学習支援」の重要性を実感するに至った。すなわち、困難な状況にある若者の生活や就労を安定させることと同時に、それら生活や就労の主体である若者自身の意識に寄り添い、働きかけていくことの重要性である。事例報告の記述からもわかるように、若者同士、また若者と支援者との「つながり」の中で展開されるこのような支援は、支援者から若者に「断片的な知識を注入する」といったかたちの、狭い意味での「学力向上」の取り組みとはかなり異質なものである。本書第Ⅰ部に述べたキーワードを用いるなら、まさに若者自身が社会の中で、つまり他の人との関係の中で生きていく際に必要となる「リテラシー」を育むための支援ということになるだろう。

　本書の随所で述べてきたように、現在、国会では「義務教育の段階における普通教育に相当する教育の機会の確保等に関する法律」の成立に向けた動きが活発化している。本法律の目的は、義務教育を十分に受けていない人々（学齢期を超えた人を含む）に対して、義務教育に相当する教育を提供するための多様な機会を保障することにある。したがって近い将来、このような法律が成立すれば、「社会的困難を生きる若者の学習支援」にかかわる制度の整備も確実に進められていくはずである。本書が提示してきた「学習支援」の意味や「学習支援の制度化」をめぐる課題が、支援の現場における実践や基礎教育の保障に関わる制度の設計に関する議論を活性化し、よりよい支援や制度の実現に寄与できるのなら、望外の喜びである。

岩槻　知也

注
(1) 柴野昌山「グループの力を生かす自立支援の技法―なぜユースワークなのか（第1章）」及び水野篤夫「青少年のグループ・サークル活動―青少年施設の役割と自立支援（第4章）」、柴野昌山編『青少年・若者の自立支援―ユースワークによる学校・地域の再生』世界思想社、2009年、9-35頁及び79-97頁。

編著者・執筆者紹介

岩槻 知也（いわつき・ともや）
――編著者、はじめに・第1章第1節・第2章第1節・まとめにかえて

1966年生まれ。大阪大学大学院人間科学研究科博士後期課程中退。博士（人間科学）。現在、京都女子大学発達教育学部教授。専門は、社会教育学・成人基礎教育論。
主要著書：『家庭・学校・社会で育む発達資産－新しい視点の生涯学習』（共編著、北大路書房、2007年）、『学力格差是正策の国際比較』（共著、岩波書店、2015年）、『日本の教育をどうデザインするか』（共編著、東信堂、2016年）など。

棚田 洋平（たなだ・ようへい）――第1章第2節・第6章・第7章

1981年生まれ。大阪大学大学院人間科学研究科博士後期課程単位取得退学。修士（人間科学）。現在、一般社団法人部落解放・人権研究所調査・研究部研究員。専門は、教育社会学・社会教育学・成人基礎教育論。
主要著書：『高校を生きるニューカマー－大阪府立高校にみる教育支援』（共著、明石書店、2008年）、『「力のある学校」の探求』（共著、大阪大学出版会、2009年）、『日本の外国人学校－トランスナショナリティをめぐる教育政策の課題』（共著、明石書店、2014年）など。

上杉 孝實（うえすぎ・たかみち）――第2章第2節・第11章

1935年生まれ。京都大学大学院教育学研究科修士課程修了。現在、京都大学名誉教授。専門は、社会教育・教育社会学。
主要著書：『現代文化と教育』（高文堂出版社、1989年）、『地域社会教育の展開』（松籟社、1993年）、『生涯学習・社会教育の歴史的展開』（松籟社、2011年）、『生涯学習と人権』（共編著、明石書店、1999年）など。

関本 保孝（せきもと・やすたか）――第3章

1954年生まれ。中央大学文学部史学科卒業。1978年より東京の夜間中学4校に勤務。2014年定年退職。現在、「えんぴつの会」及び「ピナット子ども学習支援教室」スタッフ。
主要論文・著書：「夜間中学の現状と役割、そして未来へ」（『月刊社会教育』2014年10月号、国土社）、「シリーズ夜間中学『①夜間中学で学ぶということ』」（『月刊社会教育』2016年4月号、国土社）、編集担当：『全国への公立夜間中学校開設を目指した人権救済申立の記録』（全国夜間中学校研究会、2008年）など。

添田 祥史（そえだ・よしふみ）――第4章

1978年生まれ。九州大学大学院人間環境学研究科博士後期課程単位取得満期中退。現在、福岡大学人文学部教育・臨床心理学科准教授。専門は、社会教育学・成人基礎教育論。前任校在任中に釧路自主夜間中学「くるかい」の設立と運営に携わる。
主要著書：『自治の力を育む社会教育計画－人が育ち、地域が変わるために』（共著、国土社、2014年）、『現代の社会教育と生涯学習』（共著、九州大学出版会、2013年）。

松下 一世（まつした・かずよ）——第5章・第8章・第13章

1956年生まれ。大阪教育大学大学院修士課程修了。修士（教育学）。和歌山・大阪での小学校教員を経て、現在、佐賀大学教育学部教授。専門は、教育学・人権教育学。

主要著書：『総合的な学習でめざす国際標準の学力－すぐ使える"新時代の人権教材"7つのテーマ』（明治図書出版、2012年）、『アンチ「いじめ」大作戦！かけがえのない命の輝きを』（明治図書出版、2008年）、『18人の若者たちが語る部落のアイデンティティ』（部落解放・人権研究所、2002年）、『子どもの心がひらく人権教育－アイデンティティを求めて』（部落解放・人権研究所、1999年）など。

知念 渉（ちねん・あゆむ）——第9章

1985年生まれ。大阪大学大学院人間科学研究科博士後期課程単位取得満期退学。博士（人間科学）。現在、大阪大学大学院人間科学研究科助教。専門は教育社会学・家族社会学。

主要著書・論文：『マインド・ザ・ギャップ！－現代日本の学力格差とその克服』（共著、大阪大学出版会、2016年）、「『貧困家族であること』のリアリティー－記述の実践に着目して」（日本家族社会学会編『家族社会学研究』第26巻第2号、2014年）など。

金 侖貞（きむ・ゆんじょん）——第10章

1975年生まれ。東京大学大学院教育学研究科博士後期課程修了。博士（教育学）。現在、首都大学東京都市教養学部准教授。専門は、社会教育学・多文化教育。

主要著書：『地域学習の創造－地域再生への学びを拓く』（共著、東京大学出版会、2015年）、『異文化間教育のとらえ直し』（共著、明石書店、2016年）など。

藤根 雅之（ふじね・まさゆき）——第12章

1984年生まれ。大阪大学大学院人間科学研究科博士後期課程在学中。専門は、教育社会学・社会教育学。

主要論文：「オルタナティブスクールの組織間ネットワークと市民的公共性」（日本社会教育学会編『社会教育学研究』第51巻・第2号、2015年）。

社会的困難を生きる若者と学習支援

──リテラシーを育む基礎教育の保障に向けて

2016年8月25日　初版第1刷発行	編著者　岩槻 知也
	発行者　石井 昭男
	発行所　株式会社 明石書店
	〒101-0021
	東京都千代田区外神田6-9-5
	TEL　03-5818-1171
	FAX　03-5818-1174
	http://www.akashi.co.jp
	振替　00100-7-24505

組版　朝日メディアインターナショナル株式会社

印刷・製本　日経印刷株式会社

（定価はカバーに表示してあります）　　　　　　　　　　　ISBN 978-4-7503-4390-7

JCOPY 〈(社) 出版者著作権管理機構 委託出版物〉

本書の無断複写は著作権法上での例外を除き禁じられています。複写される場
合は、そのつど事前に、(社)出版者著作権管理機構 (電話 03-3513-6969、
FAX 03-3513-6979、e-mail: info@jcopy.or.jp)の許諾を得てください。

キー・コンピテンシー
国際標準の学力をめざして

OECD DeSeCo コンピテンシーの定義と選択

A5/上製/256頁
◎3800円

ドミニク・S・ライチェン
ローラ・H・サルガニク[編著]
立田慶裕[監訳]

今西幸蔵、岩崎久美子、猿田祐嗣、名取一好、野村和、平沢安政[訳]

国際化と高度情報化の進む現代世界に共通する学力とは何か？ OECDは、国際的・学際的・政策的な研究事業（DeSeCo、コンピテンシーの定義と選択）を通じ、共に生きるための学力の国際標準化をめざして、キー・コンピテンシー（鍵となる能力）という概念を提示した。単なる知識や技能の習得を越えたこの新たな概念を知ることが、私たち一人ひとりの人生の成功と、良好な社会の形成への鍵となる。

●内容構成●

日本語版によせて（アンドレア・シュライヒャー）
本書の内容と構成──〔監訳者序文〕
1 政策と実践にみるコンピテンスの優先順序
2 コンピテンスのホリスティックモデル
3 キー・コンピテンシー──人生の重要な課題に対応する
4 期待される成果──人生の成功と正常に機能する社会
5 国際コンピテンス評価をふり返って
6 国際学力評価のための長期戦略の開発

キー・コンピテンシーの実践　学び続ける教師のために
立田慶裕
◎3000円

学習の本質　研究の活用から実践へ
OECD教育研究革新センター編著
立田慶裕、平沢安政監訳　佐藤智子ほか訳
◎4600円

知識の創造・普及・活用　学習社会のナレッジ・マネジメント
OECD教育研究革新センター編著　立田慶裕監訳
◎5600円

メタ認知の教育学　生きる力を育む創造的数学力
OECD教育研究革新センター編著
篠原真子、篠原康正、袰岩晶訳
◎3600円

グローバル化と言語能力　自己と他者、そして世界をどうみるか
OECD教育研究革新センター編著　本名信行監訳
徳永優子、稲田智子、来田誠、定延由紀、西村美由起、矢倉美登里訳
◎6800円

脳からみた学習　新しい学習科学の誕生
OECD教育研究革新センター編著
小泉英明監修　小山麻紀、徳永優子訳
◎4800円

多様性を拓く教師教育　多文化時代の各国の取り組み
OECD教育研究革新センター編著　斎藤里美監訳
◎4500円

サイバーリスクから子どもを守る　エビデンスに基づく青少年保護政策
経済協力開発機構（OECD）編著　齋藤長行著訳
新垣円訳
◎3600円

〈価格は本体価格です〉

OECD成人スキル白書

第1回国際成人力調査（PIAAC）報告書
〈OECDスキル・アウトルック2013年版〉

経済協力開発機構（OECD）編著
矢倉美登里、稲田智子、来田誠一郎 訳

A4判変型／並製／632頁
◎8600円

仕事や日常生活で必要とされる汎用的スキルについて、「読解力」「数的思考力」「ITを活用した問題解決能力」の3分野から評価する。スキル習熟度に加え、社会的背景や学歴、年齢などの様々な要因とスキルの関連について、国際比較可能なデータをもとに分析する。

内容構成

第1章　21世紀に求められるスキル
第2章　成人のキー・スキルの習熟度
第3章　社会人口統計学的特性とキー・スキル
第4章　職場でのスキルの使用状況
第5章　キー・スキルの開発と維持
第6章　キー・スキルと経済的・社会的幸福

格差拡大の真実　二極化の要因を解き明かす
経済協力開発機構（OECD）編著　小島克久、金子能宏訳
◎7200円

幸福の世界経済史　1820年以降、私たちの暮らしと社会はどのような進歩を遂げてきたのか
OECD開発センター編著　徳永優子訳
◎6800円

主観的幸福を測る　OECDガイドライン
経済協力開発機構（OECD）編著　桑原進監訳　高橋しのぶ訳
◎5400円

OECD幸福度白書2　より良い暮らし指標：生活向上と社会進歩の国際比較
OECD編著　西村美由起訳
◎4500円

OECD保育白書　人生の始まりこそ力強く：乳幼児期の教育とケア（ECEC）の国際比較
OECD編著　星三和子、首藤美香子、大和洋子、一見真理子訳
◎7600円

OECD教員白書　効果的な教育実践と学習環境をつくる
〈第1回OECD国際教員指導環境調査（TALIS）報告書〉
OECD編著　斎藤里美監訳
◎7400円

図表でみる世界の主要統計　経済、環境、社会に関する統計資料
OECDファクトブック（2014年版）
経済協力開発機構（OECD）編著　トリフォリオ訳
◎8200円

図表でみる教育　OECDインディケータ（2015年版）
経済協力開発機構（OECD）編著　徳永優子、稲田智子、西村美由起、矢倉美登里訳
◎8600円

〈価格は本体価格です〉

成人スキルの国際比較

OECD国際成人力調査(PIAAC)報告書

国立教育政策研究所 編

A4判／並製／268頁
◎3800円

仕事や日常生活の様々な場面で必要とされる汎用的スキルについて、「読解力」「数的思考力」「ITを活用した問題解決能力」の3分野から評価したOECD国際成人力調査の結果をもとに、日本にとって示唆のあるデータを中心に整理・分析する。

●内容構成●

はじめに／OECD国際成人力調査(PIAAC)調査結果の要約／PIAAC国内調査の実施に関する研究会／本報告書を読む際の注意
第1章　PIAACの概要
第2章　成人のキー・スキルの国際比較
第3章　成人の社会的属性とキー・スキル
第4章　就業者のキー・スキル
第5章　キー・スキルの開発と維持
第6章　キー・スキルと経済的、社会的アウトカム
資料1　調査対象者の分類
資料2　背景調査の質問項目

教育研究とエビデンス 国際的動向と日本の現状と課題
国立教育政策研究所編　大槻達也、惣脇宏ほか著
◎3800円

生きるための知識と技能5
OECD生徒の学習到達度調査(PISA2012年調査国際結果報告書)
国立教育政策研究所編
◎4600円

PISAの問題できるかな？
経済協力開発機構(OECD)編著
◎3600円

PISA2012年調査 評価の枠組み
経済協力開発機構(OECD)編著　国立教育政策研究所監訳
◎4600円

教員環境の国際比較
OECD国際教員指導環境調査(TALIS)2013年調査結果報告書
国立教育政策研究所編
◎3500円

21世紀のICT学習環境 生徒・コンピュータ・学習を結び付ける
経済協力開発機構(OECD)編　国立教育政策研究所監訳
◎3700円

諸外国の教育動向 2015年度版
文部科学省編著
◎3600円

諸外国の初等中等教育
文部科学省編著
◎3600円

〈価格は本体価格です〉

成人力とは何か
OECD「国際成人力調査」の背景

国立教育政策研究所内 国際成人力研究会 編著

A5判／上製 ◎3500円

仕事や実生活の様々な場面で求められる総合的な知識や技能をどう評価し活用するのか。「読解力」「数的思考力」「ITを活用した問題解決能力」の3分野と「属性調査」からなるOECD「国際成人力調査（PIAAC）」の背景や概要及び枠組みについて概説する。

≪≪≪≪≪≪≪≪≪ 内容構成 ≫≫≫≫≫≫≫≫≫

第1章 国際成人力調査（PIAAC）参加の背景と意義（籾井圭子）他
PIAACの概略／PIAAC実施の背景 他

第2章 国際成人力調査への経緯（立田慶裕）
知識基盤社会の成人力／成人のリテラシーとライフスキル 他

第3章 属性調査（岩崎久美子）
属性調査の位置づけ／政策へ属性調査が提供できるデータとは 他

第4章 読解力・リテラシー（立田慶裕）
リテラシーとは何か／リテラシー調査の特徴／具体的な問題例 他

第5章 数的思考力・ニューメラシー（笹井宏益）
数的思考力の定義／数的思考力の概念枠組み 他

第6章 ITを活用した問題解決能力（町田大輔）
問題解決能力の定義／問題解決能力の定義 他

第7章 調査技術（籾井圭子・土屋隆裕）
調査の質の保証と管理／標本抽出／調査プラットフォームの作成 他

第8章 成人のコンピテンシーの新しい評価とその活用（アンドレアス・シュライヒャー）
PIAACは何を提供するか（立田慶裕…訳）／PIAACのデザイン 他

批判的教育学と公教育の再生
格差を広げる新自由主義教育改革を問い直す
マイケル・W・アップル、ジェフ・ウィッティ、長尾彰夫編著 高山敬太編集協力
◎3200円

批判的リテラシーの教育
オーストラリア・アメリカにおける現実と課題
竹川慎哉
◎4800円

学校知識 カリキュラムの教育社会学
イギリス教育制度改革についての批判的検討
ジェフ・ウィッティ著 久冨善之／松田洋介／長谷川裕、山田哲也、梅景優子、本田伊克、福島裕敏訳
◎4800円

「移動する子どもたち」考える力とリテラシー
主体性の年少者日本語教育学
川上郁雄編著
◎3300円

21世紀型スキルとは何か
コンピテンシーに基づく教育改革の国際比較
松尾知明
◎2800円

正義のアイデア
視線と射程
アマルティア・セン著 池本幸生訳
◎3800円

若者問題の社会学
ロジャー・グッドマン、トゥーッカ・トイボネン編著 井本由紀編著・監訳 西川美樹訳
◎2600円

世界格差・貧困百科事典
駒井洋監修 穂坂光彦監訳
◎38000円

〈価格は本体価格です〉

子どもの貧困と教育機会の不平等
就学援助・学校給食・母子家庭をめぐって
志水宏吉編著
◉2500円

高校を生きるニューカマー 大阪府立高校にみる教育支援
鵜咲子
◉1800円

教育統制と競争教育で子どものしあわせは守れるか？
日本弁護士連合会 第55回人権擁護大会シンポジウム 第1分科会実行委員会 編
◉1800円

「職業教育」はなぜ根づかないのか
憲法・教育法のなかの職業・労働疎外
田中萬年
◉2800円

多文化教育がわかる事典 ありのままに生きられる社会をめざして
松尾知明
◉2800円

ESDコンピテンシー 学校の質的向上と形成能力の育成のための指導指針
トランスファー21編 由井義通、卜部匡司監訳 高雄綾子、岩村拓哉、川田力、小西美紀訳
◉1800円

多文化社会の偏見・差別 形成のメカニズムと低減のための教育
加賀美常代・横田雅弘・坪井健・工藤和宏編著 異文化間教育学会企画
◉2000円

二極化する若者と自立支援 「若者問題」への接近
宮本みち子、小杉礼子編著
◉1800円

差別・被差別を超える人権教育 同和教育の授業実践 記録を読み解く
世界人権問題叢書93 原田彰
◉4600円

現代市民社会の教育学 ヘーゲル、マルクス、グラムシ思想の視点から
明石ライブラリー158 黒沢惟昭
◉4500円

幼児教育入門 ブルーナーに学ぶ
サンドラ・シュミット著 野村和訳
◉2500円

思春期ニューカマーの学校適応と多文化共生教育 実用化教育支援モデルの構築に向けて
潘英峰
◉5200円

社会科アクティブ・ラーニングへの挑戦 社会参画をめざす参加型学習
風巻浩
◉2800円

子どもの貧困と公教育 義務教育無償化・教育機会の平等に向けて
中村文夫
◉2800円

世界と日本の小学校の英語教育 早期外国語教育は必要か
西山教行・大木充編著
◉3200円

子どもの貧困白書
子どもの貧困白書編集委員会編
◉2800円

〈価格は本体価格です〉

人権教育総合年表

同和教育、国際理解教育から生涯学習まで

上杉孝實、平沢安政、松波めぐみ 編著

A5判／上製／344頁 ◎4600円

戦後日本で進んだ同和教育、社会教育、生涯教育、国際理解教育、在日コリアン、平和教育、ジェンダー、子どもの人権、障害教育の各分野ごとにどのような人権教育の取り組みが行われてきたか。地域や日本国内での実践・研究・国際的動向を踏まえた最新の成果を反映。

● 内容構成 ●

第1章　同和教育 ［平沢安政・外川正明］
［コラム1］人権教育 ［阿久澤麻理子］
第2章　社会教育における人権教育 ［上杉孝實］
［コラム2］大学と同和教育 ［熊本理抄］
第3章　生涯学習 ［赤尾勝己］
第4章　国際理解教育・開発教育 ［藤原孝章・野崎志帆］
第5章　在日コリアンの教育 ［松下佳弘］
［コラム3］ニューカマー外国人児童生徒の教育について ［山ノ内裕子］
第6章　平和教育 ［村上登司文］
［コラム4］戦後のアイヌ民族の教育のゆくえ ［友永雄吾］
第7章　ジェンダーと人権教育 ［古久保さくら］
［コラム5］性的少数者と人権教育 ［松波めぐみ］
第8章　子どもの人権 ［住友剛］
第9章　障害児教育 ［松波めぐみ］

対話で育む多文化共生入門

ちがいを楽しみ、ともに生きる社会をめざして

倉八順子

◎2200円

現代市民社会と生涯学習論

グローバル化と市場原理への挑戦

明石ライブラリー 161

相庭和彦

◎3500円

経験資本と学習

首都圏大学生949人の大規模調査結果

岩崎久美子、下村英雄、柳澤文敬、伊藤素江、村田維沙、掘　輝幸著

◎3700円

反転授業が変える教育の未来

生徒の主体性を引き出す授業への取り組み

反転授業研究会編　中西洋介・芝池宗克著

◎2000円

国際理解教育ハンドブック

グローバル・シティズンシップを育む

日本国際理解教育学会編著

◎2600円

ユネスコスクール

地球市民教育の理念と実践

小林亮

◎2400円

学習するコミュニティのガバナンス

社会教育が創る社会関係資本とシティズンシップ

佐藤智子

◎4500円

グローバル社会と人権問題

人権保障と共生社会の構築に向けて

李修京編

◎2400円

〈価格は本体価格です〉

日本の外国人学校
トランスナショナリティをめぐる教育政策の課題

志水宏吉、中島智子、鍛治致 編著

A5判／上製／408頁 ◎4500円

コリア系・中華・ブラジル人・インターナショナルといった「外国人学校」17校についてのエスノグラフィを通じ、それらにかかわる人々の多様な声をくみ上げ、その教育的可能性を多面的に描き出しつつ、今日の日本の学校教育システムが抱える諸課題をあぶり出す。

● 内容構成 ●

序章 社会のなかの外国人学校・外国人学校のなかの社会

第I部 **外国人学校をめぐる施策と研究動向**
第1章 外国人学校施策の歴史的展開／第2章 外国人学校研究の動向

第II部 **コリア系学校**
はじめに｜コリア系外国人学校の包括的な理解を目指して／第1章 次世代のトンムのために／第2章 負けるわけにはいかない／第3章 つなげよう民族の心／第4章「在日学校」としての歴史と未来／第5章 生徒は学校の主人公／第6章 越境人を育てる／おわりに

第III部 **中華学校**
はじめに｜民族教育から新たなフェーズへ／第1章 時代にマッチした学校をつくる／第2章 日本の有名進学校を目指す／第3章 地域に根ざし華僑を育てる／おわりに 卓越性を追求する中華学校

第IV部 **ブラジル人学校**
はじめに｜経済危機を乗り越え新たなフェーズへ／第1章 家族のような学校エートスと全人教育／第2章 ブラジル人のための学校をつくる／第3章 ブラジルでの難関大学合格を目指して／第4章 国際教育をより多くの人へ／おわりに トランスマイグラントとしてのブラジル人

第V部 **インターナショナルスクール**
はじめに｜インターナショナルスクールとは／第1章 過去と現在との親密な結びつき／第2章「西町文化」を発信する／第3章 1条校とともにある学校／第4章 国際教育をより多くの人へ／おわりに グローバル化時代におけるインターナショナルスクール

終章 外国人学校のトランスナショナリティと教育政策の課題

異文化間に学ぶ「ひと」の教育
異文化間教育学大系1
異文化間教育学会企画 小島勝、白土悟、齋藤ひろみ編
◎3000円

文化接触における場としてのダイナミズム
異文化間教育学大系2
異文化間教育学会企画 加賀美常美代、徳井厚子、松尾知明編
◎3000円

異文化間教育のとらえ直し
異文化間教育学大系3
異文化間教育学会企画 山本雅代、馬渕仁、塘利枝子編
◎3000円

異文化間教育のフロンティア
異文化間教育学大系4
異文化間教育学会企画 佐藤郡衛、横田雅弘、坪井健編
◎3000円

変革的教育学としてのエスノグラフィ 教室の壁をこえて
明石ライブラリー 134
ジューン・A・ゴードン著
志水宏吉／ハヤシザキカズヒコ訳
◎3000円

学力政策の比較社会学【国内編】
全国学力テストは都道府県に何をもたらしたか
志水宏吉、高田一宏編著
◎3800円

学力政策の比較社会学【国際編】
PISAは各国に何をもたらしたか
志水宏吉、鈴木勇編著
◎3800円

「往還する人々」の教育戦略 グローバル社会を生きる家族と公教育の課題
志水宏吉、山本ベバリーアン、鍛治致、ハヤシザキカズヒコ編著
◎3000円

〈価格は本体価格です〉